テロル

Terror

紙礫

4

ココアのひと匙《さじ》　石川啄木

一九一一・六・一五・TOKYO

われは知る、テロリストの
かなしき心を――
言葉とおこなひとを分ちがたき
ただひとつの心を、
奪はれたる言葉のかはりに
おこなひをもて語らむとする心を、
われとわがからだを敵に擲《な》げつくる心を――
しかして、そは真面目《まじめ》にして熱心なる人の常に有《も》つかなしみなり。

はてしなき議論の後の
冷めたるココアのひと匙《さじ》を啜《すす》りて、
そのうすにがき舌触《したざは》りに、
われは知る、テロリストの
かなしき、かなしき心を。

目次

入獄紀念《ママ》・無政府共産・革命

内山愚童

一九〇八年、大杉栄や荒畑寒村ら社会主義者が逮捕される「赤旗事件」が発生。この事件を受けて、箱根・林泉寺の住職であった内山愚童《うちやまぐどう》（一八七四—一九一一）は、一九〇八年に自ら執筆・印刷した小冊子を作成した。本テキストは、その小冊子の全文である。一九〇九年に出版法違反などで逮捕された内山は、服役中の一九一〇年には小冊子の発行が原因となり、大逆罪で再逮捕される。そして、一九一一年に死刑判決が確定し、同年一月二四日に執行された。石川啄木《いしかわたくぼく》は、その翌日の日記に「昨日の死刑囚死骸引渡し、それから落合の火葬場のことが新聞に載った。内山の弟が火葬場で金槌を以て棺を叩き割った——そのことが劇しく心を衝いた」と、その死について記している。内山愚童、享年三六。


本書では、池田浩士《いけだひろし》編『逆徒——「大逆事件」の文学』（インパクト出版会、二〇一〇）を底本にした。

また、本書への収録に関して、以下のメッセージを同書の編者である池田氏からいただいた。

〈内山愚童「入獄紀念・無政府共産・革命」は、池田浩士編『逆徒——「大逆事件」の文学』に収載したのち、いっそう原型に近い資料が入手できたため、第二刷を刊行する際には本文の全面的な改訂と編者解題の改稿を予定しています。つきましては、鈴木邦男《すずきくにお》氏の編著に再録される場合、ぜひともこの改訂・改稿を生かしていただきたい、というのが私とインパクト出版会の意向です。なお、本文の前に付された解題（池田浩士）は、本文の解読や考証に関わるものですので、あわせて収載していただきますよう、どうぞよろしくお願い申し上げます〉

したがって、本書では池田氏とインパクト出版会の要望に沿うかたちで、改稿した解題を付し、本文については改訂を反映した上で、全文を掲載する。

解題

池田浩士

「入獄紀念・無政府共産・革命」は、内山愚童（「大逆事件」絞首刑）が単独で執筆し、独力で印刷した非合法小冊子（A6判、表紙を含め一六頁）の全文。一九〇八年一〇月末か一一月初めに恐らくは一〇〇〇部ほど作られ、各地の「主義者」たちに宛てて発送された。そのうちの一部は、「大逆事件」に際して、新村忠雄（死刑）および関係者八名（うち三名は被告、いずれも減刑で無期懲役）の住居から「証拠物」として押収された。公刊されたものとしては、『大逆事件記録　第二巻　証拠物写（上）』（一九六四年五月、世界文庫）に「押第壱号九三ノ二」（新村忠雄から押収）として収載されている。大審院「訴訟記録」の付属文書である「証拠物写」は、押収した現物（手紙・はがき、図書、冊子など）を大審院書記が一字一句そのまま筆写したものである（コピーなどというものはなかった）。世界文庫版はその「証拠物写」（神崎清所蔵）を写真製版している。柏木隆法『大逆事件と内山愚童』（一九七九年一月、JCA出版）にも、冊子現物のコピーから著者が解読したものが資料として掲載されているが、八〇字あまりの脱落や解読の誤りも見られる。『逆徒――「大逆事件」の文学』に収録するに当たっては、基本的に『大逆事件記録　第二巻　証拠物写（上）』を底本とし、同書の遺漏（冊子現物が句読点の代わりに一字分の空白としている箇所を再現していない、など）については柏木著を参照して訂正した。同書の第一刷に収められたものが、それである。その後、愚童作成の現物の複写をもとに原型を復元する形で作成された冊子（発行主体・発行時期などの記載なし）を入手したので、同書第二刷では、内山愚童の原文（彼自身が植字した文章）を可能な限り忠実に再現することができた。ただし、依拠した冊子には、ページ最下段の各行一字分が欠落しているページが二ページあり、また随所に活字のつぶれによる解読不能箇所があるので、それらについては上記の「証拠物写」を参照して補った。なお、もともと冊子の表紙（木版刷り）には、はっきり題名とわかる表記がない。「赤旗事件」のときに掲げられた「無政府共産」と「革命」の二つの旗のあいだに「入獄紀念《ママ》」という文字が書かれているだけである。したがって、本文冒頭の「小作人ハナゼ苦シイカ」を題名と見なすべきだが、「証拠物写」は「無政府共産入獄記念《ママ》ト題セル小冊子」としており、従来の諸研究でも一般に「入獄紀念（または記念）・無政府共産」と呼ばれているので、本書では表紙にある文字をすべて生かして表題とした。

小作人ハナゼ苦シイカ

人間の一番大事な、なくてならぬ食物を作る小作人諸君。諸君はマアー、親先祖のむかしから、此《この》人間の一番大事な食物を、作ることに一生懸命働いておりながら。くる年もくるとしも、足らぬたらぬで終るとは、何たる不幸の事なるか。

そは仏者のいふ、前世からの悪報であらふか併《しか》し諸君、二十世紀といふ世界てきの今日では、そんな迷信にだまされておつては、末には牛や馬のやうにならね《(ママ)》ならぬ、諸君はそれをウレシイと思ふか」

来るとしも、くるとしも貧乏して、たらぬ、たらぬと嘆くことが。もしも、冬の寒い時に、老いたる親をつれて、づしや、かまくら、沼づや、葉山[*1]と、さむさを厭《いと》ふて遊んで、あるいた為だと、いふならば。そこの堪忍の、しやうもある。もしも夏ノ暑い時に、病めるツマ子を引きつれて、箱根や日光に、アサツ《(ママ)》を避け夕其《その》タメに、ことしは、少しタラぬとでも、いふならば。ソコニ慰める事も、できやう」

ことしは、長男をドイツに遊学させ、弟を大学に、娘を高等女学校へ入れタノデ。山林を一町[*2]ウツタとか、デンヂ[*3]を五たん[*4]質入したとか、いふならば後の楽を、アテにして、ツマとの寝物がたりも苦《にが》

＊1　逗子、鎌倉、葉山は神奈川県。沼津は静岡県。いずれも避暑・避寒地として有名だった。

＊2　一町歩。約一ヘクタール。

＊3　田地。稲田として使っている土地。

＊4　五反。一町歩の半分。一五〇〇坪

くはなからう。

ところが諸君の、年が年中、タラヌたらぬと、いふのは決して、そんなゼイタクな、ワケではない。正月がきたとて、ボンがきたとても。あたらしい着物一まいきるではなし、よは二十世紀の文明に建築術は進んだといふても諸君の家には、音さたがない、諸君の家は五百年も千ねんも、イゼンの物である。しかし、それは少しも無理ではない、着物はゴフクやに、ゼニをださねばならぬ、家は大工に手まちんを、払はねばならぬ。しかも諸君は悲いことに、其せに[*5]を持たない、そこで諸君の着物はいつもボロ〳〵で、家は獣の巣のやうである」

しかしナガラ、食もつは諸君が、じぶんで作るのであるから。一ばん上等のモノを、くふておるかといふに決して　そうではない。上等の米は地主に、とられて、ジブンは粟めしや、ムギめしを食して。そうして地主よりも商人よりも、多く働いておる。それデすら、くる年モくる年モタラぬタラぬといふのが小作人諸君。諸君が一生涯の運命デある」

これはマア、どうしたワケであらうか。一口に歌つて見れば

なぜおまいは、貧乏する。ワケをしらずば、きかしやうか。

　天子金もち、大地主。人の血をすふ、ダニがおる。


諸君はヨーク、かんがい《(ママ)》て見たまへ。年が年中、アセ水ながして、作つた物を。半分は地主と云ふ、泥坊にトラレ。のこる半分で、酒や醤油や塩やこやしを、買ふのであるか。其酒にも、コヤシにも。

スベテの物に、ノコラズ政府と云ふ、大泥坊の為にトラレル税金が、かかつて。其上に商人と云ふ泥坊が、モウケやがる。ソコデ小作人諸君のやうに、自分の土地と云ふ者を持たずに、正直に働いておる者は、一生涯貧乏とハナレル事は出来ないのである」

マダそればかりなら、ヨイが。男の子が出来れば、ナガイ間、貧乏のなかで育てあげ、ヤレうれしやコレカラ。でんばた[*6]の一まいも、余分に作つて、借金なしでも致したいと思ふまもなく、廿一となればイヤデモ何でも、兵士にとられる。そうして三年の間、小遣ゼニを送つて、キキタクもない。人ゴロシのけいこを、させられる。それで戦争になれば、人を殺すか、自分で殺されるかと云ふ。血なまクサイ所へ引つぱり出される」

セガレが兵士に、三年とられておるうちに、家におるおやぢは、ツマコをつれて、コジキに出だしたといふ者もある。兵士に出たセガレは、うちが貧乏で、金は送つてくれず。金がなければ、古兵にイジメられるので、首をくつて死んだり、川へとびこんで死んだり。又は鉄道で死んだりした者が、何ほどあるか、しれぬ、のである

こんなグアエ[*7]に、小作人諸君を、イジメルのだもの。諸君が、朝は一番トリ[*8]におき夜はクラクなるまで働いたとて。諸君と貧乏は、ハナレルことではない」

＊5　銭（ぜに）
＊6　田畑
＊7　具合
＊8　一番鶏

コレハ全体、なぜであらうか。おなじ人間に、うまれておりながら。地主や、かねもちの家に、うまるれば。廿四五までも、卅マデモ。学校や外国に遊ンデ、おつて、そうして、うちにかいれば。[*9] 夏は、スズシキところに、暑さをシノギ、冬はあたたかき、海岸に家をたつて。[*10] 遊びくらして、おるデハナイカ。自分は桑のは一枚ツミもせずに。キヌの、きものにツツマツテ。酒池肉林と、ゼイタクをしてなんにも、せずに、一生を遊び、送るノデアル。諸君は、シラヌデ、あらうが。
大地主や、かね持が。夏の卅日を、日光や箱根デ、遊ぶのに。一人デ、二千や三千の金を、つかうふと云ふでは、ないか。三千円とよ！、諸君が廿歳のとしから、五十歳まで、やすまず、クワズに働いても三千円といふカ子《ネ》は出来まいではないか。そうして、其人たちは兵士などには、出なくても宣《よ》いのデある」

小作人諸君。諸君もキツト今の金持や大地主のやうに、ゼイタクを、したいであらう、タマニハ遊んでおつて、ウマイ物をたべたいであらう。けれども、それが諸君に出来ないと云ふのは、諸君が一つの迷信を持つて、おるからである。ヲヤ先祖のムカシからコノ迷信を大事にしておつた為に、地主や金持のスルヤウナ、ぜいたくを夢にも見ることが出来ないのである、諸君がわれ〳〵の言ふ事をキイテ今すぐにも其迷信をステサイすれば諸君は、本当に安楽自ゆうの人となるのです、
しかし、天子や金持は、諸君にコノ迷信をすてられては。自分たちが遊んでゼイタクをすることが出来なくなるからムカシヨリ天子デモ大ミヤウでも。この迷信をば、無くてならぬ、アリガタキもの

にして、諸君を、あざむいてキタノデある。それだから、諸君の為には、今の天子デモ大臣デモ。昔の徳川モ、大ミヤウも　おや先祖の昔から、恨みカサナル、だい敵であると、いふことを忘れてハナラヌ」

明治の今日も其とふり、政府は一生ケン命で、上は大学のハカセより、下は小学校の教師までを使ふて諸君に此迷信を、すてられぬヤウニしておる、そして諸君は又、之《これ》をありがたく思ふておる。だから諸君は一生涯、イヤ孫子の代まで、貧乏と　ハナレル事は出来ない、然らば小学教師《(ママ)》などが、諸君や諸君の子供に教えこむ、迷信と云ふのは何であるか。迷信といふは、マチガッタ考へを大事本ぞん*11に守つておる事を、云ふのである。ナゼニ諸君が昔から、此マチガッタ考へを、持つて、おるかと云ふことは、あとにして。どう云ふマチカッタ《(ママ)》考が迷信であるかといふことを語つてみやう」

△諸君は地主から田や畑をつくらして。モロウカラ、其お礼として小作米をヤラ子《ネ》ばならぬ。

△諸君は。政府があればこそ、吾々百性《(ママ)》は安心して、仕事をしておることが出来る。其お礼として税金を。ださねばならぬ。

△諸君は、国にグン備がなければ、吾々百性《ママ》は外国の人に殺されてしまふ。それだから若い丈夫の者を兵士にださねばならぬ、

＊9　帰れば
＊10　建てて
＊11　ご本尊のように大切にして、の意。

と云ふ。此三ツの　マチガツタ考へが深くシミ込んでおるから。イクラ貧乏しても、小作米と税金と子供を兵士に出すことに、ハン対することが、出来なくなつておる。モシモ小作米をださなくも宜《よろ》しい、税金をおさめなくても宜しい、かわい（ママ）子供を兵士に、ださなくても宜しい　など、云ふ者があれば、ソレハむほんにんである国賊である、など、云ふて其じつ自分たちの安楽自由の為に、なることを。聞く事も読む事も、せずにしまふ。ココハ一番よーく、考へて、読んでいただきたい」

然らば、ナゼ小作米を地主へ。ださなくても宜しい者か、と云ふに、ソレハ小作人諸君が。耕やす所の田や畑を、春から秋まで、鍬もいれず、夕子《ネ》もまかず。コヤシもせずに、ホツテおいて、ゴランなさい、秋がきたとて米一粒、出来ませぬ。夏になつても麦半ツブとれる者でない。ココを見れば、スグにしれるではないか。秋になつて米ができ、夏になつて麦ができるのは、百性（ママ）諸君が一年中、アセ水ながして、やすまずに働いた為である。ソウして見れば自分が働いて出来た、コメや麦は、ノコラズ百性諸君の、ものである。何を子《ネ》ボケテ、地主へ半分ださねば。ならと（ママ）云ふ、理クツがあるか」

土地は天然しぜんに。あつた者を。吾々の先祖が、開こんして食物の出来るやうに、したのである。其《その》土地をたがやしてトつタ物を、自分の者にするのが、何でムホンニンである、

小作人諸君、諸君は、ながいあひだ地主に盗まれて、きたのであつたが、今といふ今、此迷*12が、さめて見れば、ながい〳〵恨みの、ハライセに、年ゴ*13出さぬバカリでなく。ヂヌシのクラにある。麦でも金でも、トリカヘス権利がある。ヂヌシのクラにアル、すべての者をトリダスことは、決して泥坊《どろぼう》

ではない諸君と吾等が久しく奪はれたる者を、回復する名誉の事業である。
ツギニ、政府に税金をださなくても宜しいと云ふことは、ナゼであるか、小作人諸君ムヅカシイ理くつはいらぬ。諸君は政府といふ者のある為に、ドレダケの安楽が出来ておるか。少しでも之《これ》が政府様のアリガタイ所だといふことがアッタナラ、言つて見たまい《（ママ）》、昔から泣く子と地頭には勝たれぬといふて。無理な圧制をするのが。お上の仕事と、キマッテおるではないか、コンナ厄界《（ママ）》の者をイカシて　おく為に、正直に働いて税金をだす小作人諸君は貧乏してヲるとは、馬鹿の頂上である。

諸君は、こんな馬鹿らしい政フに、税金を出すことをやめて、一日もハヤク、厄介ものを亡ぼして、シマフ《（ママ）》ではないカ。そうして親先祖の昔より、無理非道に盗まれた、政フの財産を、トリ返して。みんなの共有に、しやうではないか。之は諸君が当然の権利で、正義をおもんずる人々は、進んで愚民が自由安楽の為に政府に反抗すべきである。

今の政府を亡ぼして、天子のなき自由国に、すると云ふことがナゼ　むほんにんの、することでなく正義を　おもんずる勇士の、することで　あるかと云ふに。今の政フの親玉たる天子といふのは諸君が小学校の教師《（ママ）》などより、ダマサレテ　おるやうな、神の子でも何でもないのである、今の天子の先祖は九州の　スミから出て、人殺しやごう盗をして、同じ泥坊なかまの。ナガス子《ネ》ヒコ　などを亡

＊12　此の迷い
＊13　年貢
＊14　熊坂長範。平安時代後期の盗賊。
＊15　丹波の大江田に住んでいたという鬼の頭目。

ぼしたいはば熊ざか長範*14や大え山の酒呑童子《しゅてんどうじ》の、*15成功したのである、神様でも何でもないことは、スコシ考へて見れば、スグ　しれる。二千五百年ツヾキ　もうしたといへば　サモ神様でヾも、あるかの　やうに思はれるが　代々外はバンエイ*16に苦しめられ、内は。ケライの者に　オモチヤにせられて来たのである。

明治に　なつても其如く、内政に外交に、天子は苦しみ通しであらうがな、天子の苦しむのは、自業自得だから勝手であるが、それが為に。正直に働いておる小作人諸君が、一日は一日と、食ふことにすらくるしんでおるのだもの。日本は神国だ　などと云ふても諸君は少しも、アリガタク　ないであらう。

コンナニ、わかりきつた事を　大学のハカセだの学士だのと云ふ　ヨワムシ共は、言ふことも　かくことも出来ないで、ウソ八百で人をダマシ自らを欺いておる。又小学校の教師《(ママ)》なども、天子の　アリガタイ事を　とくには、コマツテおるが。ダン〳〵うそが上手になつて、一年三ドの大祝日*17には。ソラトボけたまねをして、天子は神の子であると云ふことを、諸君や諸君の子供に、教へ込んでおる。そうして一生涯、神の面を　かぶつた、泥坊の子孫の為に、働くべく使ふべく*18教えられるから、諸君は　イツマデも貧乏とハナレルコトは出来ないのである、ココまで　とけば、イカニ堪忍づよい諸君でも、諸君自身の、奪はれておつた者を　トリカヘス為に。命がけの運動を、するきに　なるであらう。

小作人諸君。諸君は　ひさしき迷信の為に、国にグンタイが　なければ、民百性《(ママ)》は生きて　おられ

ん者としんじて　おつたであらう、ナルホド　昔も今も、いざ戦争となれば。ぐんたいのない国はある国に亡ぼされて、しまふに極《きま》つておる、けれども之《これ》は　天子だの　政府だのと云ふ　大泥坊があるからなのだ、戦争は　政府と政府とのケンクワでわないか、ツマリ泥坊と泥坊が　ナカマ　げんくわする為に、民百性が　なんぎをするので　あるから。この政府といふ、泥坊をなくしてしまへば、戦争といふ者は無くなる。戦争がなくなれば、かわい（ママ）子供を兵士（ママ）にださなくても宜しいと云ふことわ、スグに　しれるであらう。

ソコデ　小作米を地主へ出さないやうにし、税金と子供を兵士にやらぬやうにするには、政府と云ふ大泥坊を無くしてしまふが、一番はやみちであると　いふことになる、

然らば　いかにして此正義を実行するやと云ふに、方法はいろ〳〵あるが。マヅ小作人諸君としてわ、十人でも　二〇人でも　連合して。地主に小作米をださぬこと、政府に税金と兵士を、ださぬことを実行したまへ。諸君が之を実行すれば、正義は友を、ますものであるから、一村より一ぐんに及ぼし。一ぐんより一県にと、遂に日本全国より全世界に及ぼして。ココニ安楽自由なる無政府共産の

＊16　蛮裔。蛮族（未開の民）、あるいは蛮賊（まつろわぬ民）のこと。

＊17　「新年宴会」（天皇が高位高官や外国使節を招いて皇居で行う新年の儀式の日。一月五日）、「紀元節」（「神武天皇」が大和朝廷を開いたとされる日。二月一一日）、「天長節」（天皇誕生日。一一月三日）

＊18　仕う（仕える）べく、の意か。

理想国が出来るのである。

何事も犠牲なくして、出来る者ではない。吾と思わん者は　此正義の為に、いのちがけの、運動をせよ」　（ヲワリ）

◎発行の趣旨

此小冊子は、明治四十一年六月廿二日、日本帝国の首府に於て。吾同志の十余名が、無政府共産の赤旗を掲げて。日本帝国の主権者[19]に抗戦の宣告をなしたる為に同年八月廿九日、有罪の判決を与へられた。

大杉　榮　　荒○[20]　勝三　　佐藤　悟
百瀬　○[21]　　宇都宮卓爾　　森岡　永治
堺　利彦　　木村[22]源治郎　　大須賀さと
山川　均　　小暮　れい　　徳永保之助

右の諸氏が入獄紀念《（ママ）》の為に、出版したのである」

此小冊子は、一年もしくは四年の後出獄する、同志の不在中。在京僅少の同志が、心ばかりの伝道であります」

此小冊子を読んで、来るべき革命は、無政府共産主義の実現にあることを意得

せられし諸君は、目下入獄中の同志に。はがき、にても封書にても送られたし、これ入獄諸氏に対す（ママ）

（ウラヘツヾク）

唯一の慰めで、かつ戦士の胆力を研磨する福音であります。

入獄諸氏に送らるる手紙は。

東京市牛込市ケや東京監獄在監人何々君

と書き、そうして差出人の住所姓名を明らかにして出して下さい」

此小冊子は、ながき〳〵迷信の夢より諸君を呼び醒まし。ちかき将来になさねばならぬ、吾等の革命運動を謬釈せざる為に、広くかつ深く伝道せねばならぬのでありますから、無政府共産と云ふことが意得せられて、ダイナマイ、を投ずる事を辞せぬといふ人は、一人で（でも）多くに伝道して願ひ（ママ）たい。しかし又、之を読んでも意得の出来ぬ人は、果して現在の社会は正義の社会であるか、又吾人の理想は今の社会に満足するや否やを、深く取調べて願（ママ）たい」

＊19　憲法上、油井一の主権者は天皇。
＊20　〇＝畑
＊21　〇＝皙
＊22　木村は村木の誤植。

大逆事件

一九一〇年に、多数の社会主義者やアナーキストが明治天皇の暗殺計画容疑で検挙された事件。事件前夜は、労働者による積極的な政治参加の機運が高まった時期であった。そんな機運を打ち消すため、大審院次席検事であった平沼騏一郎が中心となり、大逆罪と称する「でっち上げ」の罪で幸徳秋水ら二六人を検挙。うち二四人に死刑が宣告された。本書に登場する内山愚童と管野すが子は、幸徳らとともに処刑された一二人に含まれている。この事件で「功績」を上げた平沼は、その後、国策捜査を利用して政治家の弱みを握り、敵対する政治家を潰しながら、検事総長、枢密院議長、そして内閣総理大臣に登りつめた。ちなみに、現在、各省庁の事務方トップは事務次官であるが、法務省における検事総長の地位は法務事務次官よりも高い。この仕組みを作ったのは、平沼だと言われている。

自叙伝（抜粋）

伊藤さんの罪状一五箇条

東洋平和論（序文）

安重根

一九〇三年から三年間、伊藤博文は韓国総督を勤め、日韓併合（一九一〇年）の下準備を進めたとされる。そうした日本による朝鮮支配の元凶が伊藤であると考えた朝鮮の民族主義者の安重根《あんじゅうこん》（一八七九―一九一〇）は、一九〇九年一〇月、ロシア蔵相との会談で満州を訪れた枢密院議長の伊藤を拳銃で射殺する。公判で裁判官に伊藤暗殺の理由を聞かれた安は、一五の理由を列挙し、暗殺の正当性を主張した。「自叙伝」は、一九〇九年一一月に起稿し、一九一〇年三月に脱稿した獄中記である。一九七八年二月に長崎で発見された。本書では、『安重根自叙伝・東洋平和論』（愛知宗教者九条の会、二〇一一）を底本とした上、「第七章　破局、それとも序局？」を抜粋し、「伊藤さんの罪状十五箇条」と「東洋平和論（序文）」を付した。安重根、享年三一。

破局、それとも序局？

一　断指同盟

その翌年（一九〇九年）正月、帰ってエンチア方面に行き、同志一二人と相談を持ちました。「われわれの戦いは、すべて事が成らず、進退きわまり、その恥は他人の憫笑《びんしょう》を免れがたい。何事も容易ではなく、特別の組織がなければ、目的を達成することは困難である。されば、今日、われわれは指を切って同盟し、それをはっきりと記した後に、一心の団体として国のために身をささげ、目的の達成を期したいが、どうか。」全員がそれに賛成したので、一二人はおのおの左手の薬指を切断し、その血で大極旗（韓国の国旗）に「大韓独立」の四文字を大書し、大韓独立万歳を一斉に三唱し、天に誓い地に約した後、散会しました。

その後、各地に行って教育に務め、民意を結合し、新聞の購読を日課としました。このころ、鄭大鎬の書信を受け取り、すぐ会いに行って郷里の消息を詳しく聞き、家族たちをここに連れてくることを依頼して帰りました。またこの間、同志の何人かと韓国内地に渡り、動静を探ろうとしましたが、活動費が十分になくて目的を達成することができず、虚しく月日を送っていました。

二　運命の転回点

初秋九月（すなわち一九〇九年九月）、たまたまエンチア方面に滞在していた折、私はある日突如としてわけもなく心神憤欝《ふんうつ》となり、焦燥感で自分を制止できなくなりました。そこで親友数人に、「自分は今からウラジオストクに行こうと思う」と話しました。友人は、「どうして理由もなく突然行こうとするのか」と尋ねたので、「自分でも分からないが、煩悶《はんもん》がひとりでに湧いてきて、なぜかここに留まっているのがいけない気持なのだ」と答えました。「いつ帰って来るのか」と質問されたのに対して、私はとっさに、「帰って来る気はない」と答えてしまいました。

友人たちは不思議に思ったようでしたが、私も自分の言葉の意味がはっきりしなかったのです。こうして互いに別れて、ボロシロフ港に行きますと、偶然にも汽船の出航に出会い（この港からの汽船は週に一、二回ウラジオストクと往復している）、それに乗船しました。

ウラジオストクに着くと、伊藤博文がまさにこの地に到着しようとしているとの噂で持ちきりでした。そこで、その事実を詳しく調べるために、各種の新聞を買って読みました。すると、彼が近くハルビンに到着するのは疑いのないことが分かりました。

三　天祐の到来

私は内心ひそかに喜び、永年願ってきた目的を今こそ達成する好機だ。老賊め、ついに自分の掌の中に入ってきた、と考えました。

しかしここまで来るかどうかの詳細が不明なので、ハルビンに行けば間違いなく事を成就できると思い、直ちに出発しようとしましたが、旅費の工面ができません。そこでいろいろ考えて、この地に居る韓国黄海道《こうかいどう》の義兵将軍李錫山を訪ねました。たまたま李氏は他所に行くために出かけようとしているところでしたが、急いで呼び戻し、部屋に入って一〇〇元を貸してくれるように頼みました。しかし李氏は承諾しなかったので、やむを得ず、脅して一〇〇元を奪い、戻ってきました。

こうして、事は半ば成就したのも同然で、同志の禹徳淳と事を挙げる方策をひそかに練り、それぞれ拳銃を携帯し、直ちに出発して、汽車に乗りました。ところが考えてみると、二人ともロシア語を知らないので、心配になり、途中のスィフェンホ（綏芬河）地方に到着したところで、柳東夏を訪ねて、「いま自分は家族を迎えるためにハルビンに行こうとしているのだが、ロシア語を知らないために困っている。一緒に行って、通訳をしてもらえないか」と頼みました。柳氏は、「自分も丁度薬の商売でハルビンに行こうとしていた。一緒に行くのは好都合である」と答えたので、直ちに同行してもらい、翌日ハルビンに到着しました。

四　最後の動揺とその克服

ハルビンでは金聖伯の家に宿泊し、もう一度新聞を見て、伊藤の日程を詳しく調べました。その翌日、さらに南の長春等の地に向かい、事を挙げようとしましたが、柳東夏は年が若くて、すぐにも家に帰ることを望んだので、別の通訳を雇おうとしていた時、たまたま曺道先に逢い、「家族を迎えるために一緒に南行してもらいたい」と頼むと、曺氏は即座に承諾しました。

その夜、また金聖伯の家に泊まっている時、資金が足りなくなりそうな懸念が生じ、すぐに返すからと言って、金聖伯から五〇元を借りることを、柳東夏に依頼しました。柳氏はそのために、外出中の金氏を尋ねるべく出て行きました。

私は寒々とした灯火のもとで独り坐《すわ》って、これから正に行なおうとすることを思い、悲憤慷慨《ひふんこうがい》の心に耐えられず、一首の詩を詠みました。

丈夫処世兮其志大矣（偉丈夫が世に処するにはその志を大とせよ）
雄視天下兮何日成業（天下を雄視していつの日か大業を成さん）
時造英雄兮英雄造時（時代が英雄を造り英雄が時代を造る）
東風漸寒兮壮士義熱（東風ますます寒く壮士の義は熱い）　※東風＝日本の圧力
憤慨一去兮必成目的（憤慨して一たび去れども必ず目的を成就せん）
鼠窃伊藤兮豈是比命（鼠賊窃盗伊藤よ、どうして汝の命と比べられようか）
豈度至此兮事勢固然（事ここに至るも勢いはもとより固い）
同胞同胞兮速成大業（同胞よ速やかに大業を成せ）

万歳万歳兮大韓独立（万歳万歳大韓独立）
万歳万々歳大韓同胞（万歳万々歳大韓の同胞よ）

――これを吟じ終って、さらに一通の書信をしたため、ウラジオストクの大東共報新聞社に送ることにしました。その趣旨は、一つは我々の成し遂げることの目的を新聞紙上で広く世に知らせること、一つは柳東夏が金聖伯のところから借りた五〇元を返すこと。

手紙を書き終わった時、柳氏が帰ってきましたが、案の定、借り入れに成功しませんでしたので、これ以上滞在することができず、翌日早朝、禹、曺、柳の三人と一緒に駅に行って、曺氏に、南清列車の上下行き違う駅はどこかを駅員に詳しく尋ねてもらったところ、蔡家溝であるということでした。そこで柳（彼にハルビンに残る）と別れて、禹、曺両人と列車に乗って南下し、目的地に到着、汽車を下りて宿を決め、滞在しました。

駅員に、「列車は毎日何往復するか」と尋ねたところ、「毎日三往復である」と言いました。さらに「今夜は特別列車がハルビンから出発し、長春で日本の大臣伊藤を迎えて、明後日朝六時にここに到着する」と言いました。このようなはっきりした情報は、初めて聞くことでした。

そこでいろいろ検討してみましたが、明後日午前六時頃はまだそれほど明るくなく、したがって伊藤はホームに降りないだろう。仮に下車しても、暗闇の中では見分けることが困難だろう。しかも私は伊藤の容貌をよく知らないので、うまく事挙げすることができるだろうか。長春にまで行こうとしても、旅費が足りない。どうしたらよいかと、あれこれと考えて心がひどく塞いでしまいましたが、ともかく柳東夏に、「自分たちはここに下車したので、もし何か緊急のことがあったら電報で知らせよ」と打電しました。

黄昏《たそがれ》になって返電が届きましたが、文意がはっきりせず、不審な点も少なくありません。その夜、十分考えて対策を検討し、翌日、禹氏とも相談し、われわれがここに一緒にいるのは良策ではない。第一に資金不足、第二に柳の返電があいまいであること、第三に伊藤が明朝未明にここを通過するときに事を決行するには難しい、という理由です。もし明日の機会を失えば、再度事を図るのは更に難しくなります。「しからば、君はここに留まり、明日の機会を待ち、機を見て行動せよ。自分はハルビンに帰る。両方で事を挙げれば、十分に好都合である。もし君が失敗したなら、自分が必ず成功させよう。自分が失敗したら、君がうまくやってくれ。両方とも成功しなかった場合は、さらに費用を補充し、再び図って事を挙げよう。これが万全の策である」と語り合いました。

そこで相別れ、私は列車に乗ってハルビンに戻り、柳東夏に会って、先の電報の文意を尋ねましたが、その返事はやはりあいまいでした。私は怒って柳を問責したところ、彼は物も言わずに門を出て行きました。

その夜は金聖伯の家に泊まり、翌朝早起きをして新しい衣服を脱ぎ、普段の洋服に着替えて、短銃を携帯して、駅に向かいました。時に、午前七時でした。

五　決行の時ぞ来たる

駅にはロシアの将官、軍人が多数来て、伊藤を迎える準備をしていました。私は茶店の中に坐り、茶を二三杯飲んで待っていました。九時頃になって、伊藤が乗った特別列車が到着しました。周りは人の山、人の海でした。私は茶店に坐《すわ》り、その動静をうかがいながら、いつ狙撃したらよいかを考えていました。しかしまだ決心がつかないうちに、しばらくして伊藤が下車し、軍隊は一斉に敬礼し、軍楽の音が空に響きました。

その時、突然に怒りがこみ上げ、三千丈の業火が脳裏を貫きました。どうして、世の中はこうも不公平なのか。隣国を強奪し、人命を残害する者があのように欣喜雀躍《きんきじゃくやく》として少しも憚《はばか》るところがないのに、他方では罪のない善良な弱者が何の理由もなく困難に陥れられる。それはどうしても納得いかない。

そこで私は、大股で進み出て、整列した軍隊の背後に近付いてみると、ロシアの官人たちが護衛してくるその前面の、我が物顔に天地の間を行く白ひげ黄顔の小柄な老人、これぞ必ずや老賊伊藤であろうと思い、直ちに短銃を抜き、右側を狙って四発、見事に撃ちました。

しかし次の瞬間、自分は元々伊藤の面貌《めんぼう》を知らない。果して大丈夫か、という疑いが脳裏に生じました。もし誤って他人を撃ったのであれば、折角の大事は水泡に帰する。とっさにそう考え、その背後に従う日本人団体の中で先頭を行く、最も偉そうに見える者に的を定め、さらに三発連射しました。そうしてからも再び、もし誤って罪のない人を傷つけたのでは、これはきっと宜しくないと考えているうちに、ロシアの憲兵が迫って来て、取り押さえられました。時に一九〇九年陰暦九月一三日午前九時半頃でした。

その時、私は天に向かって「大韓万歳」を大声で三たび唱えた後、停車場の憲兵分派所に入れられ、全身の検査を受けました。しばらくして、ロシアの検察官が韓国人通訳と来て、姓名・国籍・住所を訊き、どこから来たのかとか、なぜ伊藤に害を加えようとしたのか、などを質問しましたが、通訳の韓国語が下手で、詳しい説明はできませんでした。この間二、三回、写真撮影をする者がありました。午後八時か九時頃、ロシアの憲兵将官が私と馬車に搭乗しました。どこに向かうのかは分かりませんでしたが、日本領事館に到着し、私の身柄を引き渡して、去って行きました。

その後、ここの官吏が二回審問し、四、五日の後、溝渕検察官が来て、さらに審問を行いました。その前後の経緯については、事細かに供述したので（公判陳述）、以下省略します。

一九一〇年庚陰二月初五日（戌陽三月一五日）

旅順獄中大韓国人安重根畢書。

伊藤さんの罪状一五箇条

問　其方《そなた》が平素敵視して居る人は誰か。
答　以前は別に敵視して居る人はありませなんだが、此《この》の頃になりて一人出来ました。
問　それは何人か。
答　伊藤博文さんです。
問　伊藤公爵を何故敵視するか。
答　その敵視するに至りたる原因は多々あります。即ち左の通りあります。
第一、今より一〇年ばかり前伊藤さんの指揮にて韓国王妃を殺害しました。
第二、今より五年前伊藤さんは兵力を以て五カ条の条約を締結せられましたが、それは皆韓国に取りては非常なる不利益の箇条であります。
第三、今より三年前伊藤さんが締結せられました一二カ条の条約は、いずれも韓国に取り軍隊上非常なる不利益の事柄でありました。
第四、伊藤さんは強いて韓国皇帝の廃位を図りました。
第五、韓国の兵隊は伊藤さんのために解散せしめられました。

第六、条約締結につき韓国民が憤り義兵が起りましたが、その関係上伊藤さんは韓国の良民を多数殺させました。

第七、韓国の政治その他の権利を奪いました。

第八、韓国の学校に用いたる良好なる教科書を伊藤さんの指揮のもとに焼却しました。

第九、韓国人民に新聞の購読を禁じました。

第一〇、何ら充つべき金なきにもかかわらず、性質の宜しからざる韓国官吏に金を与え、韓国民に何らのことも知らしめずしてついに第一銀行券を発行して居ります。

第一一、韓国民の負担に帰すべき国債二三〇〇万円を募り、これを韓国民に知らしめずして、その金は官吏間において勝手に分配したりとも聞き、また土地を奪りしためなりとすと聞きました。これ韓国に取りては非常なる不利益のことであります。

第一二、伊藤さんは東洋の平和を撹乱しました。そのわけと申すは即ち、日露戦争当時より東洋平和維持なりと言いつつ、韓皇帝を廃位し、当初の宣言とはことごとく反対の結果を見るに至り、韓国民二〇〇〇万皆憤慨して居ります。

第一三、韓国の欲せざるにもかかわらず、伊藤さんは韓国保護に名を借り、韓国政府の一部の者と意思を通し、韓国に不利なる施政を致して居ります。

第一四、今を去る四二年前、現日本皇帝の父君に当たらせられる御方を伊藤さんが失いました。そのことは皆韓国民が知って居ります。

第一五、伊藤さんは韓国民が憤慨して居るにもかかわらず、日本皇帝やその他世界各国に対し、韓国は無事なりと言うて欺いて居ります。

以上の原因により伊藤さんを殺しました。

東洋平和論

序文

それ合すれば成り、散ずれば敗れるとは、万古に定まれる道理である。

現今の世界は、東西両半球に分かれて、人種もそれぞれ異なり、互いに競い合っている日常である。実用に便利な機械の研究に農業や商業よりも大いに熱中しているが、新発明の電気、銃砲、飛行船、潜水艇などはみな、人を傷つけ物を害する機械である。

青年を訓練して戦場に駆り出し、無数の貴重な人命をまるで犠牲のように打ち棄てて、血の川・肉の山は絶える日がない。生を好み死を厭《いと》うのは、すべての人の常の情であるのに、清く明るくあるべきこの世界が、なんという光景であろう。それに考え及べば、骨は寒く、心は冷える。

その根本を究明すれば、古《いにし》えから東洋の民族は、ひたすら文化に務め、自分の国をつつましく守るだけで、欧州の地を一寸一尺たりとも侵し奪ったことはなかった。このことは、五大州の人々はもちろん、動物や草木さえも皆知っている。

ところが最近数百年以来、欧州諸国がまったく道徳を忘れ、日々武力を頼みとし、競争心に駆られて少しもはばかることがなかった。中でもロシアは最も甚だしく、西欧にも東亜にもその暴行に起因する害悪の及ばない所がない。こうして悪に満ち罪に溢れ、神人共に怒るに至った。

ゆえに天は一つの機会を与えて、東海の島国日本をしてこの強大なロシアを満州大陸で一撃で倒させたのである。誰かよくそのようなことを測り知ることができたであろうか。それは天に順《したが》い、地を守り、人に応ずるの道理であった。

この時に当り、もし韓清両国の人民が、上下一致して過去の仇を取ろうとして、日本を排斥しロシアを助けたならば、日本の大勝はなく、ロシアを弄《もてあそ》ぶことはできなかったであろう。しかし韓清両国の人民は、そのような行動に出ることを考えなかったばかりでなく、かえって日本軍を歓迎し、彼らのために運輸、道路建設、探索などに労苦をいとわず、力を尽したのである。それには二つの要因があった。

一つは、日露開戦の時、日本の天皇の宣戦布告の文書に、「東洋平和を維持し、大韓独立を強固にする」と書かれてあった。このような大義は青天白日の光よりもさらに輝き、韓清の人々は賢者も愚者も区別なく、一致して和やかに従ったのである。

もう一つは、日本とロシアの戦いは黄白両人種の争いとでもいうべきもので、過去の仇敵の心情が一朝にして消え、大きな人種愛となった。これまた人情の秩序であり、理に適うことの一つというべきである。

快なるかな、壮なるかな。数百年来、悪行の限りを尽した白人の先鋒を、太鼓の一打で大きく打ち砕いたのである。まさに千古に稀な事業として、万国が記念すべき功績である。

この時、韓清両国の心ある者は、はからずも自分たちが同じく勝ったかのように喜んだ。日本の政略がこれより始まり、東西両半球が天地開闢《かいびゃく》以来第一等の偉大な事業を見事に樹立するために、自らそれに務めようとした。

ああ、千々万々思いもかけなかったことだが、勝利した日本は、凱旋するなり、最も近い同一人種で、最も親しいはずの善良な韓国に対して無理な条約を迫り、(保護条約という名目のもとに)満州長春の南に位置する韓国を占拠した。世界のすべての人々の脳中に疑惑の雲が湧き起こり、日本の偉大な名声と正大な勲功は、一朝にしてロシアよりも甚だしい蛮行に変ってしまった。ああ、竜虎の威勢が蛇や猫の行動になろうとは。かの逢い難い絶好の機会に、更に何を求め、何を惜しんだのであろうか。

痛ましいかな。

東洋平和と韓国独立という言葉は、すでに天下万国の人々の耳目に焼きつき、その信義は金石のごとく韓清両国人の脳裏に刻印されていた。この文字に表わされた思想は、たとえ天の神の力を以てしても消滅させることはできない。まして、一人二人の謀略で、どうして抹殺できようか。

現在、西洋の勢力が東洋に押し寄せる患難《かんなん》に対して、東洋の人々が一致団結して極力防御することが最上の策であることは、ちいさな童子でもはっきりと知っている。しかるに、なぜ日本はこの道理に適った形勢を顧みず、同じ人種である隣国を剝ぎ裂いて、友誼《ゆうぎ》を断絶し、自ら蚌鷸《ぼういつ》の争い起こすような、愚かなことを仕出かすのであろうか。

韓清両国人の望みは、大きく絶たれてしまった。もし日本の政略が改められず、逼迫が日に日に甚だしくなれば、やむをえず異民族に滅ぼされようとも、同じ人種の辱めを受けることは忍びないという声が韓清両国人の肺腑《はいふ》から湧き起り、上下一体となって白人の先兵となることは、火を見るよりも明らかな形勢である。このような東洋の悪を、幾億万人の黄色人種の中の幾多の有志が慷慨《こうがい》することいかばかりであろうか。男児たるもの、東洋の一角が黒死する惨状を、袖手《しゅうしゅ》傍観して坐《ざ》して待つことができようか。

そのために(自分は)、東洋平和のための義戦をハルビンにおいて開始したのである。そのことを繰り返し語り、旅順口に来てから後も、東洋平和の問題について意見を提出する次第である。

願わくは、諸公においても深く洞察されんことを。

一九一〇年庚戌二月

大韓国人安重根旅順獄中にて書す。

死出《しで》の道艸《みちくさ》

菅野すが子

大阪生まれの菅野《かんの》すが子《こ》（本名は菅野スガ。一八八一―一九一一）は、いくつかの新聞社で記者を勤める中、婦人運動や社会主義などに影響を受けていった。その後、幸徳秋水と堺利彦によって作られた社会主義結社・平民社に関わるようになり、とくに秋水とはお互いが結婚しているにもかかわらず恋愛関係となった。そして、一九一〇年三月に結核の湯治で秋水と訪ねた湯河原にて、ふたりは大逆罪で逮捕された。「死出の道艸」は、菅野が獄中で書いた日記。その存在は知られていたものの所在がわからなかったが、処刑から四〇年後に発見された。本書では、『明治文学全集　九六　明治記録文学集』（筑摩書房、一九七七）を底本にした上、底本に付された「注」を省略し、編集部の判断で適宜、ルビを付した。日記は一九一一年一月二四日で終わっており、その翌日に幸徳ら一一人が処刑、二六日に菅野が処刑された。菅野すが子、享年二九。

死刑の宣告を受けし今日より絞首台に上るまでの己れを飾らず偽らず
自ら欺かず極めて率直に記し置かんとするものこれ
明治四四年一月一八日
須　賀　子
（於東京監獄女監）

明治四四年一月一八日　曇

死刑は元より覚悟の私、只二五人の相被告中幾人を助け得られ様かと、夫《それ》のみ日夜案じ暮らした体を、檻車《かんしゃ》に運ばれたのは正午前、薄日さす都の町の道筋に、帯剣の人の厳かに警戒せる様が、檻車《かんしゃ》の窓越しに見えるのも、何とのう此《この》裁判の結果を語って居る様に案じられるので、私は午後一時の開廷を一刻千秋の思いで待った。

時は来た。二階へ上り三階を通り、再び二階へ降って大審院の法廷へ入るまでの道すがらは勿論のこと、法廷内の警戒も亦《また》、公判中倍する厳重さであった。其上《そのうえ》弁護士・新聞記者はじめ傍聴人等がヒシヒシと詰めかけて、流石《さすが》の大法廷も人をもって埋まるの感があった。

幾つとなく上る石段と息苦しさと、廷内の蒸される様な人のイキレに、逆上しやすい私は一寸軽い眩暈《めまい》を感じたが、や、落ついて相被告《あい》はと見ると、何れも不安の念を眉宇に見せて、相見て微笑するさえ憚《はば》かる如く、いと静粛に控えて居る。

〔獅子の群《むれ》飢えし爪とぎ牙ならしある前に見ぬ二五の犠牲《にえ》――抹消〕

や、あって正面左側の扉を排して裁判官が顕われる。死か生か、二六人の運命は愈よ《いよい》眼前に迫って来た。胸に波打つ被告等も定めて多かった事で有ろう。

書記が例によって被告の姓名を読み終ると、鶴裁判長は口を開いて二、三の注意を与えた後、主文を後廻しにして、幾度か洋盃の水に咽喉を潤しながら、長い判決文を読み下した。

読む程に聞く程に、無罪と信じて居た者まで、強いて七三条に結びつけ様とする、無法極まる牽強附会《こじつけ》が、益々甚だしく成って来るので、私の不安は海嘯《かいしょう》の様に刻々に胸の内に広がって行くのであったが、夫でも刑の適用に進むまでは、若しやに惹かされて一人でも、成る可く軽く済みます様にと、夫ばかり祈って居たが、噫《ああ》、終に………万事休す矣。新田の一一年、新村善兵衛の八年を除く他の二四人は凡て悉く《ことごと》之れ死刑!

実は斯《こ》うも有ろうかと最初から思わないでは無かったが、公判の調べ方が、思いの外行届いて居ったので此《この》様子では、或《あるい》は比較的公平な裁判をして呉れようも知れぬという、世間的な一縷の望みを繋いで居たので、今此判決を聞くと同時に、余りの意外と憤懣の激情に、私の満身の血は一時に嚇《かっ》と火の様に燃えた。弱い肉はブルブルと慄えた。

噫《ああ》、気の毒なる友よ。同志よ。彼等の大半は私共五、六人の為めに、此《この》不幸な巻き添えにせられたのである。私達と交際して居ったが為めに、此《この》驚く可き犠牲に供されたのである。無政府主義者であったが為めに、図らず死の渕に投げ込まれたのである。

噫《ああ》、気の毒なる友よ。同志よ。

余りに事の意外に驚き呆れたのは単に私ばかりじゃ無い。弁護士でも監獄員でも警官でも、一六日間の公判に立ち会って、事件の真相を知った人々は、何れも余りに無法なるこの判決を、驚かない訳に行かなかったので有ろう。人々の顔には何れも共通のある感情が、一時に潮の様に流れて見えた。語なく声なく沈黙の間に、やる方なき悲憤は凝って、被告等の唇《くちびる》に冷ややかなる笑と成って表われた。

噫《ああ》、神聖なる裁判よ。公平なる判決よ。日本政府よ。東洋の文明国よ。

行れ、縦ままの暴虐を。為せ、無法なる残虐を。

殷鑑《いんかん》遠からず赤旗事件にあり。此《この》暴横・無法なる裁判の結果は果して如何？

記憶せよ、我同志！　世界の同志！

私は不運なる相被告に対して何か一言慰めたかった。然し余りに憤慨の極、咄嗟に適当な言葉が出て来なかった。「驚いた無法な裁判だ」と、独り繰り返す外は無かった。

と突然編笠は私の頭に乗せられた。入廷の逆順に私が第一に退廷させられるのである。私は立ち上った。噫《ああ》、我が友、再び相見る機会の無い我が友、同じ絞首台に上らさるる我が友、中には私達を恨んで居る人も有ろう。然し兎《と》にも角《かく》にも相被告として法廷に並んだ我が友である。さらば、二五人の人々よ。さらば二五人の犠牲者よ。さらば！

「皆さん左様なら」

私は僅かにこれ丈《だ》けを言い得た。

「左様なら……」

「左様なら……」

太い声は私の背に返された。私が法廷を〔五、六歩出ると――抹消〕出たあとで、

「万歳――」

と〔叫ぶ――抹消〕叫ぶ声が聞こえた。多分熱烈な主義者が、無政府党万歳を叫んで居るので有ろう。

第一の石段を上る時、

「菅野さん」

と高声に呼んだ者もあった。

仮監に帰って暫時《しばらく》すると、私の血はだんだん以前の冷静に帰った。余り憤慨したのが、自分乍《なが》ら少し極りが悪くも思われた。

無法な裁判！

夫は今更驚く迄も無い事である、従来幾度の経験から言っても、これ位の結果は寧《むし》ろ当然の事であ

る。斯《か》かる無法な裁判や暴戻《ぼうれい》な権威というものがあればこそ、畢竟《ひっきょう》私達が今回の様な陰謀を企てる様になったのでは無いか。如何に取り調べ方が行き届いて居たからって、仮令一時でも、己れの認めない権力に縋って、同志を助けたいなどと思ったのは、第一大間違いの骨頂である。多数の相被告に対しては、挨拶の言葉も無い程気の毒ではあるが、これも一面から言えば其《その》人々の運命である。平生無政府主義者と名乗って居る程の人々なら、此《この》尊い犠牲が決して無意義で無い位の道理は見えよう。又自ら慰藉《いしゃ》の念も有ろう。〔から――抹消〕今となっては、気の毒乍《なが》ら諦めて貰うより外はない。

と考え乍《なが》らも矢張り〔弱い人間の私は――抹消〕気の毒で気の毒で〔癪に障って――抹消〕仕方がない。

軈《やが》て檻車《かんしゃ》が来た。私は薄暗い仮監を出た。〔途に――抹消〕前列の仮監の小窓から、武田九平君が充血した顔を出して、

「左様なら」

と叫ぶ。私も「左様なら」と答える。又何処からか「左様なら」という声が聞こえる。此《この》短かい言葉の中に千万無量の思いが籠って居るのである。

檻車は夕日を斜めに受けて永久に踏む事の無い都の町を市ヶ谷へ走った。

終に来ぬ運命《さだめ》の神の黒き征矢《そや》わが額《ぬか》に立つ日は終に來ぬ

盡きぬ今我が細指に手繰《たぐ》り来し運命《さだめ》の糸の長き短き

一九日　曇

無法な裁判を憤りながらも数日来の気労れが出たのか、昨夜は宵からグッスリ寝込んだので、曇天にも拘らず今日は心地がすがすがしい。

紋羽二重の羽織を堺の眞ア坊へ、銘仙の単衣《ひとえ》を堀保子さんへ、黒七子被布《ひふ》、縞モスリンの袷《あわせ》を吉川守邦さんへ、何れも記念品として贈る為めに宅下げの手続きをして貰う。

唖然・呆然！　公平なる判決を驚嘆するという葉書を磯部・花井・今村の三弁護士へ。堺・堀・吉川の三氏へ宅下げの通知をする。

幸徳から雑誌が五冊、吉川さんから三冊贈与と差入れが来る。

昨日の日記を書いたり、取締等と話をしたり彼是れして居る内に暮れて了《しま》う。とうとう雑誌の一頁も読まれなかった。

夕方沼波教誨師《きょうかいし》が見える。相被告の峯尾が死刑の宣告を受けて初めて他力の信仰の有難味がわかったと言って些《いささ》かも不安の様が見えぬのに感心したという話がある。そして私にも宗教上の慰安を得よと勧められる。私は此上《このうえ》安心の仕様はありませんと答える。絶対に権威を認めない無政府主義者が、死と当面したからと言って、遽《にわ》かに弥陀という一の権威に縋って、被《ママ》めて安心を得るというのは〔真の無政府主義者として――抹消〕些か滑稽に感じられる。

然し宗教家として教誨師《きょうかいし》として、私は沼波さんの言葉は尤《もっと》もだと思う。が、私には又私だけの覚悟があり慰安がある。

我等は畢竟此《ひっきょうこの》世界の大思潮、大潮流に先駆けて汪洋《おうよう》たる大海に船出し、不幸にして暗礁に破れたに外ならない。然し乍《なが》らこの犠牲は何人かの必ずや踏まなければならない階梯《かいてい》である。破船・難船其《その》数を重ねて初めて新航路は完全に開かれるのである。理想の彼岸に達し得るのである。ナザレの聖人出でて以来幾多の犠牲を払って基督《キリスト》教は初めて世界の宗教と成り得たのである。夫を思えば我等数人の犠牲位は物の数でない〔と思う――抹消〕……

最後の公判廷に陳べた此《この》感想は、絶えず私の心中を往来して居る。私は、我々の今回の犠牲は決して無益でない。必ず何等かの意義ある事を確信して居るのである。故に私は絞首台上最後の瞬間までも、己れの死の如何に貴重なるかという自尊の念と、兎《と》にも角《かく》にも主義の犠牲になったという美しい慰安の念に包まれて、些《いささ》かの不安・煩悶なく、大往生が遂げられるで有ろうと信じて居る。

夜に入って田中教務所長が見える。相被告が存外落ちついて居るという話を聞いて嬉しく思う。〔此《この》人は沼波さんの様な事は勧めないで――抹消〕ある死刑囚の立派な往生を遂げた話などをせられた。

私は予《かね》ての希望の寝棺を造って貰う事と、所謂《いわゆる》忠君愛国家の為めに死骸を掘り返されて八つ裂きにでもせられる〔様な――抹消〕場合に、余り見苦しくない様にして居たいと思うので、死装束などに就て相談をした。

〔私の思う様に出來なければ、誰か社会の知人に頼んで拵《こし》らへて貰おう。――抹消〕

田中さんが『よろこびのあと』沼波さんが、『歎異鈔《たんにしょう》』『信仰の余澤要略』を置いて行かれる。何れ《いず》も小冊子である。

二〇日　雪

松の梢も檜葉の枯枝《かれえだ》もたわわに雪が降り積もって、夜の内に世は銀世界となって居る。年が改まってから二、三度チラついたが、いつも僅かに積もる位で晴れて居た。然し今日は〔本降りであの、ほの白い空の奥から数限りも無く舞い落ちる様子は、――抹消〕急に一寸上りそうも無い。尺、二尺、降れ降れ、積もれ積もれ、灰で埋もれた都の様に、此《この》罪悪の東京を残らず雪で包んで了《しま》え。地層の一にして了《しま》え。塀を隔てた男監の相被告等は、今、何事を考えて居るで有ろう？　この雪を冷たい三尺の鉄窓に眺めて、如何なる感想に耽って居るで有ろう？

〔雪！、雪には思い出の数がある。――抹消〕

〔亡き母上と共に眺めた別荘の雪、父上や継母と共に遊んだ有馬の雪、兄や妹と語り暮した住吉の雪、――抹消〕

〔有馬の雪、箱根の雪、住吉の雪、嵐山の雪、扇ヶ浜の雪、御苑の雪、東山の雪、柏木の雪、巣鴨の雪、千駄ヶ谷の雪、さては鎌倉、湯ヶ原の雪。――抹消〕

〔此《この》思い出の雪の中には、世に無い懐かしい人々を初めとして、愛する人や友の数々が懐かしい姿のままに包まれて居る、今斯《こ》うして鉄窓から気忙しそうに降りしきる、しおらしい姿をじっと見て居ると、同じ空をさまざまの心で見上げた眺めた、幾年《いくとせ》の連想がまざまざと浮んで、楽しい様な悲しい様な譬《たと》え様の無い一種の感じが、静かに胸に迫って來る。——抹消〕

雪！　雪には思い出の数〔々〕がある。

今斯《こ》うして鉄窓から、降りしきるしおらしい姿を凝と見て居ると、同じ空をさまざまの心で眺めた幾年の連想がまざまざと浮んで、楽しい様な悲しい様な一種の感じが、静かに胸に迫って来る。

〔ああ雪！　有馬の雪、箱根の雪、住吉の雪、嵐山の雪、巣鴨の雪、千駄ヶ谷の雪、さては鎌倉・湯ヶ原の雪。——抹消〕

〔此《この》思い出の雪の中には、悲しい事や嬉しい事や、世に無い懐かしい人々を初めとして愛する人や友の数々が、さまざまの姿を經に、嬉しい事や悲しい事が緯に織られて、華やかな紅《くれない》や紫で、さびしい水色や灰色の色彩が、ありし姿の儘《まま》に織られて居る。——抹消〕

思えば懐かしくもある。果敢なくもある。然し何れも既に既に過去である。明日をも知れぬ今の私の境遇では、静かに追想の楽しさを味わって居る〔程〕種の余裕は無い。否余裕はあっても、其《その》余裕は頗《すこぶ》る貴重な余裕である。読まねば成らぬ、書かねば成らぬ、差し当たって必要な事も考えねば成らぬ、と、自分の心丈けは馬鹿に忙しい。何故《なぜ》斯《かく》に気忙しいのだろうと、我乍《なが》ら不思議に思われる程である。本が目の前にどっさり積み上げられて居るせいだろうか。用事を頼みたい人達に面会しないせいだろうか。弟への遺言状を書かないせいだろうか。平生と少しも変らないで不相変《あいかわらず》元気がよいと、皆に言われる程、せっせと何かしらやって居るのにちっとも用事が捗《はかど》らない。然しまあ好いわ、出来る丈《だ》けの事をして置いて残った分は打捨《うっちゃ》って〔置――抹消〕行くと極めて置こう。〔打捨った処でそう大して惜しい程のことも無いのだから、――抹消〕

両三日前堺さんから来た葉書に

四日出の御手紙拝見、獄中日記は卒直の上にも〔卒――抹消〕卒直、大胆の上にも大胆に書き給へかし切に望む。

英語をやめないのはエライですなア。人一日存すれば一日の務めありとか何とかいう言葉がある。アス死ぬかも知れないのは誰の身の上も同じ事だが、私などは六〇位までは無論生きる様な積りで獨乙《ドイツ》だの佛蘭西《フランス》だのポツポツやって居る。碁道樂よりやあ語學道樂の方がまだましだろう。然し六〇迄生きるとしても私の将来はタッタ一八年しかない。あなたの将来は数十日か数ヶ月か知らないが、之《これ》を宇宙永劫の長と大〔とに――抹消〕とより見る時は共に之れ一瞬の生に過ぎぬ。それをこんな馬鹿口まじりの手紙の往復などしてノンキに暮して居る所が面白いのですなア。

と書いてある、全く呑気なものである。去年九月からポツポツ辞書と首っ引を初めた英語をどうか少しでもモノにして置きたいと気ばかり焦って居るのだが、中々急には捗《はかど》らない。リーダーの五がまだ漸う三分一位しか進んで居ない。〔規則立った学問をしないで、――抹消〕苦学して漸《ようよ》く雑誌の一冊位読める様になった私が〔の悲惨な過去の歴史は、到底――抹消〕規則立った学問をした人の足下にも追い付かないのは、元より当然の事ではあるが、其中《その》でも私の常に心苦しく思ったのは語学の知識の無い事であった。夫でどうかして少しでも読める様になりたいと思って、稽古を初めた《ママ》〔のは――抹消〕のも二度や三度では無かったが、病気やら何やら彼やら、屹度《きっと》故障が出来るので、とうとう今日に成って了《しま》った。故障に打ち勝つ丈《だ》けの勇気と忍耐が無かった為めも有ろうが、一つは境遇に余儀なくされた点もある。夫で今度こそせめては一寸した優しいもの位読める様になって死にたいと思いついたのが九月の上旬で、〔リーダーの三から――抹消〕リーダーの三から始めた様な次第であったが、然し今日と成っては――何日頃執行になるか知らないが、〔そう――抹消〕もう余日も多くはあるまいから、〔どうやら又――抹消〕終《つい》にモノにならずに了《おわ》りそうだ、残念乍《なが》ら仕方が無い。

この日記は堺さんに言われるまでも無い。一切の虚偽と虚飾を斥けて赤裸々に菅野須賀子を書くのである。

〔前の日記から二三の短歌を書き抜いて置かう――抹消〕

〔限りなき時と空とのたゞ中に小さきものの何を争う――抹消〕

〔いと小さき国に生れて小さき身を小さき望みに捧げける哉――抹消〕

〔十萬の血潮の精を一寸の地図に流して誇れる国よ――抹消〕

〔くろ鉄の窓にさし入る日の影の移るをまもり今日も暮しぬ――抹消〕

〔千仭《せんじん》の崖と知りつつ急ぎ行く一すじ道を振りも返らで――抹消〕

〔身じろがぬ夜寒の床に幾度か忍びやかなる剣の音きく――抹消〕
〔枯檜葉の凮に揺ぐを小半日仰臥して見る三尺の窓――抹消〕
〔雪山を出でし聖のさまに似る冬の公孫樹を尊しと見る――抹消〕
〔燃えがらの灰の下より細々と煙ののぼる浅ましき恋――抹消〕
〔やがて来む終の日思い限りなき生命《いのち》を思いほほ笑みて居ぬ――抹消〕
〔強き強き革命の子が弱き弱き涙の子かとわが姿見る――抹消〕
〔野に落ちし種子《たね》の行方を問いますな東風《こち》吹く春の日を待ちたまへ――抹消〕
〔波三里初島《はしま》の浮ぶ欄干《おばしま》に並びて聞きし磯の船うた――抹消〕
〔更けぬれば手負は泣きぬ古ききず新らしききず痛みはじむと――抹消〕
〔往き返り三つ目の窓の蒼白き顔を見しかな編笠ごしに――抹消〕
〔目は言いぬ許し給へとされどわが目は北海の氷にも似し――抹消〕
〔二百日わが鉄窓に來ては去ぬ光りと闇を呪うても見し――抹消〕
〔遅々として雨雲の行く大空をわびし気に見る夕鴉かな――抹消〕
〔小蛙の夫婦《め》楽み居る秋の昼なりし桜樹《さくら》のうつろの中に――抹消〕
〔わが胸の言の柱の一つづく崩れ行く日を秋凮の吹く――抹消〕
〔廿二のわれを葬る見たまえと丰オリンの糸絶ちて泣きし日――抹消〕

〔西東海をへだてし心にて墳墓《おく》に行く君とわれかな――抹消〕
〔大悲閣石くれ道にホロホロと桜散るなり寺の鐘に――抹消〕
夕方、堺さんから葉書、為子さん・吉川さん、幸徳駒太郎さんから手紙が来る。読んだ所感をいろいろ書いて見たいけど、何だか気がすすまないから〔もう――抹消〕止める。
思ったままを書きっ放しにするのだからあとで読み返すと支離滅裂で、何だか寝言でも並べて居る様で我ながら厭になる。もう寧《いっ》そ何にも書くまいかなど考える。

二一日　晴

応挙の筆になった様な松の雪に朝日が煊いて得も言われぬ趣きがある。
堺さんが売文社というものを創立されると、第一番の注文申込が某女学生の卒業論文であったそうな。現代社会の一面が読まれる様で滑稽でもあり、浅ましくも感じられる。
堺為子さんは産婆学校へ通って居られるそうな。四〇になって此《この》積極的な勉強を初《マ》め《マ》る勇気は感心の外は無い。同時に又堺さんが自分の不自由を忍んで、妻君に独立自活の道を立てさせようというのも豪い。一寸普通の男子に真似の出来難い事である。〔流石《さすが》に婦人問題研究の大家だけの価値がある。――抹消〕
暮の二八日に死去された幸徳の母上はマラリヤ熱が肺炎になって僅か一〇日ばかり床に就いて逝か

れたのである〔そうな――抹消〕との事、一一月に上京された時に、幸徳に面会の序《ついで》に私にも面会されるつもりであったのが、お千代さんが居た為めに遠慮して終に沙汰なしで帰られたのである〔との事――抹消〕そうな。〔今日――抹消〕幸徳と私とは絶縁しても、兎《と》に角《かく》一旦母と呼び子と呼ばれた仲であるのに、態々《わざわざ》上京しながら訪ねても呉れないのは随分不人情な人だと一時は不快にも感じたが、昨日の駒太郎さんの手紙や

その時にあなたの事を気にかけて私までにいろいろ話していらっしゃいました。あの荷物の中の写真帳とあなたの写真や御自分のやをあれ是まとめてふろしきに大切そうに包んでお持ち歸りになりました。

とある為子さんの手紙や、過日幸徳の姪のたけをさんから来た手紙の中の

祖母様生前には常に叔母上様のお話いたし誠にやさしい親切な方だと始終御うわさいたして居りました。それで先達《せんだっ》て一寸面会のため上京致しました節も、余りいそぎましたので叔母上様に御目にかかりませずにかえりましたのを大変残念がって居られました……

などの文言を読んで、〔私は却って気の毒になった、殊に優しいあの人の性質は私の頭に深い印象を殘して居るので、――抹消〕仮令《たとえ》一時でも恨みがましく感じたのは、〔今更済まない様にも思われる、――抹消〕済まない事であったと思う。幸徳との縁は絶っても矢張り懐〔かしく思って居た人であるだけ――抹消〕かしい人であった。母となり子となり又他人となって終に永久に相見る事なく別れた人、手紙に小包に

絶えず慰められた〔人に――抹消〕過去を思えば只ただ夢というより外は無い。

ああ人生は夢である。時は墓である。凡《すべ》てのものは刻々に葬られて行くのである。

葬られた人の追想に泣く自分が、やがて葬られんとして居るのである。

増田さん、為子さんに葉書、たけをさんに手紙を書く。

風邪の気味で頭の心《しん》が痛いけど入浴する。入浴は獄生活中の楽しみの一つである。面会、来信・入浴――みよりの無い私の様な孤独の者は、面会も来信も、少いので、五日目毎の入浴が何よりの楽しみである。

蒼々《そうそう》と晴れた空から鉄窓を斜めに暖かそうな日光がさし込んで居る。湯上りののびのびとした心地で机の前に坐った〔心地――抹消〕時は何とも言われない快感を覚えた。このまま体がとけて了って、永久の眠りに入る事が出来たらどんなに幸福で有ろうと考える。

吉川さんの手紙に
昨年の本月本日は小生の出獄日にて正に本日は一週年の記念日にて候。一所に出獄した三名の中樋口は今飛ぶ鳥をも落す勢、引き換えて小生は相変らず唯活きてると云う名のみ。而《しこう》して岡は亦《また》もとの千葉の古巣に立歸り寒気と餓に苦しみ居り候。

と書いてある。岡さんは何の事件で囚えられた？　噫《ああ》成功する者是か、失意の地にある者非か。

大連の古井に発狂して投身した盛岡永治君！　政府の迫害を恐れて一身を安全の地位に置かん為め

弊履《へいり》の如く主義を擲《なげう》った某某等！　噫《ああ》、数奇なるは運命哉。弱きは人の心なる哉。去る者をして去らしめよ。逝く者をして逝かしめよ。大木一たび凋落して初めて新芽生ずるのである。思想界の春日――先覚者を以て自ら任ずる我々は、秋冬の過去を顧みるの必要は少しも無い。前途、只前途に向って、希望の光明に向かって突進すればよいのである。

社会の同志に対する其《その》筋の警戒は益々きびしい様子である。今回の驚くべき無法なる裁判の結果から考えても、政府は今回の事件を好機として、極端なる強圧手段を執ろうとして居るに相違ない。迫害せよ。迫害せよ。圧力に反抗力の相伴うという原則を知らないか。迫害せよ。思い切って迫害せよ。

旧思想と新思想、帝国主義と無政府主義！

まあ必死と蒲鉾《かまぼこ》板で隅田川の流れを止めて見るが好い。

沼波教誨師《きょうかいし》が見えて「何うです……」と聞かれる。「相変わらずでございます」と答える。主義という一つの信念の上に立って居るから其《その》安心が出来るので有ろう。事件に対する関係の厚薄に依って、多少残念に思う人も有ろうが、アナタなどは初めから終りまでずっと事にたずさわって居たのだから相当の覚悟があるので有ろうと云われた。宗教上の安心をすすめられるより嬉しかった。〔私は斯《こ》うい ふ言葉を聞く方が嬉しい。――抹消〕

然し相被告の中には随分残念に思って居る人も多かろう。此《この》事件が有史以来の大事件である代り、刑罰も亦《また》有史以来の無法〔極まるものと言ってもよい位である――抹消〕極まる。

今回の事件は無政府主義者の陰謀というよりも、寧《むし》ろ検事の手によって作られた陰謀という方が適当である。公判廷にあらわれた七三條の内容は、真相は驚くばかり馬鹿気たもので、其《その》外観と実質の伴わない事、譬《たと》えば軽焼煎餅か三文文士の小説見た様なものであった。検事の所謂《いわゆる》幸徳直轄の下の陰謀予備、即ち幸徳・宮下・新村・古河・私、と此《この》五人の陰謀の外は、総て煙の様な過去の座談を、強いて此《この》事件に結びつけて了《しま》ったのである。

此《この》事件は無政府主義者の陰謀也、何某は無政府主義者也、若しくは何某は無政府主義者の友人也、故に何某は此《この》陰謀に加担せりという、誤った、無法極まる三段論法から出発して検挙に着手し、功名・手柄を争って、〔苦心・惨憺《さんたん》の――抹消〕、一人でも多くの被告を出そうと苦心・惨憺《さんたん》の結果は終に、詐欺・ペテン・強迫、甚だしきに至っては昔の拷問にも比しいウッ責同様の悪辣極まる手段をとって、無政府主義者ならぬ世間一般の人達でも、少しく新智識ある者が、政治に不満でもある場合には、平気で口にして居る様な只一場の座談を嗅ぎ出し、〔て、――抹消〕夫をさもさも深い意味でもあるかの如く総て此《この》事件に結びつけて了《しま》ったのである。

仮に百歩・千歩を譲って、夫等の〔陰謀を――抹消〕座談を一の陰謀と見倣した所で、七三条とは元より何等の交渉も無い。内乱罪に問わるべきものである。夫を検事や予審判事が強いて七三条に結びつけんが為めに、己れ先ず無政府主義者の位置に立ってさまざまの質問を被告に仕かけ、結局無政府主義者の理想――単に理想である――其《その》理想は絶対の自由・平等にある事故、自然皇室をも認めないという結論に達するや、否、達せしめるや、直ちに其《その》法論を取って以て調書に記し、夫等の理論や理想と直接に何等の交渉もない今回の事件に結びつけて、強いて罪なき者を陥れて了《しま》ったのである。

考えれば考える程、私は癪に障って仕方がない。法廷に夫等の事実が赤裸々に暴露されて居るにも拘らず、あの無法極まる判決を下した事を思うと、私は実に切歯《せっし》せずには居られない。

憐れむべき裁判官よ。汝等は已れの地位を保たんが為めに、単に已れの地位を保たんが為めに、〔不法と知りつつ、無法と知りつつ――抹消〕已れの地位を安全ならしめんが為めに、〔心にも無い判決を、――抹消〕不法と知りつつ無法と知りつつ、心にも無い判決を下すの止むを得なかったので有ろう。憐れむべき裁判官よ。政府の奴隷よ。私は汝等を憤るよりも、寧《むし》ろ汝等を憐れんでやるのである。身は鉄窓に繋がれても、自由の思想界に翼を拡げて、何者の束縛をも干渉をも受けない我々の眼に映《えい》ずる汝等は、実に憐れむべき人間である。人と生れて人たる価値の無い憐れむべき〔動物――抹消〕人間である。自由なき百年の奴隷的生涯が果して幾何の価値があるか？　憐れむべき奴隷よ。憐れむべき裁判官よ。

午後四時頃面会に連れて行かれる。堺さん、大杉夫妻、吉川さんの四人。

面会の前に典獄から公判に就ての所感を語ってはいけないと注意された。此《この》無法な裁判の真相が万一洩れて、同志の憤怨《ふんえん》を買う様な事があってはという恐れの為めに、特に政府からの注意があったので有ろう。

赤旗事件の公判の時、控訴院の三号法廷に相並んだ以来の堺さんと大杉さん、四年以前も今日も見たところ少しも変りの無い元気な顔色は嬉しかった。彼れ一句、是れ一句、最初から涙の浮んで居た人々の眼を私は成るべく避ける様にして、つとめて笑いもし語りもしたが、終に最後の握手に至って、わけても保子さんとの握手に至って、私の堰《せ》き止めて居た涙の堤は、切れて了《しま》った。泣き伏した保子さんと私の手は暫く放れ得なかった。ああ懐かしい友よ。同志よ。

「意外な判決で……」というと、堺さんは沈痛な声で「〔アナタや――抹消〕幸徳やアナタには死んで貰おうと思っ〔た――抹消〕て居たのですが……」

多くを語らない中に無量の感慨が溢れて居た。

寒村は房州吉浜の秋良屋に居るそうな。秋良屋は数年前、私が二ヶ月ばかり滞在して居た家である。当時絶縁して居た寒村が、不意に大阪から訪ねて来て、二人の撚《より》をもどして帰った思い出の多い家である。山にも遊んだ、磯も歩いた。当時矢張り同家に滞在中の阿部幹三などと一緒に、鋸山に登って蜜柑《みかん》を喰べながら焚火をして、何処からか石地蔵の首を拾って来て火あぶりにしたりなんか随分悪戯《いたずら》をしたものであった。

其《その》秋良屋に今寒村が滞在して居る。室も屹度《きっと》あの室《へや》で有ろう。あの南縁の暖かい障子の前に机を置いて、例の僻《へき》の爪を噛みながら書いたり読んだりして居るので有ろう。

寒村は私を死んだ妹と同じ様に姉ちゃんとい〔ふ――抹消〕い、私は寒村をあつ坊と呼んで居た。同棲して居ても夫婦というよりは姉弟と云った方が適当の様な間柄であった。故に夫婦として物足りないという感情が、そもその二人を隔てる原因であったが、其代《その》りに又別れての後も姉弟同様な過去の親しい愛情は残って居る。私は同棲当時も今日も彼に対する感情に少しも変りが無いのである。

去年私が湯ヶ原に滞在中、罵詈《ばり》・雑言《ぞうごん》の歌の葉書を寄越した時も、又私が上京後彼がピストルを懐《ふところ》にして湯ヶ原へ行った事を知った時も、其後《そのあと》彼が幸徳に決闘状を送った事を検事局で聞いた時も、私は心の中でひそかに彼の為めに泣いて居た。

然し世は塞翁《さいおう》の馬の何が幸いになる事やら。彼は私と別れて居たが為めに、今日、無事に学びも遊びも出来るのである。万一私と縁を絶って居なかったら、恐らくは〔今頃は――抹消〕、同じ絞首台に迎えられるの運命に陥って居た事で有ろう。

私は衷心から前途多望な彼の為めに健康を祈り、且つ彼の自重自愛せん事を願う。

大杉夫婦に手紙、堺・吉川の両氏に葉書を書く。

二二日　晴れ

昨夜は入監以来始めての厭な心地であった。最後の面会という一場の悲劇が、私の〔鋭どい――抹消〕神経を非常に刺〔激――抹消〕戟したからである。去年六月二日に始めて事件の暴露を知って以来、相当に〔精神――抹消〕修養をしたつもりで居るのに、仮令《たとえ》一晩でもあんな妙な名状しがたい感情に支配せられるとは、私も随分詰らない人間だ。我乍《なが》ら少々愛想がつきる。斯《この》様な意久地のない事で何《ど》うなる。

然しそこが又人間の自然で有るかも知れない。喜怒・哀楽色に顕わさずという東洋豪傑の特徴は、一面からは頗《すこぶ》る感ずべき事〔の――抹消〕ではあるが、一面からは又確かに虚偽である。虚飾である。真に其《その》人が心の底から喜怒・哀楽〔に――抹消〕を超越して居る。愚の極か聖人の極なら別問題として、感情の器である普通の人間に、些《いささ》かの偽りなし飾りなしに其《その》様な無神経で居られよう道理がない。私は小人《しょうじん》である。感情家である。而も極端な感情家である。私は虚偽を憎む。虚飾を悪《にく》む。不自然を悪む。私は泣きもする。笑いもある。喜びもする。怒りもする。私は私丈《だ》けの天真を流露して居ればよいので〔ある――抹消〕ある。人が私を見る価値如何などはどうでもよい。私は私自身を欺かずに生を終ればよいのである。

然し今日は誠に心地がよい。昨夜の感情は夜と共に葬り去られて、何故《なぜ》あんな気持ちになったろうと不思議に思われる程である。

殊に男監の相被告等が何れも死を決した主義者らしい立派な態度であるという事を聞いて、嬉しくって嬉しくって体が軽くなる様に思われる。責任のある私達の立場からは、只夫《それ》のみが案じられて居たのである。夫《そり》ゃア人間だもの下らない僅かの関係で、重い刑に処せられるという事は、誰しも衷心忍びないには相違ないが、主義の為〔めといふ慰安の――抹消〕めに、凡てを犠牲にして、自ら安んじて居るという男らしい態度は実に感心の外は無い。流石《さすが》に無政府主義者である。我が同志である、私は実に嬉しい。私は主義者としての誇りを感じる。私はもう心残りは何にも無い。唯一の、私の心にかかって居た黒雲が、今日の空の様に、すっかり奇麗に晴れて了《しま》った。

小泉策太郎・加藤時次郎・永江爲政の三氏に手紙、岡野辰之助・渡邊八代子の両氏に葉書を書く。

夕刻、平出弁護士と堺さんから来信。平出さんの文中
私は理由の朗読一〇行に及ばざる以前、既に主文の予知が出來ました。あれまでは弁護人としての欲心が五六の人の処は、どうにか寛大なこともあろうかと、一縷《る》の望みもあったのですが、それもみんな空しくなりました。もう座にも堪えぬのでしたが、私の預って居る二人の人に落膽《らくたん》させまいと、私は辛い中を辛棒して終りまで立会い一二言励ましても置きました。法の適用は致し方がありません。又判決の当否は後世の批判に任せましょう。又貴下に対しては何の慰言も無用と思います。覚悟のない人が覚悟を迫られたらどんな心持でしたろうと、それが私の心を惹いて一八日以来何にも手につきません。

とある。噫《ああ》、弁護士さえ此《この》通りに思われるものを。同志として、殊に責任ある同志としての私が堪えられない〔程憤慨する――抹消〕程苦しんだのが無理であろうか。

薄暗い電燈の下で平出さんへ返事を書く。

二三日　晴れ

毎夜午前二時頃に湯タンポを取り替えて貰うのが癖になって、其時刻《そのじこく》になると屹度《きっと》目が覚める。そして再び寝就くまでの一、二時間、ウトウトと取り止めも無い事を考える習慣がついて了《しま》った。

昨夜も亦例《またれい》の通り目がさめた。そして相変らず空想に耽った。

一昨日面会した堺さん方の事や、相被告の事や妹の墓の事や、――妹の墓は銀世界の前の正春寺にある――いろいろ考えた。堺さんか保子さんが私の頼んだ通りに、墓の掃除料を届けて〔呉れ――抹消〕下すったら、〔あの坊主――抹消〕私の大嫌いなあの坊主は、何と挨拶をするだろう。お経の功徳によって亡者が浮ばれるという様な迷信の無い私達は、自然寺への附け届けも怠たり勝であったので、墓参の〔為めに――抹消〕度によく厭な顔を見せられた。それで私もだんだん足が遠くなって了《しま》って、白骨の墓に香華《こうげ》を手向けに行く代りに、始終写真の前に妹の嗜好物などを供えて居た。〔これとても考えて見れば、随分馬鹿馬鹿しい話ではあるが、そこが多年の習慣の堕【惰――誤字】性で、只《ただ》自分の心遣《や》りの為めにして居たのであった、――抹消〕これとても死者の骸《むくろ》が煙と成り、又それぞれ分解してもとの原子に帰った後に、霊魂独り止まって香華や供物を喜ぼうなどとは、元より思っても居ないのだから、考えて見れば随分馬鹿馬鹿しい話ではあるが、そこが多年の習慣の堕〔惰〕性とでもいうのか、只《ただ》自分の心遣りの為めにして居たのであった。

然し今日の私の境遇としては、在米の弟に対して掃除料位、寺へ寄附して置かなければ成らぬ。他年、一日弟が帰朝して妹の墓はと尋ねた時に、無縁の墓だからと言って形が無くなって〔居る様な事があると、定めて失望するで有ろうから――抹消〕でも居ると、嘸《さぞ》失望するで有ろうからと考えたのである。

〔昨夜は私自身の事も考えた。寝棺丈《だ》けは木名瀬典獄《てんごく》にも一昨日面会の時に頼んで置いたから其内《その》に出来上るで有ろう。死んでから何《ど》うだって好い様なものだが、何だか足を折られて窮屈そうにシャガんで居るのが何だか厭な気持がするので、棺だけは是非寝棺に――抹消〕

昨夜は私自身の死後の事をも考えた。三寸の呼吸が絶えて、一の肉塊となってからはどうだって好さそうなものではあるが、私は死人が足を折られて窮屈そうに棺の中へ押し込められるを見る度にいつも厭な感じがするので、〔どうか――抹消〕是非寝棺にして貰いたいという予《かね》ての望みを、一昨日面会の時立ち会われた木名瀬典獄《てんごく》へも頼んで置いた。〔から、――抹消〕何れ其内《その》に出来上るで有ろうと思う。着物の事も今迄は万一掘り返されて曝されでもする様な場合に、余り見苦しくな〔い様にして居たいと思った――抹消〕くして居たいと思ったので、あったが、然しこれはもう何《ど》うでもよいと考えた。汚れて居ようが破れて居ようが、ふだん着の儘《まま》の方が却って自然でよいと思う。それから今一つ執行当日の朝入浴させて貰いたいと飯坂部長に頼んで置いたが、これも今朝断って置いた。実は私の希望から言えば妹の墓の隣りに埋葬して貰いたい――墓などはどうでもよい、焼いて粉にして吹き飛ばすなり、品川沖へ投げ込むなり、どうされてもよいのであるが、然しまさかそんな訳にも行くまいから同じ〔埋められるの――抹消〕形を残すのなら懐かしい妹の隣りへ葬られたいのは山々であるが、前にも書いた様に私はあの寺が〔坊主が――抹消〕気に入らないから、一番手数のかからない雑司ヶ谷の死刑囚の墓地へ埋めて貰う事にきめて居る。一昨日も堺さんや保子さん〔は――抹消〕が、アナタの思う様にするから遠慮なく言えと云われた〔けど――抹消〕時に、私はこの考えを述べて置いた。

今朝〔堺さん――抹消〕売文社と平出弁護士に葉書を書いた。

売文社へは、誰でも寺へ行って下さる方に、新たに塔婆《とうば》を書かせて貰う事を頼んだのである。

墓の連想で武富検事の事を思い出した。検事と私とは一昨々年《さきおととし》の赤旗事件以来の旧知である。而《しか》も相互いに悪感を抱いた旧知である。当時聴取書の文言中少しく気に入らないケ所を訂正して貰いたいと言った事から衝突して、互いに顔を顰《しか》めて立ち別れたが、翌年即ち一昨年の夏、雑誌『自由思想』の為めに、新聞紙法違犯に問われて入獄した時、私は検事から随分意地悪い陰険な手段と、酷烈な論告でイヂメられた。夫で私は今回の事件が発覚した当時も、先ず第一に検事の取り調べを受けたのであったが、日頃快よからぬ検事には一言も述べまいという決心をして、尚其上《そのうえ》に機会があれば、検事を冥途の道伴《みちづれ》にしようと、一時殺意を生じた程であった。

然し私は検事から、いろいろ身の上話を聞いて、其《その》老母と過去の苦学に同情して、殺意がすっかり消えて了《しま》ったので、己れの感情を逐一検事に語って分れた。

其後《そのご》数日を経て、検事は

「アナタが僕に対して、事件に関して一言も云わないというのは大きに面白いと思う。僕も亦《また》聞こうとは言わない。其《その》代りアナタの経歴を話してくれませんか。アナタが尤《もっと》も憎んで居る僕に自分の経歴を書かせて見るのも面白いじゃありませんか。僕も亦《また》是非書きたいと思う、」
という話であったので、嘸《さぞ》又ひどい復讐を〔せら――抹消〕される事で有ろうとは考えたが、誰に書かれても〔とう――抹消〕どうせよく言われ様の無い私の経歴、総てが変則に常軌を逸して、只《ただ》強情な負け惜しみ一つで、幸いに淫売にも紡績女工にも成らなかったという様な悲惨な過去の境遇は、社会問題にでも注意して居る、血あり涙ある人の外には、同情して呉れという此方《こちら》が無理と常に諦めて居る事故、同じく悪く書かれるなら、一つ思い切って悪く書かれるなら、一つ思い切って悪く書かれる〔のも――抹消〕のも面白かろうと考えて、小説的な経歴を残らず検事に語ったのであった。

事件以外の話をして居れば検事も亦《また》〔検事さまで――抹消〕毒の無さそうな快活らしい男で、憎むべき点は少しも見えなかった。鬼検事らしい俤《おもかげ》は認められなかった。〔夫で――抹消〕私の語るのを心《しん》から面白そうに、

「全く小説的ですねえ」

と聞いて居た顔が今も顔前に髣髴《ほうふつ》として居る。夫《それ》から又検事は

「アナタと僕とは前世に何か深い因縁があるのでしょう。僕はアナタが死刑にでもなったら、――僕より早く死んだら、僕は屹度《きっと》、誓ってアナタの墓前に香華を手向けますよ」

と繰り返し言った。

一時のお世辞とも思われない眼色であったから、一度位は検事が墓参してくれる〔かも――抹消〕

かも知れない。或人《ある》に其事《その》を話したら夫ア《そりゃ》屹度《きっと》少し気味が悪かったのでしょう。〔検事が墓参りをしたら、一つ袖でも捉まえて、芝居がかりで驚かすと面白いでしょう――抹消〕と笑われた。

お化けや幽霊になれるものなら、大審院の判事をはじめ驚かしてやりたい人が沢山ある。アッと腰でも抜かす様を見たら定めて痛快な事で有ろう、呵々。

今朝がた珍しい夢を見た。

誰だか人は覚えないが、二、三の人と小さな流れに添って畑の中の一すじ道を歩いて居る内、不図《ふと》気がついて空を見上げると、日と月が三尺位隔てて、蒼空の中にはっきりと浮んで居る。そして日も矢張り月のような色をして、三分程欠けて居〔る――抹消〕た。月に丁度一〇日目位の〔形――抹消〕かたちであった。それで私は連の人に対《むか》って日月相並んで出づるのは、国に大凶変のある前兆だと語り終わって目が覚めた。

私は脳がわるい〔ので――抹消〕せいか以前《むかし》から〔徹――抹消〕終夜夢を見続けるのであるが、斯《こ》んな日月の夢などは初めて見た。欠けた日、欠けた月、何を意味して居るので有ろう。

此頃《この》は毎朝目が覚める度に、オヤ私はまだ生きて居たのかという様な感じがする。

そして自分の生きて居るという事が何だか夢の様に思われる。

〔茲《ここ》まで書いた時に田中教務所長が見えてかねて――抹消〕

〔茲《ここ》まで書いた時田中――抹消〕

田中教務所長から相被告の死刑囚が半数以上助けられたという話を聞く。多分一等を減じ〔られて——抹消〕られて無期にされたので有ろう。あの無法な判決だもの、其位《そのくらい》の事は当然だと思うが、何にしてもまあ嬉しい事である。誰々か知らないが、何れ極めて関係の薄い、私が無罪と信じて居た人達で有ろう。仮令《たとえ》無理でも無法でも兎《と》に角《かく》一旦死刑の宣告を受けた人が、意外に助けられた嬉しさは如何ほどで有ったろうと察しられる。一旦ひどい宣告を下して置いて、特に陛下の恩召によってと言うような勿体ぶった減刑をする——国民に対し外国に対し、恩威並び見せるという、抜目のないやり方は、感心と言おうか狡獪《こうかい》と云おうか、然しまあ何は兎《と》もあれ、同志の〔生命——抹消〕生命が助かったのは有難い。欲にはどうか私達三、四人を除いた総てを助けて貰いたいものである。其《その》代りになる事なら、私はもう逆磔《さかばっつけ》刑の火あぶりにされようと背を割いて鉛の熱湯を注ぎ込まれようと、どんな〔酷——抹消〕酷い刑でも喜んで受ける。

或人《ある》が、会津藩士であった田中さんが囚えられて明治五年に死刑の宣告を受け、愈《いよい》よ刑場へ引き出される途中で意外にも助けられたという、今日の私の境遇などには頗《すこぶ》る興味のある〔話を——抹消〕経験談を聞〔いて——抹消〕いて面白かった。

人見て法を説くというのか、対手《たいしゅ》の思想上に立ち入らないで、時宜《じぎ》に応じた話をされるのは、流石《さすが》に多年の経験と感服する。

堺のまあさん、小泉策太郎、南助松、加山助男、富山の五氏から来信。

真あさんのは美しい草花の絵はがきに、
私に何だかくださいますそうでありがとうございます、サヨナラ
と鉛筆で書いてある。〔可愛いこと——抹消〕色の白い眼の大きい可愛い姿が見える様だ。何という可愛い人だろう。

小泉さんのは、最後の告別として一書を送り候という書き出しで、中に、
除夜竹芝館に酔い候砌《みぎり》秋水へ一詩を寄せ候
　樽前只有美姫縁　酔後却知暗恨索　今夜故人囚獄裏　夢魂何処窮年
あなたへもと志し可憐昭代狂才媛と一句出来たまま〔にて——抹消〕にて不成功に終り候
とあった。両三年来一方ならぬ御世話になった人、くり返し読んで胸の迫るを覚えた。健在におわせ。一〇〇年の天寿を全うし給え。

遠い薄暗い電燈の下で氷る様な筆を僅かに動かしてこれを書いて居る。中々楽なものじゃ無い。就寝の声はもう疾《と》うにかかった。窓外には淋しい風が吹いて居る。

今夜はこれで寝る事にしよう。

二四日　晴れ

堺・増田の両氏と眞ア坊へ発信。

堺さんには在米の弟に記念品を送って貰う事を頼む。

紙数一四六枚の判決書が来た。在米の同志に贈ろうと思う。

吉川さんが、『酔古堂剣掃』を差入れて下すった。

針小棒大的な無理強いの判決書を読んだので厭な気持ちになった。今日は筆を持つ気にならない。

吉川さんから葉書が来る。

夜磯部・花井・今村・平出の四弁護士、吉川・南・加山・富山の数氏へ手紙や葉書をかく。

死の叫び声

朝日平吾

一九一六年、満州に渡って大陸浪人となった後、朝日平吾《あさひへいご》（一八九〇―一九二一）は一九一九年に帰国する。この時期の日本は大恐慌で、人々の貧富の差は開く一方であった。朝日は、労働運動や普通選挙運動に関わった後、貧民救済事業をはじめたが、うまくいかなかった。そのうち、労働者や貧民が救われないのも、自らの不遇な境遇も、財閥などの大金持ちが社会奉仕に貢献しないことが原因のひとつだと考えるようになる。そして、安田財閥の首領である安田善次郎の暗殺を企て、一九二七年九月二七日に弁護士を名乗って別邸に入り、安田を刺殺した。直後、自らも喉を切って自殺。犯行現場に持参したのが、「死の叫び声」という遺書であった。本書では、橋川文三編『現代日本思想大系三一　超国家主義』（筑摩書房、一九六四）を底本にした上、編集部の判断で適宜、ルビを付した。朝日平吾、享年三一。

奸富《かんぷ》安田善次郎巨富を作《な》すといえども富豪の責任をはたさず、国家社会を無視し貪欲卑吝《ひりん》にして民衆の怨府《えんぷ》たるや久し。予その頑迷を愍《あわれ》み仏心慈言をもって訓《おし》うるといえども改悟《かいご》せず。よって天誅を加え世の警《いまし》めとなす。

大正一〇年九月

神州義団団長　朝日平吾

死の叫び声

日本臣民は朕が赤子なり、臣民中一名たりともその堵に安んぜざる者あればこれ朕の罪なり……とは先帝陛下のお仰せなり。歴代の天皇もこの大御心をもって国を統《す》べさせたまい、今上陛下も等しくこれを体したもうものにして、一視同仁は実にわが神国の大精神たり。されど君側の奸《かん》陛下の御徳を覆い奉り、自派権力の伸張を計るため各々閥を構え党を作しこれが軍資を得んため奸富《かんぷ》と賊誼《ぞくぎ》を結び、奸富《かんぷ》は利権を占めんためこれに応じ、その果は理由なき差別となり、上に厚く下に薄く貧しき者正しき者弱き者を脅し窘虐《きんぎゃく》するに至る。これは歴代の内閣すべて然らざるなく、元老その範を示し政界の巨星等しくこれが元凶たり。

元老範を垂れ、元凶政事をなす。すなわち知る可し、藤田は伊藤博文の命により紙幣を偽造して男爵となり、大倉は石塊の罐詰を納入し得たる不浄財の一部を献金して男爵となり、山本権兵衛は軍艦をなめ、シーメンスを演じて巨財を作り、大隈・山県、その他老星の豪奢は在閣当時の悪徳にあり。憲政会には岩崎控え、政友会は満鉄と阿片とにて軍資を調達し、その他の政治家顕官ことごとく奸富《かんふ》と通じ私利に汲々たり。しかしてこれありて濁富を得し者に三井・岩崎・大倉・浅野・近藤・安田・古河・鈴木の巨富あり、その他の富豪みな然らざるなし。

上流の混濁それかくのごとし、何ぞ下流の清澄なるを得んや。宝塚事件のごとき、鉄道省小役人の瀆職《とくしょく》事件のごとき、税務吏の収賄のごとき、東京市の疑獄事件のごとき、その他会社重役の背任横領のごときは皆上流階級の悪感化のため世を挙げて道徳観念の消滅せる証左にして、まさに正に正義は亡び愛国心は消え失せんとするに至る。この秋《とき》に当り危いかな、わが国体と相容れざる悪思想大挙して来り、彼ら特権者のため永年虐遇脅迫せられし貧者の深刻なる怨恨心を煽動し、冷《ひやや》かなる笑と怨めし気なる眼はまさに凶暴と殺気とを表し、自暴の極は国家を顧みず、聖慮をも軽視せんず傾向を醸成しつつあり。ああそれいよいよ高くいよいよ厚き大御心は一部の権力者に壟断《ろうだん》せられ、慈心渉《わた》らず恩沢《おんたく》局限するの奇現象を呈せしめしはそもそも誰が罪ぞ……過労と不潔と栄養不良のため肺病となる赤子あり。夫に死なれ愛児を育つるため淫売となる赤子あり。戦時のみ国家の干城《かんじょう》とおだて上げられ、負傷して不具者となれば乞食に等しき薬売りをする赤子あり。いかなる炎天にも雨風にも右に左にと叫びて四辻に立ちすくむ赤子あり。食えぬつらさに微罪を犯し獄裡《ごくり》に苦悩する赤子あり。これに反し大罪を犯すも法律を左右して免れ得る顕官あり。高等官や貴族や顕官の病死は三段抜きの記事をもって表彰され、国家交通工事のため惨死せし鉄道工夫の名誉の死は呼び捨てにて報道さる。社会の木鐸《ぼくたく》なりと自称する新聞雑誌はおおむね富者の援助によるが故に真個の木鐸たるなく、吾人の祖先を戦死せしめ兵火にかけし大名は華族に列せられて遊惰淫逸《ゆうだいんいつ》し、吾人の兄弟らの戦死によりて将軍となりし官吏は自己一名の功なるがごとく傲然として忠君愛国を切り売りとなす。まことに思え彼ら新華族は吾人の血をすすりし仇敵《きゅうてき》にして大名華族はわれらの祖先の生命を奪いし仇敵《きゅうてき》なるを。

　吾人は人間であると共に真正の日本人たるを望む。真正の日本人は陛下の赤子たり、分身たるの栄誉と幸福とを保有し得る権利あり。しかもこれなくして名のみ赤子なりとおだてられ、干城《かんじょう》なりと欺かる。すなわち生きながらの亡者なり、むしろ死するを望まざるを得ず。

　われらの実在は祖先の実在にしてわれらの血液は祖先の血液なり。しかしてわれらの実在は子孫の実在を実証し、われらの血液は子孫の血液その物なり。故にわれらの生そのものは直ちに子孫の生にして、われらが生れし日本国は子孫の永遠に生く可き地なり。然してわれらはわれらの生を確保し子孫の永続を希う、天賊の要求を充すため日本国の隆昌ならんことを希《こいねが》うものなり。日本国の隆昌は七千万国民の真の和合と協力によらざるべからず、真の和合と協力を計るには一視同仁の善政を布き、真正の日本人たる恩沢を差別なく浴せしめざるべからず。しかるに前述のごとき現下の社会組織は国家生活の根元たる陛下と臣民とを隔離するの甚だしきものにして、君民一体の聖慮を冒涜し奉るものなり。しかしてこれが下手人は現在の元老なり、政治家なり、華族なり、顕官なり。さらにかくのごとき下手人に油を注ぎ糧を給する者は実に現在の大富豪なり。従って君側の奸《かん》を浄め奸富《かんぷ》を誅するは日本国隆昌のための手段にして、国民大多数の幸福なると共に真正の日本人たるわれら当然の要求なり、権利なり。

吾ら十数年来造次《ぞうじ》にもこのことを忘れず、つぶさに肺肝を砕き家を捨て親を忘れ東に西に孤独流転し、すでに数百名の盟友を得たり。されど吾人は論議の価値なきを知るが故に敢て言わず、叫ばず、動かず、組まず、黙々のうちに胆を錬り機を窺いて悠々自適せり。かの何ら実行の真剣味なき無政府主義者と唱し共産主義者と唱する輩とはその根底において全然相容れざるが故に、彼らのごとく妄せず論ぜざるのみ。さらにまた吾人と共鳴し得る国家社会主義者の一団あるを知るも、これとてただ無用の論議をなすのみにて直ちに血をすすり肉をけずり合うに足るものにあらざるを知るが故に、近づかず計らざるなり。

昨夏予が組織せし平民青年党のごとき、今春計画せし神洲義団のごときは実にこれが実行機関たらしむる真意なりしも、軍資貧乏にして維持する能わず、しかも予の盟友たり配下たる者はすべて白面の若輩にして、すべての計画も資金調達も予の苦策によらずんば立案するを得ざりしなり。すでにして再度の計画ならざりしにより、表面社会事業を標榜し、仇敵《きゅうてき》たる富豪に出資せしめ徐々に一味の結束をなす目的をもって「労働ホテル」の建設を画策し、渋沢子爵を動かし資金調達に半歳《はんとし》の努力をなせしも、自己の利益以外には何らの国家観念も社会的責任もなき彼ら奸富《かんふ》は事業の良否、効果の有無、経営者の当否等を按じて出資するにあらず。故に従来一〇万円の出資を五〇万、一〇〇万にして回収し得る準備行為としては男らしく出資するものにして、官憲よりの勧誘か、その他政権を握り得べき政治家の勧誘には応じ、しかも表面社会奉仕の美名を売り衆愚を眩惑するものにして、予が心血を注いでの奔走もついに奔命に労するに過ぎざりき。予ここにおいて軍資を得るの絶望にして、わが徒の共同動作の難事なるを知り、さらに君側の奸《かん》を養う彼ら奸富《かんふ》の代表的人物一二を誅し、しかもなお反省し悔悟せざるにおいては、予の残党をして決行せしむるの遅きにあらざることを悟る。

幸いにして予の行為効を奏し、富豪顕官貴族等が悔悟し改悛せばすなわち予の盟友も配下も沈黙すべく、未知の共鳴者も騒がざるべく、社会一般も平穏なるを得べきも、しからざるにおいては随所に暗殺行なわれ刺客出没し富豪も貴族も元老もこれが番犬たる政治家も、ことごとく白刃と爆弾との洗礼を受くべきものと知れ。

予の配下は未だ二〇歳に満たざるの年少者のみにて、今日の有識青年のごとく打算的ならず、小才子ならず、その特徴は愚直なるにあり、不言実行にあり、猪突なるにあり、すべて名利によって起つにあらず、信念に立つが故に強くして黙々たり。望むところは瓦全《がぜん》にあらず玉砕にあり。期するところは決死的真実にあり。天下の事すべて賭博なりとの人生観と、病死するよりも奸物《かんぶつ》を誅して死すは男子の本懐なりとの気位《きぐらい》とを強く鼓吹《こすい》し置けり。しかのみならず親なく家なく教養なきが故に、世を呪うの眼と反貴族の深怨とを有せり。愚なるが故に頼母《たのも》しく沈んで強し。これら不学薄幸の徒を教養せしはすなわち現今の軽薄なる学生らのついに語るに足らざるを実験せし結果にして、朝三暮四《ちょうさんぼし》名論卓説の販売をなす、かの青年政客と称する猪小才子のごとき、あるいは労働者を喰物《くいもの》とせる労働ブローカーのごときは共に倶《とも》に気の抜けたビールに等し。されば予は最初の皮切りとして模範として一奸物《かんぶつ》を誅し、みずからも自刃すといえども、予の思想を体し抱負を汲める第二第三の士幾十度も出没して予の希望を貫徹し、予らが渇望せる社会を実現すべきを信ずるが故に、予は莞爾《かんび》として往かんのみ。

世の富豪に訓《おし》う、汝らは我利我欲のため終世戦々競々たるよりも、むしろ大我的見地の安全なるを悟らば汝らが罪悪の結晶物たる不浄財の大半を擲《なげう》ち、防貧保健その他の慈善事業・社会事業の完成を期し、さらに汝らのためのみに都合よき法律習慣を打破革新し、よく万民平等の実を挙《あ》ぐる意なきか、しからずんば汝らの最愛なる妻子眷属《けんぞく》は財を奪われ家を焼かれ夫を殺されて、宵闇の木陰に淫を売り、人の門前に食を乞うの惨害に遭わんのみ。

世の元老政治家顕官等に訓《おし》う、汝らは君国のためなりとの金看板の裏にかくれ、地位を利用し一味と計り、忠良にして愚直なる国民を欺いて自己に都合よき法律制度を布き、不浄財を蓄え、さらに恐れ多くも陛下の聡明を覆い奉り、奸富《かんぷ》と結びて赤子を迫害せし積悪を悔悟するの意なきや。汝ら積悪の果として光輝ある国体を破壊し、汝ら祖先の苦心の経営になりし日本の特徴と文化とを粉砕するを望むや。今にして汝ら悔悟せずんば、やがて汝らは他国に亡命するか虐殺の標的となるか断頭台の露と消ゆる外なかるべし。

世の華族に訓《おし》う、汝らは汝らの祖先が吾らの祖先を戦死させ、吾らの祖先の財物を強奪し、しかして大名となり藩主となりしが故に汝らは華族に列せられしを知るか、すなわち汝らの華族たるは畢竟《ひっきょう》吾ら祖先の賜にして実に汝ら祖先の賜にあらず。すでに汝ら祖先の賜たらずとせば、汝は何の顔あり何らの意義あり権利ありて華族たり得るか。功なく実なくして国家の栄爵を瀆《けが》すは罪悪なり、いわんや何らの人間としての天職も果さず徒《いたず》らに遊惰淫逸《ゆうだいんいつ》するにおいてをや。すみやかに爵位を奉還し一労働者となりて国家社会に奉仕すべし。その他自己の力量功績をもって華族に列せし以外の世襲華族等栄爵に留する資格なきのみならず、天意に反せることを悟れ。

世の将軍らに訓《おし》う、汝らは吾らの兄弟または戦友の戦死と奮闘と犠牲とにより今日の栄位を辱《かたじけ》のうしながら、吾らの兄弟戦友の遺族が食うや食わずの惨状に号泣せるを知らず顔に威を張り得るか。戦争の時のみ国家の干城《かんじょう》なりとおだて上げ、平時は血の出るごとき納税を強い、しかも参政権をさえ与えざる今日の法令を肯定し得るか。汝らは宜しく政党と称する悪魔らを膺懲《ようちょう》し、真個の君臣一体の御代となすべく努力せよ。

さらに世の青年志士に檄す、卿《けい》らは大正維新を実行すべき天明を有せり。しかしてこれをなすにはまず第一に奸富《かんふ》を葬ること、第二に既成政党を粉砕すること、第三に顕官貴族を葬ること、第四に普通選挙を実現すること、第五に世襲華族世襲財産制を撤廃すること、第六に土地を国有となし小作農を救済すること、第七に一〇万円以上の富を有する者は一切を没収すること、第八に大会社を国営となすこと、第九に一年兵役となすこと……等により染手すべし。しかも最急の方法は奸富《かんふ》征伐にして、それは決死をもって暗殺する外に道なし。

最後に予の盟友に遺す、卿《けい》ら予が平素の主義を体し語らず騒がず表わさず、黙々の裡にただ刺せ、ただ衝《つ》け、ただ切れ、ただ放て、しかして同志の間往来の要なく結束の要なし、ただ一名を葬れ、これすなわち自己一名の手段と方法とを尽せよ、しからばすなわち革命の機運は熟し随所に烽火《のろし》揚《あが》り同志はたちどころに雲集せん。夢々利を取るな、名を好むな、ただ死ね、ただ眠れ、必ず賢を取るな、大愚を採り大痴を習え。われ卿《けい》らの信頼すべきを知るが故に檄を飛ばさず、予の死別を告げず、黙々として予の天分に往くのみ。ああそれ何らの光栄ぞや、何らの喜悦ぞや。

大正一〇年九月三日

東宮殿下を奉迎するの日に書す

朝日平吾

後事頼み置く事ども

和田久太郎

無政府主義者であり、俳人であった和田久太郎《わだきゅうたろう》（一八九三―一九二八）は、懇意にしていた大杉栄が関東大震災直後の戒厳令の下、憲兵隊による不法な弾圧によって殺されたこと（甘粕事件）に怒り、陸軍大将であった福田雅太郎の暗殺を計画した。一九二四年九月一日、和田はピストルで福田大将の射殺を試みたが、失敗。逮捕され、無期懲役の判決が下った（のちに恩赦で懲役二〇年に減刑）。獄中から友人に送った多くの俳句は、芥川龍之介が「君の俳句は、幸か不幸か僕を動かさずには措かなかった」と新聞に書評を書くなど、高い評価を得ていた。俳号は酔蜂。一九二八年に獄中で自殺。本書では、和田久太郎著『獄窓から』（復刻版、黒色戦線社、一九七一）を底本にした上、獄中手記「後事頼み置く事ども」を掲載する。編集部の判断で適宜、ルビを付した。和田久太郎、享年三五。

妄執外の妄執

「何《な》んだ、遺言だって?」なぞと、読まない先きから眼玉をむき出しちゃいけない。そんなに「遺言」などと御大層にいう程のものじゃないんだから。

僕は此処《ここ》へ来てから、たいくつまぎれに俳句をひねる様になった。歌も作って見た。万年筆と原稿用紙を差入れて貰って、随筆めいたものを書いて見た。ほんのちょっぴり親父の思い出も書けば、自分の略歴見たいなものも綴って見た。此処彼処《ここそこ》への友人へは、かなり頻繁に馬鹿文、与太手紙を飛ばせもした。そして、今後もやはり、裁判の大団円が来るまでは、同じようなことを、ぐうたらな調子で続けて行くだろう。僕がいま此処《ここ》に書こうとする「後事頼み置くことども」も、やはり同じ意味のものの連続——一ト先だと解してくれればいいんだ。

俳人芭蕉が臨終のときの句に、

旅に病んで夢は枯野をかけめぐる

というのがある。彼は最後に近い苦しい息の下から此《こ》の句を吐き出すと共に、「ああ、如何に好める道とは言いながら、かくても猶《な》お句を案ずるとは我ながら浅ましい妄執である……」と、歎息して淋しくほほ笑んだということだ。

僕には勿論、強い妄執がある。そうだ、妄執がある。僕の全身的な戦いは、単に理想の為めばかりではない。それは理想の為めであると同時に、復讐の為めでもあるのだ。それは、正義の信念と憎悪いう敢《あえ》て妄執という主義理想、正義の信念の力とはいわないで、敢《あえ》て妄執というのだ。が、いまは僕の此《こ》の妄執に就いて、遺言めいた、最後の雄叫《おたけ》びめいた、ことどもを書こうとしているのではないのだ。僕は現在の社会がどう進化して行きつつあるかを知っている。社会的正義の焔《ほのお》が如何に揚りつつあるかを知っている。資本主義制度の運命が最早や余命の幾何《いくばく》もない事は明かである。我等の運動は進みつつある。此《こ》の上に、今更《いまさ》ら獄中から砂粒に等しい蛇足の声を付加する必要はない。

「じゃ何にを言い残したいんだ?」ってかい。ハハハハハ、そう固くしゃっちこばるなよ。先《ま》ず塩せんべいでも買って来ないか。そして茶を飲みながら、皆《み》んなでがやがや笑いさざめいて読んでくれ。そういう類《たぐ》いの「遺言」なんだから――。

つまりこれは妄執の他……そうよ、雑念かな。しかし、雑念よりは少々意味が強いから、妄執……も幽霊のぐちめいて、ちと変だな。まあいいや、其処《そこ》のところは、いい様に勝手に解釈して置いてくれ。芭蕉の言った様な意味でなら、やっぱりこれも妄執の一つだろうが、要するに、自ら歎息して淋しくほほ笑んで居られる種類の妄執なのさ。

死体の処分

先《ま》ず、死体の処分から頼もう――。

僕の陳述した「死刑希望」を判事が賛成してくれるならば、九月下旬頃、桐の一葉の落つるのと共に僕は死体となる。僕は古田君とは趣味が異って、菊の花は気高すぎて好かない。そこで桐の一葉と共に散ると、一とひねりひねって閑寂を気取るんだ。呵々。

が、若し不幸にしてクロポトキンの謂《いわ》ゆる「ゆるゆるとの死刑」になったならば、死期は何年かの後に伸びる。そして、死刑が病死に変る。つまり、遅かれ早やかれ、どのみち諸君の御厄介にならねばならないのだ。ゆるゆるとの死刑になったなら、生きて居られるだけはウジ虫の様な気持ちで生きても居ようが、此《こ》の体がそんなに長持ちのしないことは、僕に確信がある。で、まあ、いまの中からこんな事も頼んで置こうかと思いついたのだ。

自分が死んでからの抜《ぬ》けがらについてまで兎《と》や角《こ》うと空想するなんて、全く歎息に価する妄執だねっ

しかし、何《な》にしろ監獄の独房という所は、諸君の充分に経験のあるように、立派な事でも、美しい事でも、ゴミ見たいな事でも、何《な》んでもいいから止むときのない走馬灯のように、ぐるぐるぐるぐると考えて居ねばならぬ様にかり立てる所なんだからな。

明日にも死んだっていいと思う体でも、やっぱり生きている間は腹も空く、いろいろと考えもする。だから、こんな事も書いて見る気が起る。歎息。苦笑。

さて、僕が死体となったなら、早速解剖に付して貰って、医学上の研究に使用して貰うのも悪くないと思う。しかし僕は、帝大なんかで済まし込んで、天晴《あっぱ》れ国手《こくしゅ》で御座いてな面付《つらっ》きをしながら、そ

れ等の発達した医術の恩恵に預るには余りに貧乏である多くの人々に、無関心と冷笑とを浴びせつつある奴共の手では、どうも解剖されたくない気持があるんだ。僕は科学を尊敬する。しかし、その恩恵を壟断《ろうだん》しつつある階級を憎むと同時に、彼等有産者階級にのみ忠誠なる御用科学者を憎む。

そこで僕は、自分の死体解剖の如何は、僕の最も尊敬する三田医院の奥山伸先生にお任せしたいと思う。否、お頼みしたいと思う。僕の死体解剖が、幸いにして奥山さんの研究の上に一滴の貢献たりともなし得るならば、僕は喜んで解剖を御願いする。執刀者その人が奥山さんであるか否かは問題でない。それに依って、奥山さんの御恩の万分の一でも報ずる事が出来るならば、これに越した喜びはない。後《あ》とは灰にしてくれ。若し奥山さんに役立たなかったら、そのまま灰にしてくれ。

葬式、墓

謂《いわ》ゆる葬式という奴は、要するに親しかった知人が集って、棺桶に入れて、焼場へ持って行って灰にしてくれれば、それで本望だ。

僕はいま、渡辺の爺さんが死んだ時の光景が非常に心持ちよく眼に浮ぶ。あの朝は、棺桶をとりまいて皆《み》んなで別れの革命歌を唱った。二人の人夫を頼んで来てそれをかついで貰い、皆《み》んなは棺桶を取り囲み軍命歌を唱ひながら、三河島の焼場までくり込んだ。僕は袢纏《はんてん》一枚で、物干竿に赤旗をくくりつけて先頭に歩いた。帰りは千住大橋まで船で帰ったが、船の中で大いに騒いで、久し振りに清遊をやらかした様に感じた。ああ、僕の時も、あんな風だと嬉しいがなあ――と思う。

墓なんか、決して作らないでくれ。尤《もっと》も、こんな事を頼んで置く必要はないかも知れぬが、ハハハハハ、まあ念のためだ、頼んでおく。

九州の海岸にある、大杉夫妻の墓標石の何処かへでも、小さく刻んで貰えればとも思うが、しかし、ほんの淡い望みにすぎないんだから、それもどうでもいい。

死灰の処分

死灰――即ち「骨」と称するものだな。あれの捨て処に就いて、実は少しめんどうな希望があるんだ。おまけにそれはセンチメンタリズムを加味した処分法なんだが、聞いてくれっ。あんまり冷たさにね。

その以前、堺さん達ちが売文社に立て篭《こも》って、謂《いわ》ゆる「万年筆の先きに紙の旗をくっつけた小さい旗上」をする下準備として「へちまの花」と題するペラペラ雑誌を出したのは諸君も知っているだろう。確かあの「へちまの花」の消息欄にあった記事だと記憶するが、高畠素之君が愛児を失ったとき、彼はその愛児の骨を肥料としていくらかの鉢植の朝顔を作り、知人間に配った、という話しが載っていた。僕はそれを読んだ時、非常に趣味のある、面白いやり方だと思って感心した。そして、自分も死んだなら、骨なんかこんな風に片付けて貰いたいものだなあと、独り考えた。

この事を、いま思い出したのだ。で、厄介だろうが、僕の死灰も此《こ》の肥料方法で処分してくれまいか。あの世から一と花咲かせて見たいという、洒落っ気さ。鉢は素焼の、四、五銭の奴が面白い。しかし、これは忙しい労運社の人々にはちと気の毒だから、この仕事は一切、望月家の人々に御願いしたいと思う。あの一家はこういう事は好きだから、いろいろ考案してやってくれるだろう。それ等の鉢植ものは、「久さんの骨で咲かせたのなら面白かろう、貰ってやろう」と言ってくれる人々にだけ分ってくれ。

処《ところ》で、植える花だが、僕は最も平凡な草花を好む。樹や潅木のように裸の幹を残さないで、咲くだけ咲いたら一年きりですっかり枯れて了《しま》うか、根だけになってしまうかして、来年また土の中から、そうっと青や紅や黄の芽を覗かせる、あの草花を望む。それも、成るべく野原なんかに咲く、極く平凡なのを好む。高畠君が植えたという朝顔は、僕は余り好きじゃない。

此処《ここ》へ僕の好きな草花を少し書いて置こう。いまは野生の草花でないものも少しはあるが……。

　春のものでは

れんげ草　土筆《つくし》と杉菜　菫《すみれ》　えんどうの花　茅花《ちばな》

　夏のものでは

芥子の花　蛍草　葵　昼顔　かたばみの花　つめきり草　鴨足草《ゆきのした》　矢車草　撫子

　秋のものでは

桔梗　りんどう（紫）　野菊　萩草　蓼《たで》の花　月見草　ほうづき　唐辛子（丸い実）　秋海棠《しゅうかいどう》

かまつか　まんじゅさげ（死人花）
　冬のものでは
水仙　石蕗の花　さふらん
その他、いま思い出せないでいる好きなのが、まだ大いにある様に思う。だから、その辺の処は、万事望月家に頼むからいい様に選んでやってくれ。

其他《そのた》の事ども

来信がかなりあるんだが、これは焼捨てるなり、役に立つ面白そうなのが見つかれば役立てるなり、凡て近藤憲二君に一任したい。中には、多くの人に見せられたりするのを嫌やがる発信者もあろうから、その辺のところをも、近藤君によろしく頼んで置く。

万年筆は、しげ子君に進呈する約束をしてあるんだから、同君に渡してくれ。

姫路の方へ遺骨なんか送る必要はない。その事は僕からよく言ってやって置く。ただ、葬式万端が済んだら、その模様だけ一寸《ちょっと》知らせてやってくれ。

　大正一四年八月四日
　　　　　　　　　　市ヶ谷刑務所にて　和田久太郎
同志諸兄

虎の門事件　難波大助訊問調書（抜粋）

国会議員の息子でありながら、貧しい人々や労働者の窮状に憤り、共産主義者となった難波大助《なんばだいすけ》（一八九九―一九二四）。一九二三年一二月二七日に虎ノ門で裕仁親王をステッキ銃で狙撃しようとしたが失敗し、逮捕された。甘粕事件で大杉栄ら社会主義者が殺され、亀戸事件で労働運動が弾圧される様子を見て、皇室に対するテロを実行することにより状況を変えようとした。その後、難波の死刑が宣告され、一九二四年一一月一三日に執行された。「訊問調書」には、難波がどのように育ち、何に影響を受け、どのような経緯でテロリストになったのかが克明に書かれている。本書は、『続・現代史資料　アナーキズム』（みすず書房、一九八八）を底本にした上、「訊問調書」の第一回から第三回までを掲載し、編集部の判断で適宜、ルビを付した。難波大助、享年二五。

特別事件記録之主要調書

調書

被告人　　難波大助

右被告人に対する刑法第七三条の罪の被告事件につき、大正一二年一二月二七日東京地方裁判所に於て、大審院特別権限に属する被告事件予審掛

判事　　沼　義雄

裁判所書記　稲垣正二

列席の上、判事は被告人に対し訊問をなすこと左の如し。

一問　氏名は。

答　難波大助。

二問　年齢は。

答　二五年。

三問　族称は。

答　平民。

四問　職業は。
答　無職。
五問　住所は。
答　山口県熊毛郡周防村二五七番屋敷。
六問　本籍は。
答　同所。
七問　出生地は。
答　同所。
八問　位記勲章従軍記章年金恩給又は公職を有せざるや。
答　ありませぬ。
九問　刑罰に処せられたることなきや。
答　ありませぬ。
一〇問　被告が本日午前一〇時四〇分頃芝区琴平町一番地先道路に於て帝国議会開院式に臨ませらるるため行啓中の皇太子殿下に対し、ステッキ銃にて発砲し殿下に危害を加えたという起訴事実に付きて取り調べるからそのつもりで。
答　はい。

一一問　被告はこれまで何をしていたか。

答　私は本年二月まで学校生活をしており、それから五月中旬頃まで東京で労働生活を致しておりましたが、脚気のため国へ帰りただブラブラしておりました。

一二問　学校生活というのは。

答　私は一五歳まで国で高等小学一年までいって、一九歳の二月まで徳山中学におり、四年級の三学期の中途で止め、それから山口の鴻城中学校の四年級へ入学試験を受けて入りましたが、その年が大正六年でした。その中学にその年の九月の初めまでおり、また感ずるところがあって止めて、翌年の四月にまたその中学の四年へ復校して、大正八年の九月に五年級の二学期でやめました。それから上京して早稲田の予備校へ入り、大正一一年四月に早稲田大学の第一高等学院へ入学し本年の二月に至ったのです。

一三問　両親はあるか。

答　父だけです。母は大正六年の二月に亡くなりました。

一四問　父は何をしているか。

答　父はただブラブラしているのです。県会議員をしていたのですが、今は衆議院議員を致しております。

一五問　兄弟は。

答　兄二人に弟一人、妹が二人です。
一六問　兄は何をしているか。
答　兄は一人は久原鉱業株式会社の庶務副参事を致しており、一人は長崎三菱製鋼所に出ておりま
す。弟は山口高等学校の三年生です。
一七問　被告の主義思想は。
答　私は共産主義です。
一八問　無政府共産主義か。
答　共産党の共産主義です。
一九問　今度事件になっている共産党と関係があるのか。
答　関係ありませぬ。
二〇問　いつからそういう主義を奉じているのか。
答　大正一〇年からです。
二一問　その動機は。
答　私がテロリストとして立つ最初の動機は雑誌か本かはっきり判りませぬが、幸徳秋水の事件の
公判の日付を見て上野の図書館へ行って公判の記事を読んで見てそのとき考えたのです。ただ
一人の人間を殺さんとした陰謀だけで二四人に対し死刑の宣告を与え、二人に対して無期懲役

という惨虐極まる刑を言いわたした日本□〔一字不明〕の法律は非人道的のものであるという反感を抱くと同時に、幸徳氏等は死を決して事をなさんとしてなし遂げざるうちに事あらわれ断頭台の露と消えた事は、幸徳氏等にとって残念であろうと考えました。それに不拘《かかわらず》生き残った同志達はなんら幸徳氏等に報いるだけの行為をしておらない、実に私等が見ると意気地の無い極であると考えたので、それで自分もこの二つの理由から私が死を決してやってみようとしたのです。

二二問　その動機でなくして共産主義を奉ずるに至った動機である。

答　それは受験生活時代に新聞配達をしておりましたが、そのときいかに貧乏人の生活というものが惨めなものであるかということが痛切に感ぜられ、それから色々雑誌や書籍を読み、社会問題の講演会、労働問題の講演会その他労働運動の示威運動に加わって見て、いかに警官が横暴を極めているかを見て、無産者がいかに虐げられているかということが骨身に徹したからです。

二三問　共産主義を抱くようになってから主としていかなる人と交際していたか。

答　それはいずれ言いますがちょっと考えさせてください。

二四問　今度いつ東京へ来たか。

答　家を出発したのが本月二一日です。

二五問　東京へいつ着いたか。

答　東京へ着いた日はちょっと今言いかねますから待ってください。

二六問　途中どこへ寄ったか。

答　京都へちょっと寄りました。

二七問　京都のどこへ行ったか。

答　これもちょっと考慮中です。

二八問　本年の五月中旬頃国へ帰ってから後、今度上京するまでの間に東京へ来たことがあるようだね。

答　あります。

二九問　それはいつのことか。

答　初めに帰ったのが五月中旬でちょっと二〇日ばかりおりました。それから東京へ来て一〇日と一五日おりまして、また帰ったのです。それが六月の初めです。それから八月の六日まで国におり、九月一日に東京へ来ました。そして二日の日に歩いて鎌倉へ行き、そして一四日まで鎌倉におり、それから東京を経て京都へ行き、京都にいて一〇月四日に家に帰りました。

三〇問　被告は本日即ち一二月二七日午前一〇時四〇分頃東京市芝区琴平町一番地先道路を帝国議会の開院式に行啓の途中である摂政宮殿下に向かって発砲したようだね。

答　そうです。

三一問　その顛末を陳《の》べよ。

答　本日午前九時五〇分頃東京駅構内に於てステッキ銃に五発持っていた弾丸一発をこめて、レーンコートの左に隠し、丸ノ内の裏通りを通って日比谷の交叉点より約三〇間ばかりの所まで歩いて行って、そこから天現寺行きの電車に乗り、桜田本郷町で降り飯田橋行の電車に乗り替え、虎門交叉点の手前で下りて、交番の後ろを通って交番から西二〇間くらいのところの人道に位置を占め機会を待っておりました。そのときは刑事のような人がしきりにジロジロ私の洋服を見ますからこれは悟られたなと思って、そこに居た労働者の右側に位置を占め、左のステッキ銃を持っている方を労働者の陰に隠して、前に子供が居る位置を占めました。そのあいだ途中で赤坂方面から来た赤自動車を認めましたから、それが皇太子の乗っている自動車と早合点したので隠し持ったステッキ銃をレーンコートから出して引金を合わせてこれを持ち、まさに出ようとしたら貨物自動車であったのです。これは見られたなと思ったからまた直ぐステッキ銃を隠したのです。それから約一〇分くらい居るとオートバイに乗って交通巡査が来ましたから、またさらにレーンコートよりステッキ銃を出し引金を合わせようとしましたがなかなか合いませぬうち、皇太子が乗った車が真正面から西へ約五間位のところへ迫って来ました。そのときちょうど引金が合いましたから、引金を右の手に持ってステッキ銃を真正面に構えて子供を押しのけ、左に警官が一人右に憲兵が一人おりましたそのあいだを突進しました。ちょうどそのとき皇太子の自動車の横の真正面に進み、ちょうど皇太子が硝子窓の方に顔を向けておりましたから、ちょうどそれと三寸位離れて銃真が一致した時に引金を引いたのです。それから直ぐそのステッキ銃を持って革命万歳と大声で連呼しつつ、約五間位自動車を追いかけました。そのとき警官の多数と憲兵と附近の群集とに囲まれて、警官によって顔頭臀《かおあたましり》等を手または靴によって散々に殴られ、そして手と足とを麻縄で結わえつけられ、真正面の公園の中へ連れ込まれました。そこで又警官等によって前と同様に殴られたり蹴られたりしているうちに自動車が来たというて一人の警……部と思いますそれと警官約四人に護られて、途中三、四人の警官に首を絞められ頭をむしられ顔を殴られながら、警視庁まで行き官房主事の内へ連れ込まれました。

三二問　引金を引いた結果はどうであったか。

答　皇太子の顔を向けている真正面の硝子《ガラス》に大きな亀裂がいって、その亀裂の中心に穴が開いたと思いました。弾丸が皇太子の身体に当たったかどうか判りませんでした。

三三問　自動車を追いかけたのは結果を見るためであったのか。

答　そうでありませぬ。

三四問　どういう訳か。

答　さらにステッキを有効に使おうと思ったのです。

三五問　有効に使おうというのはどういうことか、詰まり暇があればさらに弾丸を込めて撃つつもりであったのか。

答　そうではありませぬ。追いかけて行ってそのステッキでどうかするつもりであったのです。

三六問　しかし自動車は走っているのであるから、徒歩でそれを追いかけて、そのステッキ銃でどうする事もできないではないか。

答　それでも最後まで力を尽くすつもりであったのです。

三七問　皇太子殿下に対しそのような事をした目的は。

答　社会革命を遂行する手段の一つとしてテロリストとなって、皇族に向かってそのテロリズムを遂行することは有効なりと認めてやった訳です。

三八問　被告の欲する社会革命とは。

答　要するに共産主義的革命の意味です。

三九問　皇太子殿下を無きものにしようとした訳か。

答　そうです。

四〇問　その時刻は午前一〇時四〇分頃であったか。

答　そうでしょう。

四一問　いつ皇太子殿下を無きものにしようという考えを起こしたか。

答　先程陳《の》べましたように、大正一〇年幸徳秋水の事件の公判の記事を見た時です。皇太子にも限りませぬ天皇でもです。
四二問　皇太子殿下を狙うようになったのはいつか。
答　天皇は不具者同様でしょう。それですから皇太子が良いと思ったのです。それは皇太子が摂政となった当時の頃です。
四三問　皇太子殿下が良いと思うてから本日までそれを実行しなかったのはどうゆう訳か。
答　それは適当な武器が手に入らなかったからです。
四四問　被告の用いたステッキ銃というのはこれか。
このとき押収のステッキ銃を示す。
答　これです。
四五問　それは誰のものか。
答　親父のもののような私のもののようなもので、詰まり私に使用を許されておったのです。
四六問　使用を許されたのはいつか。
答　本年の一一月一日からです。
四七問　被告が今度のような事をしたについては他に同志の者があるのではないか。
答　同志は一人もありませぬ。

被告人　　難波大助

右読聞たる処無相違旨申立署名したり。

裁判所書記　稲垣正二
予審判事　沼　義雄

被告人　難波大助

第二回訊問調書

右被告人に対する刑法第七三条の罪の被告事件につき、市谷刑務所に於て、大審院特別権限に属する被告事件予審掛判事沼義雄は裁判所書記稲垣正二立会の上、前回に引続き右被告人に対し訊問すること左の如し。

問　被告に対する被告事件は前回にも告げて置いたとおり、被告が昨年一二月二七日午前一〇時四〇分頃芝区琴平町一番地先道路に於て帝国議会開院式に臨ませらるるため行啓中の皇太子殿下に対しステッキ銃にて発砲し、殿下に危害を加えたという事件であるが、これについて何か陳述する事があるか。

答　別にありませぬ。

問　被告の思想上の経歴を陳《の》べよ。

答　それは後として何かほかに聞く事があればそれを先に聞いてください。
問　被告が昨年一二月二二日郷里を出てから東京へ着くまでの経過を陳《の》べよ。
答　私は昨年一二月二二日午後七時七分頃岩田駅発京都行の列車に乗り、七時半頃柳井津駅を下車し、午後一一時まで友人のところで話し、柳井津駅を一一時発の京都行列車に乗り、翌二三日午後一時五分に京都駅に着し、駅前より電車に乗って熊野神社前停留場で下り、その付近の書籍店に寄り、さらに熊野神社前から北野まで電車で行き、それから京都市西ノ京伯楽町千鳥館の友人のところへ行き、友人が留守でしたから引き返してまた熊野神社まで電車で行き、京都府立図書館へ行きました。そして午後の六時過までそこにおりまして、また友人のところへ行きますとちょうど友人がおりましたから、その晩そこに泊りました。それから二四日二五日二六日とそこにおって、二六日の午後二時頃そこを出て、それから途中雑貨店等へ寄って岡崎町の府立図書館へ行き、晩の六時ちょっと過頃まで其処におり、それからまた熊野から京都駅へ行き、そして京都駅を午後七時四五分発の列車で東京に向かい、翌二七日の午前八時二〇分頃東京駅へ着いたのであります。
問　柳井津駅で下車して会った友人というのは誰か。
答　柳井町新市二丁目梅田与一です。
問　梅田はいつ頃からの友人か。

答　中学時代からの友人です。

問　被告と同じ主義の人か。

答　そうではありませぬ。ごく最近まではわれわれと全然反対の思想を抱いておった人で、国家主義に凝り固まっておった人ですが、それが最近において政治に対しては現在の政党に飽き足らぬ程度くらいの思想になり、社会主義とまで行かずとも現在の資本主義制度に対して漠然たる不満を抱きているくらいの思想となったのです。

問　被告が梅田のところへ寄った訳は。

答　その訳はその友人と牛込喜久井町の潜竜館に一緒におったとき一時感情問題で衝突して、本年の二月一五日に潜竜館を私が出て以後絶交状態になっておったのですが、それが最近一二月梅田の友人と柳井津駅で出会い、梅田が郷里に帰っているということを聞き、そしてもともと感情の問題で衝突したことでありますから、いつまでも絶交する必要なしと思うたものですから、旧情を温めるつもりでその翌日梅田のところへ訪問したのです。そして夕方まで話して、その日は直ぐ帰りました。それから二日ばかりおいて梅田が私の家を訪ねて来ました。そして二日程泊って帰りました。そのとき私が近々東京へ行くかも知れぬというておったものですから、それで出発の日に途中寄ったという訳です。

問　梅田は東京におったのか。

答　そうです。中央大学の予科に入っていったのです。

問　梅田のところへ寄って今度の決心の事を話したのか。

答　その事は少しも話しませぬ。私のところへ昨年の一二月中にさきほど申した様に二日程来たときにいろいろ主義上の事について話して見ました。そしてテロリストの社会革命に及ぼす効果という事についても少し話して見ました。しかし彼はそれを否定し、かつ私がテロリストとして立ちはせぬかと憂い、そうゆう馬鹿な事をするなと極力いっておったようです。それから出発の日に寄ったときに梅田が私がステッキ銃を持っているのを見て、これは何にするのかと尋ねましたから、私は今まで持っていった枇杷《ビワ》の木刀が折れたものだから、これを今度護身用として持っているつもりである、別に意味はないというような事を申して置きました。そのとき梅田は私がこうゆう物を持っておっては危険であると憂えたものと見え、自分も近々のうちに京都または東京方面へ行くからそれまで置いて行けと申しまして、しきりにくどくその事をいいました。しかし私はこれを拒みました。すると梅田は今度京都へ行ったときに自分に譲渡さぬ《ママ》かといいました。それで私はそのときなら譲渡してもよろしいと申して置きました。そうゆうような訳で、私がテロリストとして立つという事を一言も梅田にはいいませぬが、梅田の方では私がステッキ銃などを持っているものですから、テロリストとして立ちはせぬかと憂いたのであったかも知れませぬ。

問　梅田には被告が京都へ寄る事を話したのか。
答　そうです。場合によっては二月末日頃までいるかも知れぬと申して置きました。
問　梅田の友人というのは誰か。
答　池尻有之です。この人は潜竜館にいるとき一緒におったというだけです。思想上の問題についてはその人は全然興味を持たない人でありまして、思想上の問題については全然話した事はありませぬ。
問　千鳥館の友人というのは誰か。
答　岡陽造です。
問　岡はいつ頃からの友人か。
答　やはり中学時代からの友人です。そして岡が京都府立医科大学の予科にいる関係上、私が京都へ行ったときしばしば寄っておったような訳です。
問　被告と同じ主義の人か。
答　岡は梅田と同様現在の政党政治に対し漠然たる不満を持っているというくらいな程度で、確たる主義がある訳ではありませぬ。
問　被告が京都で図書館へ行った訳は。
答　最初図書館へ行った訳は岡が留守でありましたから、晩方までには帰るだろうと思い、それまで何か本でも読もうと思って入ったのです。二度目の時はちょっと手紙等を書く必要があったからです。

問　どうゆう手紙を書いたか。

答　友人及び新聞社へ宛てて書いたのです。私がテロリストとして立つ意思のある事を通知せんがために書いたのです。

問　誰々に宛てたか。

答　岡陽造に宛てましたがこれは絶交状です。歌川克己、これは米沢市館山本町におりますが、これには私がテロリストとして立つ決心およびその事実を書いてやりました。それから弟の桝谷健亮、これにも歌川と同様の事を書いてやりました。そのほか大阪朝日新聞編輯局、大阪毎日新聞編輯局、東京朝日新聞学芸部内新居格氏、国民新聞編輯局内馬場恒吾氏、東京日々新聞近時片々子係、日本労働総同盟、改造社気付藤森成吉氏に宛てた手紙を書きました。

問　岡に宛てた絶交状というのはどうゆうのか。

答　それは先月二六日の午後岡とちょっと議論いたしまして、岡なる人間が私が今まで思っていたより予想外のくだらぬ人間であるという事を発見し、私の口から君に対して赤裸々にいうが、君が気に喰わぬから絶交するといってそこを出た訳です。そしてさらに府立図書館へ入って絶交状を書き、そのなかに自分からテロリストとして立つ意をほのめかすつもりで、手紙の上へこうゆう文字を書いて置きました。岡陽造が革命家にあらざる証明書なり、君が権力の威力を恐れるとき君を救う唯一の証明なり、大切に保管すべし。こうゆう事を書き添えて置きました。

問　議論したというのはテロリストについての議論か。

答　そうではありませぬ。

問　なぜに岡にそのような手紙をやったのか。

答　それは私がテロリストとして立つ意をほのめかすため、および若し岡に嫌疑がかかったときその嫌疑をその手紙によって少しでも晴らしたいというつもりで書いたのです。絶交したのもそのとき私がテロリストとして立つ意思があったからです。

問　歌川克己はいつからの友人か。

答　歌川は私が一昨年の四月早稲田の高等学院へ入った以後知ったのです。

問　被告と同じ主義の人か。

答　初めつき合った当時は無主義といってもよいくらいでした。私とつき合い初めて私の持っている雑誌とか書籍等を貸して、歌川が読み、また歌川が自分でも買って読む間に少しく社会主義的思想になったのです。そして昨年の二月私が学校を止めるという事をいうと、自分は理性勝った男であって、君のように熱情的の方でないから、君が学校生活を放擲《ほうてき》して労働階級に身を投じて社会革命運動の第一線に立つという事は悪いとはいわないけれども、自分はそうゆう柄でないから飽くまで書籍によって研究を進めて行って、実行方面の事には寸毫《すんごう》を《ママ》携わらぬという事をいうておりました。そしてテロリストの事も私が歌川にただすと、歌川は初めはテロリストの効果というものを認めておりましたが、後になってその効果を全然否定し、手紙にもこういう事を書いてよこしました。テロリストは前衛ではない、社会革命運動の前に横たわる残骸だという事をいって、赤裸々にテロリストを罵倒しておったようでした。そしてもし私がテロリストとして立つような事があったら、歌川だけは必ず前もって知らすから、私を飽くまで信頼してくれとこうゆうように今日までなっておりました。そして歌川は昨年の夏前までは社会主義的思想を抱いておりましたが、それ以後はどうなったか判かりませぬ。あるいは社会主義的思想は無くなったかも知れませぬ。

問　もし被告がテロリストとして立つような事があったら、歌川だけには必ず前もって知らすというのはどうゆう訳か。

答　歌川はよほど真面目な男であって、私がテロリストとして立つという事を私のために憂いておりましたから、それで私の方でも歌川を安心さすためにそうゆうようにいって置いた訳です。

問　被告にはテロリストとして味方はないのか。

答　一人もないという訳になります。

問　テロリストとしての味方が一人もなくては実行が困難ではないか。

答　味方の必要がない事はありませぬが、こうゆう事は命懸けの仕事ですから、友達に勧める訳にはいかないのです。もしテロリストとしての意思を持っていっても、私の方から止めるくらいの訳です。

問　テロリストとしての意思を持っておった人があるのか。

答　一人もありませぬ。私だけです。

問　被告一人で目的を達すると思ったか。

答　それをいえばテロリストの社会革命の効果というものをいわなければなりませぬが、それはいいますまい。

問　新聞社および新聞記者に宛ててどういう手紙を書いたのか。

答　上の行り《ママ》だけは検事正にいった通りですが、後の行り《ママ》だけははっきりしないのです。はっきりしただけを申します。一番上に全プロレタリヤの味方なる新聞記者諸君、権力階級の圧制と暴虐の道具——資本家階級の悪虐と搾取と非人道的の守り本尊天皇一族の存在は日本社会革命を遂行するに当たって最大妨害物である。そのあとははっきりしておりませぬ。なお新聞社会部匿名で書いたのです。

問　何という匿名か。

答　墓山死赤です。

問　墓山死赤という匿名は前から使っておったのか。

答　そうです。二年程前から使っておりました。

問　何か根拠があるのか。

答　ありますがそれはいいませぬ。

問　以上の手紙をいつ出したか。

答　東京へ着いてから中央郵便局で出しました。岡への絶交状だけは京都で出しました。

問　新居格、馬場恒吾、藤森成吉は知っている人か。

答　名を知っているだけです。新聞社にそうゆう人がいる事を知っておりますから、そうゆう人にいってやった方がよいと思ったから手紙を出したのです。別に意味のある訳でもありませぬ。

問　それらの人はいずれも主義の人か。

答　ただ雑誌とか書籍新聞に依って伺っただけです。はっきりした事は判かりませぬが、藤森という人は無政府主義者と名乗っている人でありますが、外の人は社会主義的思想を持っている人だという事を書籍新聞雑誌等で伺っただけです

問　新聞社等へ手紙を出した訳は。

答　訳はいいたくありませぬが、三つの理由があるのです。その内の一つだけをいいます。その一つの理由というのは、私の邪推であったかどうか判かりませぬが、今まで私の知る範囲内にお

いては、皇族へ危害を加えんとする者に対して権力者がその危害を加える者を狂人扱いにする傾向がありはせぬかと私は疑ったので、それでその疑いを自ら進んで晴らして置く必要があると思ったからです。

問　友人へ出した訳は。

答　いよいよ決行するという事を友人に知らすためです。今まで友人としてつき合ったのですから、別かれの挨拶という意味で出したのです。別に意味あっての事ではありませぬ。

問　先月二二日郷里を出発するときに被告は何々を持って出たか。

答　金が三〇円二一銭と五円の勧業債券二枚、ステッキ銃、ケースに弾丸を込めたもの八つ、火薬少量、発火金雷管少量、散弾少量及び時計、羽織と着物、襯衣《シャツ》、襦袢、帯、本二冊。そんなものです。そのほかは自分の身に着けておったものです。バスケットと風呂敷に包んでおきました。

問　東京駅に着いたときは何々を持っていったか。

答　右の内そのとき持っておったものは、ステッキ銃と弾丸の込めてあるケース五つ、債券二枚と時計と最後に残った金三〇幾銭です。

問　そのほかのものはどうしたか。

答　岡陽造のところへ置いて来ました。

問　それはどうゆう訳か。

答　それより前にいっておく事があります。岡に絶交を言い渡して置いてからこうゆう事をいいました。今から東京の親爺のところへ行く。そして都合によっては引き返すかも知れぬで、荷物は置かして貰うといって置きました。それをそこへ置いて行ったのです。

問　引き返すつもりであったのか。

答　そうではありませぬ。ただ便宜上そういうて置いたのです。実は着物や本等を岡へ譲渡すつもりであったのですが、それを岡へ宛てた手紙にちょっと書き添えておくのを忘れて、ついそのままになってしまったのです。

問　ケース五つ以外のケース、雷管、火薬等は如何。

答　これは必要がないから置いて行きました。

問　ケース五つで十分であると思ったのか。

答　そうです。そんなに撃てるものではありませぬ。続けて撃っても二度です。それにまー用意のためと思って五発持って来たのです。

問　弾丸や発火金や雷管等はいつどこで買ったのか。

答　私が昨年狩猟を初めてからの事ですが、発火金や雷管等は昨年の一〇月三一日と一一月末日頃に郷里の平尾町、これは柳井町の直ぐ手前です、その平尾町の銃砲店松尾という家で買ったのですが、そのうちのどれかです。弾丸は柳井町のなんという家であったか判かりませぬが、ある金物屋で先程梅田を訪ねて行ったといいましたあの日に一番大きい分の次の弾丸を二〇〇目買ったのです。それは昨年の一二月一五日以後の事ですがいつ頃か判かりませぬ。

問　ケースに弾丸を込めたのはいつか。

答　それは郷里を発つときです。もっともうち三発は小さい鳥を撃つために前に込めて置いたのですが、これを用意のために持って出たのです。この三発は岡のところへ置いて来ました。

問　一つのケースに弾丸を幾個入れたのか。

答　きまっておりませぬが、火薬を多く入れれば少なくなりますが、だいたい二〇内外を入れました。

問　家を出るときに妹に何かいうて出たか。

答　妹にはただ京都へ行って当分いるというて置いただけです。

問　被告は父に対し主義を棄てて家にいることを約束したのではなかったか。

答　表面上そうなっていったのです。最近に私が京都から国へ帰るときに親爺の方から、一切の主義を棄てて父の命ずるところと兄の訓戒するところに従って行動をせよといって来たのです。私の気性としてはそうゆう圧政的な事には断じて妥協する事はできないのですが、しかし一時の方便として主義を棄てたように見せかけておったばかりです。あの当時は職を捜すということが思うようにならなかったのです。そしていま申したような手紙を貰ったものですから、もういくら議論しても駄目と思い、実はそのとき東京へそのまま引き返すつもりであったのですが、しかし金の方の都合で東京へ行っても差し向き職がなかっては困ると思ったので、一時郷里へ帰っておろうと思ったからです。

問　東京駅へ着いてから虎ノ門へ行こうとするまでの間はどうしておったか。

答　東京駅へ着いてから駅の構内でぶらついたり、中央郵便局へ行ったり、丸ノ内ビルディングの内外を歩いて時間を潰したのです。そしてちょうど一〇時までそこにおり一〇時に出発したのですが、東京駅へ降りると直ぐステッキ銃を一時預けに預けたのです。

問　預けた訳は。

答　ステッキ銃を持ってウロウロすると見付かる憂いがあるからです。

問　これは被告が持っておった五つの弾丸の込めてあるケースの内の四つか。

このとき大正一二年押第一三一七号の七を示す。

答　そうです。バットの空箱に入れてある分は洋服の上衣三つ着ておりましたが、その一番下の上衣のポケットへ入れ、後はズボンの右側のポケットに入れて置いたのです。

問　国を出るときからそうであったか。

答　そうではありませぬ。弾丸をステッキ銃に込めてからです。弾丸を込めるまではもう一つ、エーヤシップの空箱がありました。そちらへ三つと、バットの空箱へ二つとを入れて、それを更に紙に包んで洋服の一番下の上衣のポケットへ入れておったのです。

問　そのエーヤシップの空箱に入れてあった三つの内の一つを今度使った訳か。

答　そうです。それでそのエーヤシップの空箱はそのときに棄てました。

問　いつ弾丸の込めてあるケースをステッキ銃に装置したか。

答　東京駅へ着いた日東京駅構内の乗車口の方の三等の便所の内です。

問　ケースの中へ込めてある弾丸はこの弾丸か。

このとき前同号の六を示す。

答　そうです。

問　これはステッキ銃の石突《いしづき》か。

このとき同号の五を示す。

答　そうです。

問　この石突《いしづき》はいつステッキ銃から抜いたか。

答　弾丸をステッキ銃に込めると同時に抜いて持っておりました。

問　このインキはどうしたか。

このとき前同号の九を示す。

答　これはさきほど申した手紙を書くときに使ったインキで京都で買ったのです。

問　このペンは被告が手紙を書くとき使ったペンか。
このとき前同号の八を示す。
答　そうです。
問　この雑記帳は。
答　これも京都で買ったので手紙をこれに書いたのです。
このとき前同号の一〇を示す。
問　一枚一通であったか。
答　大体そうでしたが書き損なったのがあったかも知れませぬ。
問　さきほど京都で雑貨店へ寄ったというておったが、そのときにこれらのインキ、ペンや雑記帳を買ったのか。
答　そうです。
問　この頼信紙《らいしんし》はどうか。
このとき前同号の一一の一、二を示す。
答　これは東京駅構内でブラブラしているときに駅の売店の向いにある郵便局で貰ったのです。
問　どこかへ電報を打ったのではないか。
答　そうではありませぬ。二枚貰っただけです。

問　皇太子殿下が昨年一二月二七日帝国議会開院式に行啓せらるるという事をいつ知ったか。
答　それは京都で先月二五日頃新聞を見て知りました。それから東京へ来る途中汽車の中で新聞を見てその時間も判かりました。
問　被告が東京駅で一〇時までブラブラしておったのはどうゆう訳か。
答　一〇時三〇分に皇太子が赤坂を出るという事を知りましたから、三〇分程あればちょうどよいと思ったからです。
問　芝区琴平町一番地先道路虎ノ門のところを選んだのは何か理由があるのか。
答　たいして深い訳はありませぬが、ただ東京駅方面から電車に乗って行って皇太子が通るところで虎ノ門が一番近いという事で選んだのです。そのほかには理由はありませぬ。
問　皇太子殿下が虎ノ門のところをお通りになる事が判かっておったか。
答　判かっておりました。赤坂から貴族院へ行くには道が二つあります。一つは溜池から虎ノ門へ出るので、一つは赤坂見附を登って元学習院女学部のあったところを通り、外務省の脇のところへ出る道でありますが、その当時は赤坂見附を登る方の道のある事は少しも考慮になかったのです。それですからただ虎ノ門へ出るとばかり思っておったのです。今度裁判所へ出るときに途中警戒しているのを見て、いま申した道もあった事を知ったのです。
問　皇太子殿下が議会の開院式へ行啓せらるる事を新聞で見て、そのときいよいよ皇太子殿下を亡きものにしようとする決意をしたのであったか。

答　ずっと前から思っておりましたが、弾丸を手に入れたときからそれを決行する意思を持っており、ただその意思をもって家を出《い》で、そして新聞で記事を見ていよいよ決行したのです。

問　被告は皇太子殿下だけを狙っておったのか。

答　いろいろ考えましたが、決行すれば天皇か皇太子かどちらかにするつもりできまっておりませぬでしたが、だいたいにおいて二人の中でどちらでもよいようなものの、天皇は不具者同様ですから皇太子の方がよくはないかと思っておったのです。

問　どちらかお一人という事であったのか。

答　そうです。両方はとてもできますまい、私一人ですから。

問　被告は検事正に対し、被告が御召《おめし》自動車を追いかけた訳はステッキ銃を更に有効に使用せんがためであって、自動車を追いかけ自動車に追い付いてそのなかにはいり、ステッキ銃で皇太子殿下を殴打して危害を加えようという考えからであったというように陳《の》べているようであるがそうか。

答　くどく問い詰められましたからそう答えたのですが、私の考えとしてはただ有効に最後まで使おうという考えであったのです。つまり分析して見れば検事正にいったような事になるのです。

問　被告の立場からいって、皇太子殿下に発砲し革命万歳と連呼しながら自動車を追いかけて凱歌《がいか》を挙げたくらいの意味ではないのか。

答　そうではありませぬ。
問　御召《おめし》自動車を見たが、銃口が当たった跡があるようであるがどうか。
答　それは検事正からも訊ねられましたが、記憶がありませぬ。
問　被告は鉄砲を撃つ事をいつ覚えたか。
答　小学校時代にあのステッキ銃で鵯《ヒヨドリ》を撃った事があります。
問　そうすると小学校の時から知っている訳か。
答　そうです。
問　その後において鉄砲を使用したのは。
答　昨年が初めてです。
問　被告はステッキ銃で目的物をどの位の距離で撃てば一番有効であるかについて研究して見たか。
答　そうです。昨年の暮れ頃郷里でちょっと的《まと》撃ちをやって見ました。
問　その結果はどうであったか。
答　近寄れば近寄るだけに効果はあるという事が判かりました。
問　被告は皇太子殿下のどこを撃つ考えであったのか。
答　顔です。首から上を狙うつもりであったのです。
問　顔を撃って皇太子殿下を亡きものにする事ができると思ったか。

答　それは無蓋《むがい》自動車のときは近寄って狙いどころによっては必ず命を断つ事ができます。しかし硝子《ガラス》のある場合は命を断つ事はできない事はないが、そのプロバビリティーが少なくなると思いました。しかしやれぬ事はないと思ったから殺すつもりでやったのです。

問　被告は決行したあとどうするつもりであったか。

答　私はその場で捕まって殺されるという事を予期しておりました。

問　この眼鏡の壊れは被告が捕まえられたという場所の脇に落ちていたのであるが、被告の眼鏡ではないか。

答　これは私の眼鏡です。私が殴られたときに眼鏡は飛んでしまいましたから、警視庁でいま掛けている眼鏡を買ってくれたのです。

このとき前同号の《アキママ》を示す。

問　この鳥打帽子は被告のものか。

このとき前同号の三を示す。

答　そうです。この帽子は私の殴られるときまで冠っておったのです。殴られたときに飛んでしまったのです。

問　なお訊ねて置くが、前回被告の欲する社会革命は共産主義的革命の意味であるといっておったが、その意味をいま少しく詳細に陳《の》べよ。

答　私のいう社会改革とは現在の社会組織を根本的に転覆する事を意味し、そして私の抱いている思想では共産主義的の社会に住もうというのです。

被告人　難波大助

右読聞けたる処無相違旨申立署名したり。

大正一三年一月二日

裁判所書記　稲垣正二

判事　沼　義雄

第三回訊問調書

右被告人に対する刑法第七三条の罪の被告事件につき、大正一三年一月四日市谷刑務所に於て、大審院特別権限に属する被告事件予審掛判事沼義雄は裁判所書記稲垣正二に立会の上、前回に引続き右被告人に対し訊問をなすこと左の如し。

被告人　難波大助

問　被告の思想上の経歴を陳《の》べよ。

答　まず大正六年頃の思想から陳《の》べて行きます。そのころ私は主義といってきまった主義は持っておりませぬでしたが、ただ大正六年の終わり頃に武侠世界という雑誌に投書して見た事があります。それによってそのころの思想のだいたいが窺われるだろうと思います。（そのころは鴻城中学を九月に止めて東京におったときの事です）。明治の偉傑《いけつ》乃木将軍去られしより既に七星霜《せいそう》、いまも我国は上下を通し浮華軽佻《ふかけいちょう》の巷にあり、世界無比の皇室を戴けるわが帝国は今や累卵《るいらん》の危にありという事を書き出して、闇に一寸成金が跋扈《ばっこ》するという事を攻撃し、そうして最後の方に徴兵忌避をする事を憤慨して、汝らは畏れ多くも上に大元帥陛下を戴く帝国軍隊に入営することを光栄とせざるや、咄《とつ》不忠者、不届者、汝らは汝らの崇拝する而《しこう》してわれらの敵ヤンキーの国に帰化せよという事を書いたのであります。そのころは皇室に対し尊敬を奉っておった事が判かります。それと同時に成金富豪の跋扈《ばっこ》する事に対しても少しく憤慨しておったらしいのです。それからその年の一〇月から一一月にかけて一ケ月新聞配達をやって見た事があります。このときは貧乏人の生活がいかに惨めであるかという事を知っただけで、別に社会制度の改革というような事にまだ頭が少しも向いていなかったようです。それから大正七年に入ってちょっと記憶があるのは、米騒動があってこの米騒動に対しては格別に痛快であるとかなんとかいう感が起こらず、むしろ恐怖というような感が多かったように思います。そしてその当時大阪朝日新聞がこうゆう事を評論に掲げました。白日虹のごとき我皇室は最後の判決を下す日が近づいたというような意味を評論に書いたというので、皇室中心主義を抱いている人間の中から非難の声がごうごうと起こりました。そしてこの非難の急先鋒となったものは佐々木安五郎等の良人会であって、朝日新聞を読むなという事を地方へも宣伝しました。新時代という雑誌が最も猛烈に朝日を攻撃しました。そして私の親爺がやはり皇室中心主義で凝り固まっている人間ですから、付近の家の人達に朝日新聞を購読せぬように直接勧めました。そうゆうように親爺が付近の家の人達に勧めて歩いたという事を家へ帰って親爺から聞き、親爺のいう事に大いに共鳴し、私からも友人にそうゆう事を勧めたらしいのです。それを見るとそのころもやはり皇室に対しては前年同様な考えを抱いており、まだ社会主義という事は毛頭、頭になかったという事が窺《うかが》われます。それから大正八年にはいって、四月と思います、当時陸軍大臣であった田中義一が郷国山口へ帰った当時、泊っている旅館から連隊へ行く途中、ちょうど私はそのとき中学におりましたが、午前中の事でありますが、中学小学全部授業を休んで町へ整列して、そうしてその前を田中義一が閲兵して歩いた事があります。そのとき軍人というものに対して非常な反感を抱いた事を覚えました。いくら陸軍大臣であるとも当時の中学生および小学生全部が整列して一武官に過ぎぬ田中義一のために閲兵を受けるという、実に軍人というものは非常識極まるものであるという事をしきりに憤慨したのを覚えております。それから八年の九月に東京に来まして、政談演説があると遠方を問わずたいてい聴きに行きました。そのとき頃から政治に非常に興味を覚えました。それから大正九年に入ってその年頃から勃興した普通選挙運動という事に熱心に賛成しておって、そしてその年になってしばしば開かれ初めた演説会はいわずもがな示威運動にもしばしば参加しました。そしてちょうど二月一一日でした。芝公園で普通選挙の国民大会が開かれましたそのとき、その大会が終わって原首相邸へ押しかけて行くという事がある一部の人から主唱されたので、私も人数が非常に多いので突撃喇叭《ラッパ》等吹いたので、大いに昂奮し熱狂してほとんど先頭にならんばかりにして、原首相邸方面へ突撃して行きました。そして途中警官隊に道を阻まれて横の門を越え、家の上を走り、墓を飛《こ》え、そしてなお進撃を止めなかったのです。そしてとうとう警官隊の包囲に陥り、何万という人が後とへついて来ていると思ったのが、ほんのわずかしか来ておらなかったので、にわかに怖気《おじけ》付《づ》いて警官に頼んで漸《ようや》く外へ出してもらったのを覚えております。それほど政治運動に対してそのころ熱心であった事がうかがわれます。そして間もなく議会が解散になったとき、初めて議会へ傍聴に行った事があります。そして議員がいかに議場で醜体を極めているかという事を痛感し、いままで議員なるものに対して抱いていた尊敬の念がその一度でなくなりました。そして最後に解散になる前に原首相が演壇に登ってちょっと演説しました。そのうちには普通選挙はわが国体の基礎を危うくするために全然反対であるという事をいってすぐその後解散になりました。そのときも政治家なるものがいかに頑迷であり、そして一般民衆の利害という事に無関心である事に非常に憤慨し、この上は直接行動によるより外に道なしと考えました。それ以後政治に対する興味というものをぜんぜん失ってしまったのであります。それからその年の五月に総選挙が行われ、私の親爺が議員候補として立ちました。そのとき私は親爺がなんらのたいした主義政見を持っているではなく、単に家の名誉というような事のために議員として打って出るという事に対して、非常な反感を抱きそのことを直接親爺へはいいませぬでしたが、そのころから親爺に対する尊敬の念が薄らいだようです。それから九年の九月末日頃から一一月の中頃まで四谷の谷町におりまして、付近の鮫ヶ橋の貧民窟《ひんみんくつ》がありますが、そこへ行って見たり、そして私の住んでおったところは明るさがほとんどないといってよいくらいの三畳の部屋であり、しかも押入れがないので自炊道具と布団、机というものを置けばほとんど空間がないといってよいくらいの部屋でありました。そしてそういう私が貧乏人らしい生活をしているという事と付近に貧民窟《ひんみんくつ》があるというので、そのころから社会主義的思想に漸《よう》く入り初めて、そうして当時新聞配達をしておった友人がそこへしばしば訪ねて来てたいてい社会主義的な話をしておったようです。そしてそのころ新聞か何かを見たのですが、桜田門でしたかどうでしたかよく覚えておりませぬが、一般自動車は通行できぬ、しかし皇族の乗っている自動車は通行できるという事を見て交通の場所まで皇族と一般人民と区別せなければならぬものであろうか、これは間違った事であるとこう感じた事があります。そのときからぼんやりと皇族に対して今まで抱いておった尊敬という事が漸《よう》く薄らいだように覚えております。それから大正一〇年に入って、その一月から雑誌改造を読み出したという事が私の思想が社会主義なるものに入った第一歩といってもよいのです。そして一月頃からしきりに社会主義的な書籍を読み初め、自分が社会主義的者であるという自覚が明瞭に起こり初めました。それから改造の四月号（三月二〇日頃に出たのです）が発売禁止になりました。その発売禁止になったのはその巻頭に載っておった京大教授河上肇氏の書いた断片が忌諱《きき》に触れたのでしょう、その断片の内容は露西亜《ロシア》のテロリストの悲壮な行為が自分の胸に迫るまで痛烈に書いてありました。そしてその中にヴァーが行っている暴政というものがそのまま日本へ当てはめられるような気がして、露西亜《ロシア》の国情と日本の国情とが非常によく似ているような気持ちがしました。そして専制に対する当然な報復としてテロリストが起こるのは当然の事であると考えました。そしてもうすでに露西亜《ロシア》ではボルセビキーが政権を握っておったときですから、ボルセビキーがもたらした成功の大部分と行かずともテロリストの行為に負うところが多かったのではなかったかと感じました。要するにその断片が自分の思想が社会主義的となって間もなくであったせいかも知れませぬが、自分の思想を動かしたところが多かったようでした。当時私は京都におったのです。それから三月二五日頃に京都を発って東京へ来、そして四月何かの本か雑誌で幸徳氏等の大逆事件の公判の日付が書いてあったのを見た事があり、そして上野図書館へ行って公判の翌日の新聞を見たのです。ところが二四人に対して死刑の宣告が下されており、二名に対して無期懲役の判決が下してあるのを見て、一個のわれわれと同様な人間に過ぎぬ天皇をただ殺さんと陰謀をしたというだけで、まだなんら実際的行為に出でずにも不拘《かかわらず》残忍にも若き二四名の生命に対し死刑の宣告を下すのは、実に暴虐といおうか非人道といおうか、これ以上残念な法律が世界のどこにあるだろうかという事を感じ、そして新聞の評論もこうゆう事が書いてありました。秋水、スガ氏等が傲岸不遜神聖なる公判廷に於て無政府主義万歳を三唱す、むしろ衆目環視《かんし》の内に八つ裂きにせよとか、あるいはまた速やかに屍骸《しがい》を火炙《ひあぶ》りにし、その魂灰《こんかい》を国外に放擲《ほうてき》せよという、新聞記者までが冷静という観念を全然脱却して、そして天皇に対する盲目的信仰を表示している。人間として実に恥ずべく軽蔑すべき輩《やから》であると思いました。そして秋水氏等がまだ事をなさざる内に発覚して断頭台の露と消えた事は、実に秋水氏等にとって残念極まる事であったろうと非常に同情を寄せ、まだその陰謀に加わらずして生き残った同志達が秋水氏等に何ら報ゆるだけの行為をなしおらず（すなわち死を決して志を継ぐという意味です）、その事件を動機として一時盛んであったところの日本の社会革命運動が屏息《へいそく》した形になった事は、残った同志達が十分なる奮闘をしなかった結果である、実に意気地のない極まりであるとこう痛憤し私が死を決してテロリストとなってやってみようとそのとき初めてテロリストとなる事を決心したのです。なおその年の五月某日神田青年会館に於て第二回日本社会主義同盟講演会と銘打って講演会が開かれましたが、そのとき私が行って見ると司会者が壇に立って、ただいまより第二回の社会主義大会の講演会を始めると申したときに、錦町警察署長が弁士中止を命ずるといい、壇へ駆け上がってただちに解散を命ずるとさらに続けていいました。そしてそのまわりにおった司会者は元より、講演せんとして控えておった人々を無数の警官で蹴ったり殴ったり頭の毛をむしったりして、片端から勾引《こういん》してしまいました。このさまを見たとき、この警官の横暴を見たとき憤慨の絶頂に達し、日本の状態では社会主義者に対してはただ一口の言論も許しておらぬ、社会主義者の演説会なるが故にその講演をする事を許しておりながら、いざ始めるという際になって立ち所に解散を命ずる、実に専制の程度を越していると自分は感じ、社会主義者が言論に訴える事を止めてその行為によってその思想を宣伝する、これは権力者自らが社会主義者に仕向けた罪であって、社会主義者の罪ではない、社会主義者がそうゆう事をするのは当然の事であると思いました。その講演会を動機として、そのあとしばしば社会問題講演会、労働問題講演会があると前に政談演説会を聞きに行ったと同様に遠方であると否とを問わず、必ず欠かさずといってもよいくらいに講演者の演説を聞きました。それからその年の五月から七月の終わり頃までの間にかけて新聞配達をやった事があります。これらが非常に私の有している社会主義的思想に火をつぎ付けたような状態になりました。このときは前の新聞配達のときのように単に貧乏人として見るだけではなく、こうゆうような惨めな事をしている人間が多くいるにも不拘《かかわらず》これを救うというような施設がちっとも行われていない、この上は一時も早く革命を遂行して社会状態を改革しなければならぬという心情をその間に高めました。そして私はそれまでは高等学校程度の受験という事を考えておりましたが、この上は学校生活どころではない、自ら断然と学校生活を放擲《ほうてき》して革命運動に直接携わる必要ありと考え、親や兄にその事を漏らしたところ親や兄は学校へだけは是非入れ、その上どうしようと勝手であるが学校だけは是非入ってくれと頼むようにいいましたから、いやいやながらではあるが、それでは学校としては比較的自由な早稲田へ入ってみようと思いました。そうしてその年の一二月の終わり頃東京を発って京都へ行きました。それは私は京都の高等学校の入学試験を受ける気はありませぬでしたが、親爺等へ対しては高等学校の試験を受けるというておいた手前、京都へ行く必要があったからです。そして翌一一年三月二五日まで京都に滞在しその間も受験の準備はほとんどせず、社会主義的雑誌書籍等を読みふけっておりました。そして一一年三月終わり頃に東京に上り、其年の四月一七日から思い通りに早稲田の高等学院へ入学する事ができました。それからはやはり社会主義的の書籍及び雑誌を読みながら外国の小説殊《とく》に露西亜《ロシア》の翻訳書をかなり多く読んで、そして高等学院に入った当分はその思想においてはサンジカリズムに対して非常な興味を覚え、それからソーレルの暴行は労働者の精神を鼓舞し激励し、彼等を大胆にし革命運動に向かって猛進せしむとか、ラガジューの公式は無用である、独断は無用である、社会の将来に関する議論は無用である、社会組織の複雑なる提案は無用である、要するものは戦闘の意気である、実行の哲学である、こうゆうサンジカリストのいっている言葉に非常に共鳴し、その革命的手段を暴行破壊という方面にばかり頭が向いて行きました。そしてサンジカリズム及び亜米利加《アメリカ》のアイダブリューダブリューというようなものを一時研究した事があります。それがちょうど九月一〇月頃まで続いておりました。そしてもうその頃から学校へ入るのではなかったという事を後悔しました。そして学校生活によって得るところは何もなく、ただその人間が学校生活を続ければ、人間の機械のようなものである、自分の意思を曲げて生活しなければならぬ、旁々《かたがた》その思想がサンジカリスティックになっておったものですから、詰まり多くのプロレタリヤが虐げられ抑圧されているのを他所に見てただその机上において主義を云々《うんぬん》したところで役に立つ訳ではない、自分は実に卑怯極まる逃避者であるという自覚がしきりに起こってもう学校を断然止めようと考えましたが、父の事を考えて見ると今まで自分のためにいろいろ尽くしてくれ、そして自分の意思もだいたいにおいて通してくれている、そうして自分が学校へ入ったという事で親爺が非常に安心しかつ喜んでいる、それに学校を止めるという事は親爺に対してちょっと気の毒であるという考えが一面において起こりました。それで学校生活を放擲《ほうてき》する事は一時断念したものの私の抱ける思想とその実際生活（遊んで喰って勝手に本等を読んでいる事）とに矛盾を感じ、それ以後思想がちょっとニヒリスティックに傾いておりました。そうしてそのままその年を終わりました。それから大正一二年に入って無政府主義的思想が頭をもたげ初め、そしてクロポトキンの革命家の思い出という自叙伝を読んだり、クロポトキンに関する書籍及びクロポトキンの著わしたる書籍等をしきりに読んで、そして総《あら》ゆるオーソリティーを否定し、その権力というものを憎悪をもって呪うようになりました。そしてますます思想と生活との矛盾を感じ出したとき、私の友人が持っておった麻生久氏の自叙伝濁流に泳ぐという書籍を読み、友人と共に麻生久氏の赤裸々なドン底生活の記録に非常な興味を持ちました。そして麻生久氏が勇敢なる労働運動の闘将であるという事実がその赤裸々なドン底生活の記録の感銘をさらに深からしめました。そして友人と共に少しセンチメンタルであったかも知れませぬが、ドン底生活という事を讃美したのです。そしてある日友人が二日ばかり休んだからどうしたかと思って友人のところへ行きました、友人がいつもと似合わぬ緊張して無言の裡《うち》にノートに書いてある一文を示しました。それによって友人が単独で淫売窟《いんばいくつ》へ行ったという事を知りました。そのとき非常に感じました。その友人は非常に理性に勝った人であり、そして非常に真面目である友人であるのに淫売窟《いんばいくつ》へ行ったという事は、普通の人間であれば嘲笑的に見たかも知れぬが、その友人に対しては嘲笑どころではなく非常なる感動を受けました。そうしてよく友人に尋ねて見ると、その入った動機というのは先の麻生久氏の濁流に泳ぐというものに書いてあったドン底生活に興味を引かれて、自分もそれを味わって見るというつもりであったという事で、それで私もその事に非常に感ぜさせられるところがあり、もともと私の考えとしては淫売窟《いんばいくつ》に入るなどという事は飛んでもない事であると思っていたのですが、麻生久氏の例、そして友人の例がありますので、飛んでもないという考えを放擲《ほうてき》して、一度友人にところを案内してもらって、二月のある日一人で淫売窟《いんばいくつ》へ上って見ました。そうして女というものに対しては実に軽蔑すべき人間であると許り考えておった思想が少し変わり、かつ人間というものはいよいよ徹底したらどんな事でもできるという事を感じました。その徹底という事が淫売窟《いんばいくつ》へ入ってから非常に心を動かされたのであります。そうしてその後淫売窟へ数度続けて行き、そしてその徹底という事に対して自らいよいよ判決を下そうという決心が起こりました。それで二月の一二日に当時兄と親爺とは鎌倉におりましたが、私は鎌倉へ行って親爺に直接こうゆう事をいいました。自分は近頃放蕩《ほうとう》しだしてある淫売婦に恋をし、もう学校生活がいやになったから止める。そうしてその女に対する恋が醒めたらば、労働者となって自ら革命運動に携わるかも知れぬといいましたところが、親爺は泣く泣く私の行いを責め、今後私が心を入れ替えてやれば今までの事は許すから学校を止めるという事だけは思いとどまってくれといいましたが、私は断じて思いとどまる事はできぬといいましたら、さらに最後の頼みだが今晩一晩ここへ泊まり明日の朝まで考えて見てくれぬかと私に懇願してとどめました。しかし私は断じて譲歩する事を潔くせぬ。その晩親爺及び兄に対しても自分に対する縁を切ってもらう事を告げてそのまま東京へ帰りました。これは私としては淫売窟《いんばいくつ》へ入ったお蔭で徹底という事に心が動き、是非《ぜひ》でも学校生活を止めねばならぬ。そして労働者の中へ入って自分の主義の下にどこまでも戦おうと決心したものですから、親爺には革命運動のために学校を止めるといったのです。学校を止めるのに都合が悪いので、私としては親爺に愛想をつかさせるため自分は淫売に逆上《のぼ》せたというように親爺にいうて学校を止めるための狂言を打ちました。そして親爺ともいよいよ縁を切り、永い間学校を止めよう止めようと思っておったことも思うようになり、下宿に持っていった荷物一切を売って夏服一つで木賃宿《きちんやど》に向かいました。そのときの私の考えは自分は理論よりは実行に、机上革命家たるよりは街頭革命家とならん。階級闘争無産階級解放運動のリーダーとならんよりは一兵卒一戦闘分子でたくさんだという気分で労働者の中に飛び込みました。それまでは無政府主義的思想を抱いておったのです。それ以後五月頃まで屋外労働生活を続け、それからいままで縁を切った親爺や兄等とも一時妥協したりなどして、脚気《かっけ》や腎臓病等のために郷里へ帰り、いろいろ過去の労働生活等を考え、一部の労働者は大いに自覚しているが、多数の労働者はまだまだ非常に無自覚の状態にある。そして単に破壊を叫び暴行を叫んでもすぐ様革命が成功するというような考えはまちがっている。これにはいたずらに知識階級排斥とか労働運動のリーダーの排斥とかいう事をいっている場合ではない。いかなる人間でも詰まり無産階級解放という信念のある人ならばその人間がよし知識階級に属している人であっても、排斥すべきものではない、むしろ歓迎してこれを利用して、大いに無自覚なる労働者及び党労働者の幼稚なる知識を向上さす必要がある。これには指導と統率が絶対的に必要である。そうして十分なる組織を持っている現在の権力階級と戦うには一にも団結、二にも団結、総《あら》ゆる労働者の団結を組織化せなければならぬ。詰まり今までの労働運動、社会革命運動のようなものは熱情的昂奮から理性的昂奮に向かって行かなければならぬ。それから今までは総《あら》ゆる権力を否定しておったが、無産者が政権を獲得して無産者独裁の名の下に行使する権力は是非とも必要である。だいたいこうゆうような考えを抱き、そして無政府主義的思想から遠ざかり共産主義に思想が傾いて行くようになり、そして共産党宣言を読むにいたって共産主義に対する信念が非常に強くなりました。そしてそれがずっと最近まで引き続き、そして親爺から京都から帰るとき一切の主義を棄てて父の命ずるところと兄の訓戒するところとに従って以後行動せよという手紙をもらったので、いままでのような宙《ちゅう》ぶらりんの行動ばかりしておられぬ、一かばちかの詰まり徹底的な行動に出づる必要があると決心したのです。そしてその徹底的行動に出づる前の準備として、一〇月四日から一二月二二日まで親爺の手前表面主義を棄てたこととして、家で静かに考えにふけっておったのです。そして郷里にいる間に新聞紙によって発表せられたところの大杉栄氏等の虐殺事件、亀戸に於る組合労働者これはことごとく共産主義的思想を抱いているその組合労働者の虐殺事件、及び一般労働者及び鮮人虐殺事件というような記事を見て種々考えるところがありました。そしてこれがためにいままで社会主義者という者は絶えず、何か陰謀をしているものであると世間から思われておった事が世間の予想違いで、社会主義者の方がむしろ受身の状態になって無数の社会主義者が権力者の手にまたは反動団体の手によって殺された。そうして社会主義者自身も日頃革命を唱え暴力を主張しておった大将連が自ら進んで警察に保護を願い出たり、あるいはまた東京を一目散に脱走したり、一般世間から化物の正体見たり社会主義者というような嘲弄的な考えや、社会主義者は日頃筆や口に大口を叩いているばかりで実際的の行為においては何等のなすなき輩《やから》であると一般社会主義者に対する軽蔑の考えが起こると同時に、震災以後反動的思想がようやく日本に浸潤し勢いをもたらし初めてきて、いまや社会主義運動なるものはいわゆる幸徳氏等の大逆事件以後のごとく社会主義運動が屏息《へいそく》しかけんとする傾向がある。これは日本全プロレタリアにとって決してよい傾向ではなく、いたずらにプロレタリアの不幸を増すばかりであるとこう考えておったのであります。そして前の親爺が主義を棄てというようなドン詰りの場合に立ち入り、一かばちかに出でなければならぬように仕向けられ、また年来考えておったテロリストの社会革命運動に及ぼす効果はさておいて、共産主義者の前衛の最前衛を勤めて屏息《へいそく》しかけんとしている社会革命運動に一点の光を与えんという自信と覚悟の下に今度の行為に出でたのであります。

問　被告は武侠世界に本名で投書したのか。

答　本名ではありません。未来の馬賊大王という名を書きました。その以外には本名を書いた事があるかも知れません。

問　新聞を配達しておった友人がしばしば訪ねて来たという事であるが、その友人は何という人か。

答　いま陳《の》べた思想の経歴の中にある友人はすべて名を挙げずに置きたいのです。

問　淫売窟《いんばいくつ》へ行ってどうゆう訳で徹底という事が判ったのか。

答　それは人間一般から見れば淫売婦は堕落の骨頂と見られております。それでも人間がいよいよ徹底するとそういう生活も平気でできる。これはいよいよ人間の徹底したものです。私も曖昧な学校生活というような不徹底な生活をいままで嫌悪しておったのが、淫売婦が抱いているような徹底的な考えを決断して行ったらよかろうと思ったのです。

問　被告は政党に関係はないか。

答　ありませぬ。ただ一度先程陳《の》べたように普通選挙運動に賛成しておった当時政友会を非常に憎んでおったくらいのもので、その後格別憲政会を好むとか、政友会を憎むとかいうような事はありませぬでした。

問　政党のために働いたことはないのか。

答　一度もありませぬ。それは私の全然すかぬことであります。

問　被告の脚気《かっけ》と腎臓病とはいつごろから出たのか。

答　脚気《かっけ》は中学校時代から毎年起こったり年を置いて起こったりしておりましたが、腎臓の方は大正九年の末に起こって一〇年になって治り、さらに一二年になって一度起こってこれまた直ぐ治りました。

問　その腎臓病は不治の病というような関係にあったのではないのか。

答　そんなことはありませぬ。

問　医者からでも病気が治らないというようなことをいわれたため、それが被告のテロリストとして立つ意思を決定するに至った原因の一つになっているのではないか。

答　そんなことは全然ありませぬ。

問　被告はテロリストとして立つということを父または兄弟に話したことはないか。

答　兄に一番初め話したのが大正一〇年の五月頃です。それから一二年になって一、二度話したことがあります。親爺には皇室に対してテロリストとして立つということを直接にいったことはありませぬ。兄が私のいったことを引き継いでいったかも知れませぬ。

問　それに対して兄は何といっていったか。

答　大正一〇年のときは兄から親爺の知人に頼んで私の考えを止めさせようと骨折ったようです。それ以後は一度こーゆうことがありました。私は共産主義を主張し、兄は国家社会主義を主張し、議論した揚句感情が熱し、兄が最後に怒って今からここを出て行けといいました。それは晩の一〇時頃のことで雨が降っておりました。私は非常に憤慨しよし出て行くというて出て行くときにこうゆう棄て台詞を残しました。それは兄は私に対し共産主義はいかぬ国家社会主義ならまだしもよい、暴力に出で又は共産主義の宣伝をなすようなことがあってはならぬ、ただ労働組合運動等によって行動するならよいといったのです。それで私は妥協の余地なしと思い、それではテロリストとして立つという棄て台詞を残して出ようとすると、兄が非常に狼狽してよしそれなら俺はお前がテロリストとして立つということを警察へ通知するといいましたから、私も警察へ通知せられては困ると思い躊躇しているうちに義姉が兄をなだめて感情も柔らぎ、そのこともその場限りになっておりました。それからまた兄はこうゆうことをいったことがあります。お前は一度自分でやるといったら誰がどういおうと止める人間ではないから（兄はテロリストの効果というものは全然ないという意見でした）、俺がいくら止めても効果はもうあるまい。お前がテロリストとして立っても俺はびくともせぬ、ただお前がテロリストとして立つ前に親や弟や妹やがお前の行為によって非常に迷惑するということを考えた上でせよといったことがあります。

問　それはいつのことか。

答　昨年中のことですが、いつであったか記憶しませぬ。

問　被告は社会主義者の中でどうゆう人とつき合っておったか。

答　つき合った人はありませぬ。

問　崇拝している人はどうか。

答　崇拝とまでは行きませぬが、信頼している人はいくらでもあります。

問　どうゆう人か。

答　佐野学氏、麻生久氏、山川均氏、堺利彦氏、片山潜氏等であります。

問　それ等の人と言葉を交わしたことがあるか。

答　それはありませぬ。

被告人　難波大助

右読聞けたるところ無相違旨申立署名拇印したり。

大正一三年一月四日

東京地方裁判所

裁判所書記　稲垣正二

予審判事　沼　義雄

杉よ！　眼の男よ！

中浜　哲

無政府主義者の中浜哲《なかはまてつ》（本名は富岡誓、一八九七―一九二六）は、一九二三年に東京・早稲田で結成されたギロチン社という無政府主義者による秘密結社のメンバー。二二年には、古田大次郎とともに英国皇太子の暗殺を企てたが、実行には至らなかった。その後、中浜は倉地啓司や河合康左右らとギロチン社を立ち上げる。この結社は大杉栄に対する虐殺を機に、資本家や権力者への直接攻撃、すなわちテロリズムを活動の要とするようになる。大杉の報復を狙う和田久太郎らとも共同した。組織の資金調達に動いていた中浜は、二四年に恐喝罪で逮捕され、翌年に死刑が確定。二六年三月に絞首された。「杉よ！　眼の男よ！」は、大杉への追悼詩である。本書では、『日本現代詩大系　第八巻』（河出書房、一九五一）を底本にした上、編集部の判断で適宜、ルビを付した。中浜哲、享年三〇。

「杉よ！
　眼の男よ！」と
俺は今、骸骨《がいこつ》の前に起つて呼びかける。

彼は黙つてる。
彼は俺を見て、ニヤリ、ニタリと苦笑してゐる。
太い白眼の底一ぱいに、黒い熱涙を漂《ただよ》はして時々、海光のキラメキを放つて俺の
　顔を射る。

「何んだか長生きの出來さうにない輪劃《りんかく》の顔だなあ」

「それや――君
　――君だつて――
　さう見えるぜ」

「それで結構、

三〇までは生き度《た》くないんだから」

「そんなら――僕は
――僕は君より、もう長生きしてるぢやないか、ヒッ、ヒッ、ヒッ」

ニヤリ、ニタリ、ニヤリと、
白眼が睨《にら》む。

「しまつた！
やられた！」

逃げやうと考へて俯向《うつむ》いたが
「何糞ッ」と、
今一度、見上ぐれば
これは又、食ひつき度《た》い程
あはれをしのばせ
微笑《ほほえ》まねど

惹き付けて離さぬ
彼の眼の底の力。

慈愛の眼、情熱の眼、
沈毅《ちんき》の眼、果断の眼、
全てが闘争の大器に盛られた
信念の眼。

眼だ！　光明だ！
固い信念の結晶だ、
強い放射線の輝きだ。
無論、烈しい熱が伴ひ湧く。
俺は眼光を畏れ、敬ひ尊ぶ。

彼に、
イロが出来たと聞く毎に

「またか！
　アノ眼に参つたな」

女の魂を掴《つか》む眼、
より以上に男を迷はした眼の持主、
「杉よ！
　眼の男よ！」

彼の眼光は太陽だ。
暖かくいつくしみて花を咲かす春の光、
燃え焦がし爛《ただ》らす夏の輝き、
寂寥《せきりょう》と悲哀とを抱き
脱がれて汚れを濯《すす》ぐ秋の照り、
萬物を同色に化す冬の明り、
彼の眼は
太陽だつた。

遊星《ゆうせい》は為《ため》に吸ひつけられた。

日本一の眼！
世界に稀れな眼！
彼れの肉体が最後の一線に臨んだ利那にも、
彼は瞑《つぶ》らなかつた。
彼の死には「瞑目《めいもく》」がない。
太陽だもの
永劫に眠れない。

逝く者は、あの通りだ――
そして
人間が人間を裁断する、
それは
自然に反逆することだ。
怖ろしい物凄いことだ。

寂しい悲しい想ひだ。
何が生れるか知ら？

凄愴《せいそう》と哀愁とは隣人ではない。
煩悶《はんもん》が、
その純真な処女性を
いろいろの強権のために蹂躪《じゅうりん》されて孕《はら》み、
それでも月満ちてか、何も知らずに、
濁つたこの世に飛び出して来た
父無し双生児《そうせいじ》だ。

孤独の皿に盛られた
黒光りする血精に招かれて、
若人の血は沸《た》ぎる、沸《た》ぎる。
醗酵すれば何物をも破る。

死を賭しての行為に出会へば、
俺は、何時でも
無条件に、
頭を下げる。

親友、平公高尾はやられ、
畏友、武郎有島は自ら去る。
今又、
知己、先輩の
「杉」を失ふ――噫《ああ》！

「俺」は生きてる。

――やる？
――やられる？
――自殺する？

自殺する為めに生れて来たのか。
やられる為に生きてゐるのか。
病死する前に——
やられる先手に——

瞬間の自由！
刹那の歓喜！
それこそ黒い微笑、
二足の獣の誇り、
生の賜《たまもの》。

「杉よ！
眼の男！
更生の霊よ！」
地は黒く汝のために香る。

——一九二三・一一・一〇——

死の懺悔（抜粋）

古田大次郎

中浜哲らとともにギロチン社を結成した無政府主義者の古田大次郎《ふるただいじろう》（一九〇〇―一九二五）の絞首刑は、一九二五年一〇月一五日に執行された。主な罪状は、二二年に銀行員を刺殺した「強盗殺人」、二四年に自ら爆弾を製造した「爆発物取締規則違反」、そして同年に福田大将宅を含む各所で爆弾を使用して建造物などを壊した「建造物破毀」であった。死後、獄中で記した手記「参考書」が『死の懺悔』と改題の上、出版されると、増刷を重ねるベストセラーとなった。同書の編者である江口渙によれば、死刑の前日に古田は、「死刑になるときには菊の花を抱いて絞首台にのぼることにします。これは天皇を自分と一緒に死刑にしてやるという意味なんです」と弁護士に語ったという。本書では、古田大次郎著『死の懺悔』（新装版、春秋社、一九九八）を底本にした上、入獄直後に家族や恋人のことを述懐する冒頭の部分を掲載し、編集部の判断で適宜、ルビを付した。古田大次郎、享年二五。

これは僕の獄中記である。懺悔もある。述懐もある。感想もある。詩もある。歌もある。句もある。詩は、僕が初めて作るものである。最初僕は、自分の「思い出」全部を詩に現わしたいと考えた。そして着手しかけた。ところが、とうてい僕のごとき者——単に者といわんより無能者——には不可能なことだと知って中止してしまった。しかし、やりたい気持は十分ある。ぜひやって見たいと思っている。

囚われの思いを筆に語らいて
　わが亡きあとのかたみとやせん

○　○　○

大正一三年九月一〇日の未明、電報の空声《そらごえ》に叩き起こされて、のめのめと警視庁に引っぱられた村木君と僕とは、代わる代わる厳重なお取調べを受けた後、検事局に送られた。検事局の厄介になったのは、今度が二回目である。最初は大正一〇年一二月の末、例の社会主義同盟発会式当夜の建造物破毀事件の嫌疑で、区の検事局に呼ばれたことである。その時のは、あのような小さな事件ではあったし、おまけにただの嫌疑だけだったから、取調べはごく簡単にすんだ。係りの検事は、一木喜徳郎の息子だという男で、若い好男子だった。一木検事は、僕を釈放するに当たって「これからあまり過激にわたらぬようにしたまえ」と訓戒した。その時、その言葉は、妙に胸にひびいたが、長い年月の間に、つい忘れてしまったのは、一木君に対して少々すまないような気がする。

被告学については、至極知識のうすい僕は、検事や、警察官の取調べに対して、何でも正直に白状しなければならないと考えて、とんでもないことまでしゃべってしまった。が、司法官だって、あながちに化石的な人物ばかりそろってはいない。僕の馬鹿正直なのを見た検事局は、「此奴《こいつ》、まだ、うぶな被告だワイ」と考えたかどうか知らぬが、親切に話しかけてくれて、僕に前の言葉を取り消すようにという謎をかけた。その謎を解いた僕は、今さらながら僕の気の利かぬところに気づいて、恥ずかしくもあったし、おかしくもあった。それから、その検事は、石田三成の故事を例にして、僕を訓戒した。僕は、御安心なさいと答えた。死ぬくらいならば、何の今までぐずぐずしているものか。つかまる時、舌でもかんで死んでしまうよと、僕は腹の中で笑ってやった。

警視庁の留置場に一九日つながれて、九月二九日の夕、小雨の降る中を、村木君と僕とは、ほかの新入《しんいり》諸君と一緒に囚人自動車に乗せられて、市ヶ谷刑務所に向かった。僕の見知っている、毒々しい赤煉瓦の門は、多分大地震で壊されたのであろう。コンクリートのすがすがしい、しゃれたものと変わっていた。刑務所と名を変えたからには、門まで体裁を作らなくては気がすまないとみえる。雨はもうやんでいた。

門の外で僕たちは、縄につながれたまま、ゾロゾロと虱《しらみ》のように、自動車を降りて、水たまりをよけながら、門の内にはいって行った――のでなくて、実は引きずりこまれた。いま一歩で門の内という時に、僕はこれが娑婆の土の踏みおさめかと思うと、妙に心細かった。さぞ、しょんぼりと憐れげに見えたことだろう。

僕たち一同はそれから、いい加減あちこち引き回された後、奇体な室に連れてゆかれた。（このへんはあまりくわしく書かない。刑務所の規則に違反するそうだから。）そこで僕たちは、娑婆で着ていた着物から猿股まできれいにぬぎすてて、素裸となり、尻の穴まで検査されたあげく、うすぎたない青色の獄衣を着せられた。これで立派な囚人が一人出来上がったわけである。

村木君も、皆と同様の囚人姿になりすました。小男の村木君が、うすっぺらな青着物をつけた恰好は、痛々しいほどに見すぼらしかった。しかし村木君は元気だった。少しばかり顔がむくんだように見えたが、大して弱ってもいなかった。頭はまるで百日鬘《かつら》のようで、青白い顔に、無精髭《ぶしょうひげ》がボソボソと生えたさまは、昔の武士が、長らく閉門を仰せ付けられていましたが、今日ようやっと許されました、といった体裁だった。二人は着物の襟にぬいつけられた番号札を指して笑い合った。

大分おそくなってから、僕たちは、点呼を受けて、めいめいの部屋に引きとられた。村木君は、布団を小脇にかかえて、「では失敬」と言い捨てたまま階段をスタスタと上がって行った。壮健な姿の村木君を見たのは、実にこれが最後だった。（その後一度村木君と会ったのは、面会に呼び出された際、控室で落ち合ったので、声はきいたが、顔は見なかったのである。）二人の肩には、殺人未遂爆発物取締規則違犯及び建造物損壊という至って長たらしい罪名が、しかつめらしい顔をして、乗っかっている。

三畳の独房に、興奮した身体を横たえた僕は、しばらくしてから、気を落ち着かせて四辺《あたり》を見回した。

「とうとう来てしまったのか！」

僕はこう独り言《ご》った。そして苦笑した。それから、暗い電灯を見上げたり、壁を見回したり、お膳を開けて見たり、もの珍しい気持で室内を験《しら》べて歩いた。先輩諸君の獄中記を拝見していた僕は、いよいよ、実際にそのものにぶつかったのだと考えて、言い知れぬ感慨にうたれた。僕は、ホッと溜息をついた。そして、も一度気を落ち着かせて、凝然と考えこんだ。

深山にいるような静けさだ。時折、その静けさを破る声が二階のどこかでする。呑気そうな声である。その声が聞こえたためか、大して淋しい気も起こらなかった。けれども、その人声が絶えると、一里四方には人っ子一人いない所にでもいるような、淋しいというよりも、異様な物凄い感に打たれた。僕はまた、不思議そうに、電灯を見たり、暗い窓外を見たり、冷たく光る壁を見たりした。

その夜の眠りは、思ったよりも安らかだった。眠りに落ちるまで、父のこと、兄妹のこと、友人のことが後から後から思い出されたが、床について三〇分もしない内に、何もかも忘れて眠ってしまった。その夜の夢に何を見たか、今僕の記憶にはない。しかし、たしかに何かの夢は見た。なぜ、憶えていなかったか、と残り惜しい気がしないでもない。いっそのこと、恋人の夢としておこう、この生活をうるわしく彩《いろど》るために。そして、逝《ゆ》いた恋を記念するために。

後になって聞いたことだが、ここに来て最初の一〇日ばかりが、一番淋しい気持に捉われるものだそうだ。僕もたしかにそうだった。正直に言うと、後悔に似た気持さえも抱いた。一番よく思い出されるのは、何といっても親のこと、兄妹のことだった。友達甲斐《がい》のないようだが、友達のことは、大阪に苦しんでいる中浜たちのことも、ここにいる和田君や村木君のことも、あまり思い出されなかった。気にはかかった。すまないとは思った。けれども、その時の僕にとっては、友に対するなつかしさは、自分の肉親――ことに小さい妹たちを慕う心と比べて、ほとんど問題にならなかった。僕はなぜ自分だけ好きなことをやって、妹たちの事を考えなかったかを悔いた。自分の肉親と、穏やかな気質の兄や、無邪気な妹や、年老《と》った父と笑い合い、助け合い、愛し合って小さな世界を作って生活していったら、ほかのことなぞはどうなってもかまわない、友達からあなどられようが、嘲笑されようが、そんなことはどうだっていいと痛切に考えられた。この時の僕なら、小さい妹に対する愛のために、惜しむところもなしに、真理さえもなげうち得たに相違なかった。真理さえも犠牲にできる、ほかのことは――自分の功名心や安楽を欲する心などは、喜んで棄てることができたに相違なかった。僕は胸の中で泣けるだけ哭《な》いた。耐えきれなくなると、咽《むせ》び声が口から出るまでに哭《な》いた。僕は、呆然として一日、窓外の青い空を眺めて暮らした。

最初の夜が明けて、翌日の昼のことだった。運動から帰って来てみると、差入れの弁当が来ていた。それは、江口渙君からだった。僕はそれを知ったとき、はかり知れない喜びと感謝で胸がいっぱいになった。急に泣きたい気持に襲われた。前にあれほど世話になった江口君、面倒も見てくれ慰めてもくれた江口君、来るとすぐ、よくも手早く世話をしてくれた、さんざん迷惑をかけたのにと思うと、僕は江口君の志がうれしくてたまらなかった。僕は泣き出してしまった。そして泣きながら弁当を食べた。涙は頬を伝ってポタポタと飯の上に落ちた。僕は飯の味も何もわからなかった。泣きながら、食べ終えた。その時の気持は、今でもハッキリと思い起こすことができる。

僕の父は、僕の事件を、ずいぶん心配したらしかった。警視庁にいるとき、根岸特高係長は僕に、「君のお父さんは大変心配しているよ。軽はずみな事をしなければいいがと思ってるがね。なにぶん、昔気質《かたぎ》なんだから」とおどかすつもりでもなかったろうが、話したことがある。それを聞いたとき、僕はさすがにドキッと胸を打った。白い毛が、近ごろ急に増したように思われる父の顔、涙をたたえた父の眼、最後に別れたとき、持病の腎臓炎がすこし悪いと言っていた、心持ちむくんだような父の顔、それが僕を叱るように恨むように、凝然《じつ》と見つめているような気がした。僕は非常な不孝を犯したように思われて、心が責められてならなかった。が、僕は気強くもそれを抑えつけた。けれども抑えれば抑えるだけ、僕の胸は痛くなって来た。

「許して下さい」

僕は、冷たい床にひざまずいて、こう父に詫びた。許して下さる！　僕はそう、うれしく心に思った。僕は眼を閉じて首をたれ、手を組んだまま、長いあいだ祈っていた。

けれども、僕は、父のこの心配も、時が必ず消してくれるものだと考えて、いくらか安心していた。人間は一つ事を、いつまでもいつまでも思いなやめるものではない、時がその悲しみを消してくれる。父だって、いつかは思い諦《あきら》めてくれるに違いない、一人身ではない、まだ小さい妹もある。それらを思って、つらいことだろうが、僕のことも諦《あきら》めてくれるにちがいない。僕はこう考えて安心した。父は手紙にも言って来たとおり、死にまさる苦しみをしたことだろう。泣きもし、怒りもし、恨みもしたろう。父はたしかに僕を怒っていた。親を忘れた不孝者だと、怒って手紙を寄せたこともある。また、たしかに悵んでもいた。安静だった家の生活を闇に沈めたのはお前だと、血を吐くような文句を書いたこともある。それを読んだときの僕の心は、ああ、筆には尽くされまい！　僕は、ただ泣いた、泣いて父や兄妹に謝した。その時ばかりではない。それから後も、思い出すたびにいつも泣いている。現にこれを書いている今、すこし心をゆるめると、涙で見る眼が霞んでしまうのである。

ああ寒素《かんそ》なれど、穏やかにして楽しかりし我が家庭よ！　母を失った悲しさを、ようやく忘れかけたうるわしき家庭よ！　それを、一朝にして闇に沈めてしまったのだ。ふたたび淋しい悲しい家庭としてしまったのだ。年老いて病める父、僕の事件以来、急に身体を弱めた、ただ一人の兄、年端《としは》のゆかぬ二人の妹、嫁して平和の家庭を作っている姉――その姉は去年の夏、最愛の男児を失くしたのであった。——彼らはどんなに僕を恨んだことだろう。けれども、僕を憎みきれないであろう。恨みながらも、僕のために悲しみ、僕のために泣いてくれることだろう。何も知らぬ妹は、いつかは僕が家に帰って来るものと考えているのだ。無理もない。自分の運命を覚悟した僕ですら、どうしても、妹とは永久に別れるのだとは考えられぬ。いつかはきっと、可愛い妹に会うことができる、前のように楽しく、山に野に妹の手を引いて遊ぶことができると思われて仕方がない。気休めに思うのではない。無理に想像するのでも、もちろんない。動かしがたい将来の事実として、不断に僕の胸にえがかれている。不思議である。馬鹿馬鹿しいことではある。がしかし、その思いは消えたことがない。妹も僕と同じ思いなのであろう。尋常四年生の、まだおぼつかない筆で書いて送った妹の手紙に、「兄さん、お正月にはきっとかえっていらっしゃいね」としてあった。僕は妹の心を思いやって、それから先を、どうしても読むことができなかった。

僕の渋谷の家は、去年の暮に、世田ヶ谷の方に引越した。父が近所の評判を気にして、住みづらかったからである。父の話によると、渋谷の家は、一七年住んでいたことになる。思い出多い家だった。でも、今は仕方がない。可哀そうなのは学校が変わったため、親しいお友達と別れなければならない末の妹である。子供だからすぐお友達はできるだろうが、当分は淋しかったことだろう。また、僕の家にいるクロという猫——この猫は、僕が鵠沼《くげぬま》の江口君の家にいる頃拾い上げた猫である——が隣家のタマに別れなければならなかったのも可哀そうである。クロもさぞ僕を待っているだろう。

運動場で秋の陽をあびて、菊やコスモスの花を見ている僕の胸に、ふと浮かんだ思いを、手紙に書いて妹に送ってやった。

赤い煉瓦にかこまれた
淋しい庭にも秋は来た。
コスモスの花菊の花
みんなきれいに咲き出した。
お家の屋根で白鳩が
クウクウクウと啼《な》きました。
高いみ空にあたたかな
陽は輝いて夢のよう。
渋谷のお家でミーちゃんが
小春日の縁に猫抱いて
遊んでるさまが眼に浮かぶ。

心地よく澄んだ高い秋の空や、輝く陽や、静かな風や、色づいた木の葉に、僕はしみじみ秋の喜びを知った。有島武郎君が死ぬ前に、一度秋の空を見たいと言った心持ちが、よく解るような気がした。「死なば秋」と、かつて上司小剣も述懐した。僕は運動に外に出ると、いつも淋しい沈んだ気持になって部屋に帰った。

「この頃の朝寒に夜寒に、どう暮らしているか、何かにつけて君のことが偲《しの》ばれます。青い空や輝く日を見ると、外に出たい君の心は、十分にお察しします。美しい空や太陽を見ると、僕も鵠沼《くげぬま》のことを思い出します。犬を連れて、君と二人で海岸を散歩した時のことが、まざまざと思い出されます。太郎を連れて、藤沢の犬医者に行ったり、七里ヶ浜を磯づたいに、大仏を見に行ったり、海岸の川を、はだしで渡ったりした時のことが、まだ昨日のことのように思われます。そして、中浜君は大阪の牢屋に、君は東京の牢屋に僕はこうして郊外にいるかと思うと感慨無量です。」

笹塚にいる江口渙君が、この手紙を寄せてくれたのは、秋の央《なかば》、一〇月の末のことだった。この手紙を読んだ時、僕は、江口君の親切や、中浜その他の友達恋しさや、また過ぎし鵠沼《くげぬま》で愉快だった生活などを思い起こした。いつもならば、このくらいのことで大して心を動かすことはなかったろうが、すっかり意気地がなくなっていたので、僕はその手紙を読みながら泣いてしまった。意地も張りも、僕のうちにはすっかり失くなってしまったのである。水にひたした紙のように、僕の心は弱く、そしてすべての事に鋭くなっていた。だから、ともすると泣きたくなるのであった。

　牢獄の春は静かであった。死のごとく厳《おごそ》かに静かであった。厳かに、そして静かに囚人の春は来たのであった。歌うものもない。笑うものもない。まれに笑うものも、それは淋しさであった。自暴であった。もしくは狂であった。ここにいるものは、みな、この三つのものを心に持っている。あるものは聖者になる。あるものは悪人になる。そして、あるものは狂者になるのだ。

○

　外では、小さく紙鳶《たこ》があがる。かすかに羽子板がひびく、梅の花は白く香る。正月だ。餅を食わなくてはならないと思う。

　子供の時、僕は餅が嫌いだった。大福を買ってもらうと、中の餡《あん》だけを食べて、餅の上皮は食べなかった。お正月には僕ひとり御飯ですました。「お前は変わった子だことね」とよく母に笑われたものである。それがすこし大きくなると、不思議に餅が大好きになった。お正月は、ただ餅を食べるだけが楽しみだった。

　餅がなくては正月らしくない。歳暮《せいぼ》らしくもない。餅を食べるから正月らしい。餅をつき、餅を切るから歳暮《せいぼ》らしい。ここにいては歳暮《せいぼ》の気分は味わえない。せめて餅をウンと食べて、ウンと正月気分になってやろう。コウ考えて僕は、餅をたくさん注文した。持てあますほど注文した。そして厭になるほど食べた。大方まだ腹に残っていることだろう。餅腹のまま、地獄とやらに行ってみたい。

僕は今年二六になった。人生の央《なかば》を過ぐることまさに一年。僕は二五の年を永久に失ったのが惜しい。「三〇までは生きたくない」と、中浜はかつて嘆じた。「五々の春、その春に死んでみたい」と、僕は彼を顧みて微笑んだ。二五歳で死ねば僕は永遠に二五歳である。人生五々の春。何という美しさ、何という淋しさ、何という心よさだ！　けれども僕は、それを永久に失ってしまったのだ。思えば実に残念である。中浜もさぞ口惜《くや》しかろう。なぜならば、彼は三〇までも生きなければならなくなったから。

○

貞子さんのことは時々夢にもはいる。淋しきままに、思い浮かべるは彼女の幻影である。彼女を夢見た朝の淋しさよ。僕は、ひしと自分の胸を抱いて、彼女恋しさに思い耽《ふけ》った。僕とは六歳《むっつ》違いであるから、貞子さんは今年二〇になったのだ。妙齢だからどんなに愛らしくなったことだろう。しなやかな身体。粧《つく》らないでも白い顔、愛くるしい眼、赤い口唇。けれども僕には、今、幻があるだけなんだ。

彼女のことを思うたび、僕はいつでも、なぜ彼女のために一切を犠牲にしなかったかと悔いる。彼女と一緒にいたなら、貧乏生活は何かあろう。苦しい戦いは何かあろう。彼女と僕との、清純にして寂寞《せきばく》たる小さな生活を、僕は涙ぐみつつ憧憬せずにはいられない。それはよい。時折僕は、正直に告白すると、彼女のためならば僕の良心を売ってもいいとさえ思う。良心をすてて僕の唾棄してやまない生活にまではいってもいいとさえ思う。ああ、恥ずかしく、また、恐ろしき誘惑よ！

けれども僕は、もし、僕が今の生活外に生きたならば、果たして彼女を恋したかどうかを疑う。たとえ恋しても、今のように清く熱烈でありえたかどうかを疑う。この心に生きて、始めてこの恋を得た、この世界に生きて、始めてこの恋人を得た、僕は疑いもなくかく信ずる。たしかにそうだ。僕の心が強く清いときに、彼女は火のように僕の内に燃えた。彼女が僕の内に燃えるときに、僕の心は、磨いた鋼のごとくに強く、かつ清かった。実に彼女は、僕の愛らしき護身の神だった。霊魂だった。

僕はさきに、僕が彼女と共に生きるならば、どんな卑しい生活――真理に背いた生活、良心を裏切った生活――をしてもいいと言った。赤裸々な告白である。けれども僕は思う、もし僕が世俗的に生きたなら、恐らく彼女を恋しはしなかったであろう。僕は彼女を恋せずに、他の、より美しき、より賢き異性を求めたことであろう。彼女は美人というには縁遠い、決して醜い人ではないが、とりたてて美しい容貌ではない。彼女は身体が弱い、やせた人だ。肺が丈夫には見えない、腺病質かとも思われる。その上、彼女の家では、女の子はみな、左利《ひだりきき》なのである。彼女もそうだ、彼女の妹もそうだ。僕は彼女の左利《ひだりきき》なのを醜いとも厭わしいとも思わない、かえって可憐さを増すだけだった。左利《ひだりきき》だから、彼女はお掃除をするにも左でやる、羽根をつくにも左でつく。僕は、これを知ってから、左利《ひだりきき》ということが妙に注意をひいた。生理上どんな害があるのか、遺伝するものなのか、そんなことまで気になった。母親のものは、男の子が引き継ぐ、僕の近眼がそうである。僕の母は近眼だった。僕の兄も近眼である、僕も近眼であるが、姉も妹も何ともない。だから僕と彼女とに子供ができたら、男の子に左《ひだり》利《きき》が遺伝するかも知れないなどと、余計なことまで考えた。真面目に考えたものだった。

それはいいが、彼女は、こうした欠点のある娘である。だから僕に世俗的な欲望があったら、彼女などは見向きもしなかったであろう。愛するなぞという気は起こらなかったろう。それがなぜ、今僕に忘れえない人となっているのかと言えば、彼女と僕の亡き母との関係である。彼女を恋したのは、ちょうど僕の母の死ぬ時だった。母の死を僕は、いつも忘れることができない。母の死と彼女の恋とは、悲しく結びついている、僕の心の内に。だから彼女を忘れることができないのである。それのみか、僕の母の知らない人を、また母を知らない人を、恋人として愛する気が出なかったのである。彼女は、実に僕の理想的な人だった。

彼女は今、人妻である。二〇歳の彼女は、もはや娘ではない。けれども僕の記憶では、彼女は永久に清い処女である。可憐な娘である。僕は不断に彼女を愛し、彼女の幸福を祈っている。妹の話によると、彼女は、「赤ちゃんを生む」のだそうである。あの弱い身体で、産は無理だろうと思うと、余計な心配もしなければならぬ。貞子さんが赤ちゃんを生むなんて、まるで夢のような気がする。

実に彼女こそは、僕の愛らしき尊き霊魂である。朽ちざる永遠の憧憬である。死の刹那までも忘れえぬ清純な夢である。僕は、彼女の幻影に微笑みながら眠るであろう。

何が私をこうさせたか

金子ふみ子

結婚と離婚を繰り返す母の下で不遇な少女期を過ごした金子《かねこ》ふみ子《こ》（一九〇三―一九二六）は、一七歳で上京し、仕事を転々とする中で、社会主義への関心を深めた。一九歳になると朝鮮人の社会主義者・朴烈と出会い、すぐに同棲。その後は、朴烈とともに雑誌を編集・発行するなど、アナーキズム活動に力を注いだ。しかし、関東大震災の直後となる二三年九月三日、公安を害する可能性があるとのことでふたりは警察に「検束」される。二六年には、具体的には何もしていないにもかかわらず大逆罪としてでっち上げられ、ふたりに死刑判決が下された。その後、恩赦で無期懲役に減刑されたが、金子は同年七月二二日に、看守の目を盗み獄中で縊死したとされる。『何が私をこうさせたか』は、金子が獄中で書いた手記であり、一九三一年に春秋社から出版された。本書では、同書を底本にした上、最終章を掲載し、編集部の判断で適宜、ルビを付した。数奇で不遇な人生を送った金子が、獄死する四年前に、最愛の男性と出会った時の様子が克明に記されている。金子ふみ子、享年二三。

仕事へ！　私自身の仕事へ！

大叔父の家を出た私は、日比谷に在った或る小料理屋にころがり込んだ。

それは「社会主義おでん」の名で通って居る店で、主人は社会主義の同情者でもあり、自分も一ぱし社会主義者顔をして居たので、かえってそれが呼びものとなって、新聞記者だの社会主義者だの会社員だの文士だのと云った社会の一部のインテリ連を多く集めて居た。

私はここで、昼間客を接待し、夜は学校に通った。店からは学校の月謝と電車賃とを出して貰う約束で……。

今までは昼間の学校に通ったのであったが、夜の学校に転じてから、私は一人の女の友人を見出した。新山初代さんがそれであった。

初代さんは恐らく私の一生を通じて私が見出し得たただ一人の女性であったろう。私は初代さんによって多くのものを教えられた。ただ教えられたばかりではない。初代さんによって私は真の友情の温みと力とを得た。今度、検挙されてから、警視庁のお役人が初代さんに「女の友だちで誰が一番好きか」と訊かれたとき、初代さんは一も二もなく私を名指したそうであるが、私もまた、初代さんが一番好きだと云いたい。初代さんはしかし、もうこの世の人ではない。私は今ここまで書いて来て、初代さんに私の手を差し伸べたい衝動に強く動かされる。けれど、今はもう私ののべる手を受けてくれる手がない。

初代さんは私より二つばかり年上であったが、その頃はやっと二一になったばかりだった。非常に頭のいい人であったが、同時にまた、よい意味に於ける男性的な性格の持主でもあった。意志が強固で、周囲に支配されるようなことがなく、何処までも自分を立て通すだけの力をもって居た。

初代さんの家庭は裕福だとまでは行かなくても私のようなルンペン的な家庭ではなかった。と云っても、初代さんは決して恵まれた生活をその家庭から受けはしなかった。お父さんは酒のみで子供の事などに構ってくれる人ではなかった上に、初代さんが女学校の二年生のときに死んでしまった。それから間もなく初代さんは肺を病んで、半年以上も郷里である新潟の田舎に帰って静養しなければならなかった。初代さんが生死の問題に悩んで仏教を研究し始めたのはその頃であったらしい。病気はしかし大した事はなかった。そこで再び東京に出て、何でも府立の第二か三を、優等で卒業した。

初代さんの素質のよさを知って居る人々は、初代さんにもっと上の学校へ進むようにとすすめた。初代さんはけれど、父に死なれ、小さい妹をかかえて居る母の細腕にたよって上の学校でもあるまいと、自分で自分を支える生活を求めた。そして或るタイプライターの学校に通ってタイピストとなり、その頃、英人の経営して居た或る会社の事務員となって居た傍《かたわら》、夜は正則《せいそく》に通って英語の勉強をして居るのであった。

どうして初代さんと友達になったのか、はっきりと私は覚えていない。ただ、夜学校で私達女の生徒が――四、五人はあったろう――教室の前の方に一緒に座らせられた関係上、初めはただ、ものも云わずに会釈しあうだけであったが、いつか死と云う問題について初代さんと男生との間で議論を闘わして居るのを傍《かたわら》で聞いて居た私が、つい口を挿《はさ》んだのが始めであったように思う。

それと云うのも、私が、初代さんのする事なす事に何等かの魅力を感じて居て、いつか近づきになりたいと云う考えを、夜学で初代さんを見ると直ぐ抱き始めて居たからであったのは云うまでもない。

この問題について初代さんが云うのであった。

「私は肺病です。だから死については、かなり深く考えたつもりです。で、私は思うんです。人が死を怖れるのは死そのものを怖れるのではなく、死に移る瞬間の苦痛を怖れるのではなかろうかと。何故って、人は睡眠を怖れないじゃありませんか。睡眠は意識を喪失する点に於て、これもやはり一時の死であると云ってもいいのに……」

それをきいて居ながら私は、かつて朝鮮で死を決したときの感じを今一度はっきりと認識した。私は私の体験から、初代さんのこの議論が間違って居ると思って口を出した。

「私はそうは思いませんね。私は私の体験からこう断言する事が出来るんです。人が死を怖れるのは、自分が永遠にこの地上から去ると云う事が悲しいんです。言葉をかえて云えば、人は地上のあらゆる現象を平素はなんとも意識して居ないかも知れないが、実は自分そのものの内容なので、その内容を失ってしまうことが悲しいんです。睡眠は決してその内容を失っては居ません。睡眠はただ忘れて居るだけのことです」

無論この議論は両方とも決して正しいとは云えないだろう。が、とにかくこれを機縁として私達は話し合うようになった。

「あなたには死の体験があるのですか」と、初代さんは訊いた。

「ええ、あります」と私は答えた。

そうして、そんな事から私達は、学校がひけて帰るときにもその話をつづけた。そして私達はじきに大の仲よしとなった。

今から考えて見て、私は別に、直接には初代さんの思想を学んだとは思わない。けれど、初代さんの持って居る本を通して、私は多くのものを得た。長い間私は本を読みたかったが本が買えなかった。ところがこうして初代さんの友だちとなってからは、初代さんのもって居る多くの本を借りて読んだ。「労働者セイリョフ」を感激をもって私に読ませたのも初代さんであった。「死の前夜」を貸してくれたのも初代さんであった。ベルグソンだとかスペンサーだとかヘーゲルだとかの思想の一般を、もしくは少くともその名を、知らせてくれたのも初代さんであった。中でも一番多く私の思想を導いたものは、初代さんの持つニヒリスティックな思想家の思想であった。スティルネル、アルツィバーセフ、ニーチェ、そうした人々を知ったのもこの時であった。

どんよりと曇った、今にも何か降り出しそうな空模様のした夕方だった。私は四時に店を出たが、学校の始業までにはまだ二時間もあるので、学校の近くの玄の友人の下宿を訪ねた。

「いらっしゃい」と鄭は私を見るなり直ぐに「いいもの上げようと思って待って居ましたよ」と机の抽斗《ひきだし》から一通の手紙を出して私に渡した。

それは玄からの便りで、途中から私にあてたものだった。母危篤と云う電報で、取るものも取りあえず出立《しゅったつ》した、そんなわけでおわかれもせずに来たが赦《ゆる》してくれと云う手紙であった。が、それは全く虚構の事実で、帰省はとうの昔からきまって居たのだった。

「ふん」と云って私はその手紙をそこに投げ出したが、もう別に腹も立たなかった。鄭もやはりそれについては何も云わなかった。

寧《むし》ろ、私が手紙を読み終るのを待って居たとでも云うように、鄭は今度は、三、四枚の印刷物を私に見せた。それは鄭が出そうとして居た菊倍八頁の月刊雑誌の校正刷で、かねてその計画を私にも話してあるものだった。

「そう? もう出来たの?」と私も鄭と共に喜びを頒《わか》ちつつ、それを手にとって見た。が、内容については私はもう知りぬいて居た。鄭が常に書きためて居たものを印刷にしただけのもので、私はそれを、原稿のうちに見て知って居たのだ。

ただ一つ私の眼にとまったものは、終りの方の片隅に載せられて居る短かい詩であった。私はその詩を読んだ。何と力強い詩であろう。一くさり一くさりに、私の心は強く引きつけられた。そしてそれを読み終ったとき、私はまるで恍惚として居る程だった。私の胸の血は躍って居る。或る力強い感動が私の全生命を高くあげて居た。

私はその作者の名前を見た。私の知らない人の名前であった。朴烈と云うのがそれであった。誰かの変名か知らと私は思った。けれど直きに私はそれを否定した。何故なら、この詩に値いする男を私はまだ鮮人《せんじん》の間に見出して居なかったから。

「これ誰? 朴烈てのは?」と私は鄭にきいた。

「その人ですか。その人は僕の友達ですがね、しかしまだあまり知られてない、プーアな男ですよ」

と、鄭は軽くその作者を扱った。

「そうですか? しかしこの人には何とも云えぬ力強さがありますよ。私はこんな詩を見たことがない」と、私は寧《むし》ろ、この作者を認めない鄭を蔑むような気持ちで云った。

鄭はそれを余り喜ばない風だった。

「この詩の何処がいいですか」

「どこがってこたあない。全体がいい。いいと云うんじゃない、ただ力強いんです。私は今、長い間自分の探して居たものをこの詩の中に見出したような気がします」

「馬鹿に感心したんですね。一度会いますかね」

「ええ、会わして下さいな。是非」

いつの間に降り出したのか、外には粉雪がさらさらと静かな音をたてて居た。下の廊下で時計が六時を打った。同宿の学生が何か声高に話しながら、前の階段を降りて行った。

「おや、あなた学校は?」と鄭は私に注意した。

「学校? 学校なんかどうだっていいの」と私は、事もなげに答えた。

鄭は怪訝そうに私の顔を瞶《みつ》めた。

「どうしてです。あなたは苦学生じゃないんですか」

「そう、もとは熱心な苦学生で、三度の食事を一度にしても学校は休まなかったのですが、今はそうじゃありません」

「それはどうしてです」

「別に理由はありません。ただ、今の社会で偉くなろうとする事に興味を失ったのです」

「へえッ! じゃあなたは学校なんかやめてどうするつもりです?」

「そうね、その事について今しきりと考えて居るのです……。私は何かしたいんです。ただ、それがどんなことか自分にも解らないんです。がとにかくそれは、苦学なんかする事じゃないんです。私には何かしなければならん事がある。せずには居られない事がある。そして私は今、それを探して居るんです……」

実際私はこの頃、それを考えて居るのだった。一切の望みに燃えた私は、苦学をして偉い人間になるのを唯一の目標として居た。が、私は今、はっきりとわかった。今の世では、苦学なんかして偉い人間になれるはずはないと云うことを。いや、そればかりではない。謂《い》うところの偉い人間なんてほどくだらないものはないと云う事を。人々から偉いと云われる事に何の値打ちがあろう。私は人のために生きて居るのではない。私は私自身の真の満足と自由とを得なければならないのではないか。私は私自身でなければならぬ。

私はあまりに多く他人の奴隷となりすぎて来た。余りにも多く男のおもちゃにされて来た。私は私自身を生きて居なかった。

私は私自身の仕事をしなければならぬ。そうだ、私自身の仕事をだ。しかし、その私自身の仕事とは何であるか。私はそれを知りたい。知ってそれを実行してみたい。

恐らくこれは、初代さんを知ってから、初代さんが私に読ませてくれた本の感化に依るのかも知れない。また、初代さんそれ自身の性格や日常の生活に刺戟されて、そんな考えを起したのかも知れない。しかし、とにかく私は、近頃こんな事ばかり考えて居たのである。

「そうです、たしかに僕達の前には、僕達がほんとうにしなきゃならん事があります」と鄭も真面目になって私に賛成した。

私達はそこで、今までにかつてなかった真面目さで、いろいろな事を語り合った。が、ふと私は思い出した。今夜、美土代町の青年会館に「社会思想講演会」の開かれる事を。

私は鄭に別れを告げた。そして学校に行って、初代さんを誘って講演会に出かけた。街路はもう雪で真白《まっしろ》かった。

この頃から私には、社会と云うものが次第にわかりかけて来た。今までは薄いヴェールに包まれて居た世の相《すがた》がだんだんはっきりと見えるようになった。私のような貧乏人がどうしても勉強も出来なければ偉くもなれない理由もわかって来た。富めるものが益々富み、権力あるものが何でも出来ると云う理由もわかって来た。そしてそれ故にまた、社会主義の説くところにも正当な理由のあるのを知った。

けれど、実のところ私は決して社会主義思想をそのまま受納《うけい》れる事が出来なかった。社会主義は虐げられたる民衆のために社会の変革を求めると云うが、彼等のなすところは真に民衆の福祉となり得るかどうかと云うことが疑問である。

「民衆のために」と云って社会主義は動乱を起すであろう。民衆は自分達のために起ってくれた人々と共に起って生死を共にするだろう。そして社会に一つの変革が来《きた》ったとき、ああその時民衆は果して何を得るであろうか。

指導者は権力を握るであろう。その権力によって新しい世界の秩序を建てるであろう。そして民衆は再びその権力の奴隷とならなければならないのだ。然《しか》らば、××とは何だ。それはただ一つの権力に代えるに他の権力をもってする事にすぎないではないか。

初代さんは、そうした人達の運動を蔑《さげす》んだ。少くとも冷かな眼でそれを眺めた。

「私は人間の社会に対してこれと云った理想を持つことが出来ない。だから、私としてはまず、気の合った仲間ばかり集って、気の合った生活をする、それが一ばん可能性のある、そして一ばん意義のある生き方だと思う」と、初代さんは云った。

それを私達の仲間の一人は、逃避だと云った。けれど、私はそうは考えなかった。私も初代さんと同じように、既にこうなった社会を、万人の幸福となる社会に変革することは不可能だと考えた。私も同じように、別にこれと云う理想を持つことが出来なかった。けれど私には一つ、初代さんと違った考えがあった。それは、たとい私達が社会に理想を持てないとしても、私達自身には私達自身の真の仕事と云うものがあり得ると考えたことだ。それが成就しようとしまいと私達の関したことではない。私達はただこれが真の仕事だと思うことをすればよい。それが、そう云う仕事をする事が、私達自身の真の生活である。

私はそれをしたい。それをする事によって、私達の生活が今直ちに私達と一緒にある。遠い彼方に理想の目標をおくようなものではない。

或る寒い寒い夜のことであった。例の通り私はカンバセーションをエスケープして鄭の宿へ遊びに行った。

いつもの通り私は、案内も乞わずに鄭の部屋の障子をあけて、「今晩は」と声をかけた。鄭と今一人の見知らぬ男が火鉢を囲んで何か小声で話して居た。

見知らぬ男はあまり背の高くない、痩せぎすな、真っ黒な房々とした髪をパラリと肩辺《かたあたり》までのばした二十三、四の男であった。青い小倉の職工服に茶色のオーヴァを羽織って居たが、オーヴァのボタンは千切れかかって危うく落ちそうにぶらぶらして居るし、袖口はボロボロに破れて居り肱のあたりがベラベラに摺《す》りきれて穴があいて居た。

「いらっしゃい」と鄭は私を迎えた。

見知らぬ男はちょっと私を見たきり、口をつぐんで、火鉢の火に視線を向けた。

「随分寒いわねえ」と、私は、つかつかと部屋にはいって、火鉢の脇に座った。

「二、三日見えなかったですねえ、どうかしましたか」と鄭は訊いた。

「いいえ別に」と私は答えたが、ふと私はこの身窄《みすぼ》らしい服装の客を思い出して、客に言葉をかけた。

「あなたは先達て、中華青年会館に開かれたロシア飢饉救済音楽会のとき、たしかあのステージのわきに立っていらっしゃいましたね、ねえ、そうでしょう?」

「そうでしたか？」と客は答えた。

が、それっきり、居たとも居なかったとも云わなかった。そして静かに立ち上った。

「まあ好いじゃありませんか」と私は慌てて止めた「お話しなさいな。私別に用がないんですから……」

しかし客はやはり何とも答えないで、どっしりと畳の上に立ったまま、濃い眉毛の下から黒いセルロイド椽《ふち》の眼鏡越しに、冷やかに私を見下ろした。

何とはなしに私は、ある威圧を感じた。

と、暫《しばら》くしてから「失礼します」とはっきりとした声で云って、部屋を出て行った。

「ああ君、今晩はどこに泊りますか、僕のところへ泊って行っていいですよ。」と鄭は思い出したように急いで立ち上って、廊下に客を追いながら叫んだ。

「ありがとう、今晩は駒込の友人のところへ泊めてもらいます」と、落ちついた寂しい声が答えた。

何となく私はすまないような気がした。私の精神はひきしめられて居た。

「鄭さん、あの人、何て云うの？」

「ああ、あの人？　あれは何時かあなたが大変感心した詩の作者朴烈君ですよ」

「あらッ！　あの人が朴烈？」と私は思わず顔をあかめて叫んだ。

「そうです、あの男です」と鄭は落ち着いた調子で答えた。

私はそれから、朴烈について色々のことを鄭に訊ねた。鄭の云うところによると、彼は今まで人力車夫や立ちん坊や郵便配達や人夫なぞをして居たが、今は別にこれと云う職がなく、ただ一晩々々と親しい友人の処《ところ》を泊り歩いて過ごして居るらしかった。

「それじゃあの人、まるで宿なし犬見たようね、それで居てどうしてあんなにどっしりしているのだろう？　まるで王者のような態度だわ」

「ああして友人のところを廻って食いつなげる間はねえ」と鄭は多少軽蔑的に云ったが、私がそれに不服そうなのを見て「でも偉いですよ、あの男は。あの男ほど真剣に考え、真剣に行動するものは我々の仲間でもそう沢山はありませんよ」と云った。

――そうに違いない、そうに違いない。と私は心の中で叫んだ。

何ものか私の心の中で蹠《うご》いて居た。何ものか私の心の中に生れて居た。

彼のうちに働いて居るものは何であろう。あんなに彼を力強くするものは何であろう。私はそれを見出したかった。それを我がものとしたかった。

私は鄭と別れた。別れて店に帰った。

途中私はまた思った。

――そうだ、私の探して居るもの、私のしたがって居る仕事、それはたしかに彼の中に在る。彼こそ私の探して居るものだ。彼こそ私の仕事を持って居る。

不思議な歓喜が私の胸の中に躍った。昂奮して私は、その夜は眠れなかった。

翌日、朝早く私は鄭を訪ねた。そして、朴と交際したいから会わしてくれと頼んだ。

「だが、あの男は始終ふらふらして居るから丁度いいように打《ぶ》ッつかることは困難ですよ」と鄭は云った。

「いいんです。私の店に来てくれればいいんです。あなたがそう伝えてくれさえすればそれでいいんです」と私は答えた。

鄭はそれを承諾した。

だが、朴は来なかった。四、五日経って私はまた鄭を訪ねた。

「あなた話してくれましたか」

「ええ、二、三日前の会で会って、話しておきました」

「その時、朴さんは何と云って?」

「そうねえ、朴君はただ――そうですか、と云ったきり何も云いませんでしたよ。あまり乗気でもなかったようです」

私はやや失望した。私のようなものは相手にせぬと云うのであろうか、と不安な気持ちになった。

だが、私はまだ望《のぞみ》を捨てなかった。私はただ、朴の訪ねて来る日を待った。

一〇日経った。けれど朴は来なかった。二〇日経った。朴はまだ訪ねて来なかった。

――ああ、到頭駄目《とうとう》か、と私は自分に云った。

私は寂しかった。自分に何等の価値のないことを朴に裏書きされた様な気がして、一層寂しかった。仕方がない、自分は自分で生きるために、初代さんのようにタイピストにでもなって、職業を持とう、とさえ、私は決心した。

と、鄭に伝言《ことづけ》を頼んで一ケ月位も経ったとき、多分それは三月の五日か六日であった。朴がひょっくり私の店を訪ねて来た。

朴の顔を見ると私の胸はドキドキと躍った。

「おや、とうとう来て下さったのね」と、二組ばかりの酒のみ客を相手にして居た私は、朴を部屋の隅っこの卓子《テーブル》に導きながら小声で云った。

「ちょうど好い。少しゆっくりして居て下さいな、私も出ますから」

こう云って私は、御飯をよそって、煮込み豆腐や大根を持って行って朴に食べさせた。

やがてもう、私の学校へ行く時間である。私は二階に上って仕度《したく》をした。朴には少しさきに店を出てもらう事にして……。

いつものように腕に鞄《かばん》をぶらさげて私は店を出た。朴は路地に立って私を待って居た。それから私達は電車通りまで一緒に出た。

が、電車通りまで出ると、朴はふと立ちどまって云った。

「あなたは神田へ行くんですね。僕は京橋へ用事がありますから、これで失礼します」

そして彼はすたすたと歩き出した。

「ああちょっと」と私は後から追い縋《すが》って行った「明日もまたいらっしゃいな、おいしいものを用意しときますから」

「ありがとう、参ります」

脇目もふらず彼は去った。何となく私はもの足りなかった。

翌日はおひる頃に来た。

朴の卓子《テーブル》の脇に腰をかけて、ほかの人にはきこえぬように私は云った。

「今晩学校の前に来て居て下さらない？　すこしお話したいことがあるの」

「学校ってどこですか」

「神田の正則」

「ええ、行きましょう」と彼はきっぱりと答えた。

やっと私は安心した。そしてその夕方を待った。

約束の通り朴は学校の前の裸の街路樹の下に立って居た。

「ありがとう、大分待って？」

「いいや、ほんの今来たばかりです」

「そうですか、ありがとう、少し歩きましょう」

人通りの少いところを選《よ》って私達は歩いた。けれど私達はお互いに何も話さなかった。往来で話すような軽い単純なものを私は話そうとして居るのではない。もっと静かな落ち着いたところを私は探して居たのだ。

神保町通りに出たとき、大きな支那料理屋を私は見つけた。

「ここへ上りましょう」と私は、つかつかとその階段を上った。朴は黙って私の後について来た。

三階の小さな部屋に私達は落ち着いた。

ボーイが、茶を運んで来た。何か見つくろって二、三品持って来てくれと、私はボーイに云いつけた。

ボーイが去ると、私は、お茶碗の蓋をとって見ながら云った。

「ねえ、このお茶の呑み方、あなた知ってて？　蓋をとって呑めばお茶滓《ちゃがら》が口の中にはいって来そうだし、蓋をしたまま呑むのも変だし、何だか妙ね」

「どうするんですかね、僕はこんな立派なところへはいって来た事がないから知りませんが……」

と朴は云いながら、やっぱり私と同じように蓋をとってみたり、また、蓋をしてみたりして居たが「しかし、呑むものだから要するに呑めばいいでしょう。何か規則でもあると云うのですか」と蓋を少し斜《ななめ》にしてその間から呑んだ。

「ああ、なる程そうすればいいですね、きっとそんな事でしょう」と私も朴の真似をしてのんだ。

お茶の味はあまりいいものではなかった。

ボーイが料理を運んで来る間、私達はただ、雑談を交えながら食事をとった。私はあまり進まなかったが、朴はかなりお腹が空いて居るらしい食べぶりだった。

私は私の用件を話し度かったが、どうも固くなって話しにくかった。でも私はやっとの事でぎごちなく口を切った。

「ところで……私があなたに御交際を願ったわけは、多分鄭さんからおきき下さったと思いますが……」

「ええ、ちょっとききました」

朴は皿から眼を放して私の方を見た。私達の瞳はそこでかち合った。私はどぎまぎした。が、こうなってはもう、私は私の心持ちを思いきって云わねばならぬ。

私はつづけた。

「で、ですね、私は単刀直入に云いますが、あなたはもう配偶者がお有りですか、または、なくても誰か……そう、恋人とでも云ったようなものがお有りでしょうか……もしお有りでしたら、私はあなたに、ただ同志としてでも交際して頂きたいんですが……どうでしょう」

何と云う下手な求婚であったろう。何と云う滑稽な場面だったろう。今から思うと吹き出したくもあるし、顔が赤らんでも来る。けれどその時の私は、極めて真面目に、そして真剣に云ったのだった。

「僕は独りものです」

「そうですか……では私、お伺いしたい事があるんですが、お互いに心の中をそっくりそのまま露骨に話せるようにして下さいな」

「勿論です」

「そこで……私日本人です。しかし、朝鮮人に対して別に偏見なんかもって居ないつもりですがそれでもあなたは私に反感をおもちでしょうか」

朝鮮人が日本人に対して持つ感情を、私は大抵知りつくして居るように思ったから、何よりもさきに私はこれをきく必要があった。私はその朝鮮人の感情を恐れたのだ。しかし朴は答えた。

「いや、僕が反感をもって居るのは日本の権力階級です、一般民衆でありません。殊《こと》にあなたのように何等偏見をもたない人に対しては寧《むし》ろ親しみさえ感じます」

「そうですか、ありがとう」と私はやや楽な気持ちになって微笑した「だが、もう一つ伺いたいですが、あなたは民族運動者でしょうか……私は実は、朝鮮に永らく居たことがあるので、民族運動をやって居る人々の気持ちはどうやら解るような気もしますが、何と云っても私は朝鮮人でありませんから、朝鮮人のように日本に圧迫された事がないので、そうした人たちと一緒に朝鮮の独立運動をする気にもなれないんです。ですから、あなたが若し、独立運動者でしたら、残念ですが、私はあなたと一緒になる事が出来ないんです」

「朝鮮の民族運動者には同情すべき点があります。で、僕もかつては民族運動に加わろうとした事があります。けれど、今はそうではありません」

「では、あなたは民族運動に全然反対なさるんですか」

「いいえ決して、しかし僕には僕の思想があります。仕事があります。僕は民族運動の戦線に立つ事は出来ません」

すべての障碍《しょうがい》が取り除かれた。私はほっとした。けれど、まだほんとうの事を云い出す程には機運が向いてないのを感ぜずには居られなかった。私達はそれからまた、いろいろの雑談をした。すればする程、彼のうちにある或る大きな力が感じられた。

次第に深く引きつけられて行く自分を私は感じた。

「私はあなたのうちに私の求めて居るものを見出して居るんです。あなたと一緒に仕事が出来たらと思います」

私は遂《つい》に最後にこう云った。すると彼は、

「僕はつまらんものです。僕はただ、死にきれずに生きて居るようなものです」と、冷やかに答えた。

八時近くでもあったろう。「また会いましょう」と私達はボーイに会計を頼んだ。三円幾らであった。

「僕が出しましょう。今日は僕お金を持って居ます」と、朴はオーバーの外ポケットから、裸のバットを三四本と一緒に、もみくちゃになった紙幣を二、三枚と銅貨や銀貨を七、八個摑み出してテーブルの上に置いた。

「いいえ、私が払います」と私は遮《さえぎ》った「私の方がお金持ちのようです」

そして二人は連れ立ってそこを出た。

私達はそれから度々会った。私達はもう、ぎごちない心で話し合う必要はなかった。私達は互いに心と心とで結ばって居るような安らかさを感じて居た。そして到頭、私達の最後の諒解《りょうかい》が成立した。三崎町の小さな洋食屋の二階で、私達は話しをきめた。それは夜の七時頃であった。私は、学校に行くには遅し、家に帰るには早かった。そこで二人はまた、ぷらぷらと暗いお濠端に沿うて日比谷の方へ歩いた。

夜はまだ冷たかった。二人は握り合った手を朴のオーバーのポケットの中に突き込んだまま、どこと云うあてもなく、足の向くままに歩いた。

公園には人影がなかった。乾干びた電車の音だけが夜の静寂を破って居た。空には星、地にはアーク灯、それのみが静かに輝いて居た。

朴は常になく陽気に語った。

朴の語るところによると、彼は慶尚北道の田舎に生れた。家柄は常民で、代々百姓をして生計を立てて居た。けれど祖先にはかなり学問もあり、社会的地位もあるものもあったようである。父は朴の四つのとき死んだが、母は非常に慈悲深い女で、小さかった時分、朴は母の足と自分の足とを縛りつけてからでなければ眠れない程、母を慕って居た。七つの時から村の寺子屋に通い九つの時から村に建てられた普通学校に通ったが、頭は素敵によかった。で、朴は学問をしたいと思ったが、丁度その頃から家運が傾いたので、兄は朴を百姓にさせようとした。そして事実朴も百姓をした。が、学問をしたいと云う朴の望みは遂に抑えきれなかった。で、一五の時彼はひそかに大邱にとび出し、高等普通学校の試験をうけたが、試験は見事パスしたので、兄も見かねて苦しい中から彼に学資を送った。その頃から朴は早稲田の講義録をとり、日本の文学者の書いたものなどを読んだ。そして彼の思想はだんだんと左傾した。

独立運動に参加しようとしたのはその頃であった。けれど彼は直ちにその運動の虚構を知った。支配者が変ったところで、民衆には何のかかわりもないと、彼は思った。そして十七の春東京へ来た。

東京へ来てからの彼の生活は苦闘の歴史そのものだった。彼はだんだんと自己に沈潜《ちんせん》して行った。彼はもう、口さきや筆のさきでの運動なんかに興味を失った。彼は彼自身の道を行こうとした。

もっともこれは、この時すべて彼が語ったのではない。彼は余り自己を語らない男である。彼の語ったのは断片的なことばかりだった。その断片的な事を、私が後から人に聞いたところによってつづり上げただけの事である。

私達は事実、過去を語るよりは将来を語った。二人で拓《き》り開いて行くべき道を、淡い希望をもって語り合った。

「ふみ子さん、僕は本当に真剣に運動するために木賃宿《きちんやど》にはいりたいと思うんですが、あなたは何《ど》うです」と、朴は不意にこう云い出した。

「木賃宿《きちんやど》ですか、いいですねえ」と私は答えた。

「しかし汚ないですよ、南京虫が居ますよ、あなた、辛抱が出来ますか」

「出来ますとも、そんな事辛抱出来ないくらいなら、何もしない方がいいでしょう」

「そうです、たしかにそうです……」

こう云って朴はしばし口を緘《つぐ》んだ。が、しばらくしてまた彼は云った。

「ねえ、ふみ子さん。ブルジョア連は結婚をすると新婚旅行と云うのをやるそうですね。で、僕等も一つ、同棲記念に秘密出版でもしようじゃありませんか」

「面白いですね、やりましょう」と私は少しはしゃぎ気分で賛成した「何をやりましょうか。私、クロのパン略を持って居るが、あれを二人で訳しましょうか」

朴はしかし、反対した。

「あれはもう訳が出て居ますよ。それに、人のものなんか出したくないですね、それよりも貧弱でも二人で書いた方がいいですねえ」

私達はそうした計画に熱中して居た。気がついて見ると、いつの間にか私達は公園を出て街の往来に出て居た。そして時ももうかなり進んで居るようであった。

「何時でしょう、九時には私帰らなきゃならんのだけど……」

残り惜しい気持ちで私が云った。

「さあ、じゃ、ここで待って下さい。僕ちょっと見て来ますから」

こう云って朴は、電車交叉点前の交番まで時計を覗きに行った。――と云うのは、私達は二人とも時計と云うものを持ったことがないから……。

朴はやがて戻って来た。

「九時に一七分前です」

「そう？　じゃ帰らなきゃならないわねえ」と私が云うと、朴が云った。

「もう三〇分はいいでしょう。だって、学校が九時に退けて電車が十分かかると九時一〇分でしょう。それなら、まだ二五分や三〇分はいいですよ」

「どうもありがとう、あなたはいい事を教えてくれます」

そこで私達はまた手を繋ぎ合って再びまた公園の中に行った。そして木蔭のベンチに腰を掛けて、冷たく凍った頬《ほ》ッぺたをくっつけたまま凝乎《じっ》として居た。

が、愈々《いよいよ》もう時がなくなったので、名残り惜しげに立ち上った。

公園の出口に近付いた時、私は訊ねた。

「で、今晩はどこへ帰るの？」

「そうですねえ」と朴はちょっと考えて居たが「麹町の友人のとこへでも行って見ましょう」と寂しく答えた。

「そう！　だけど、そうして家がなくても寂しくありません？」

「寂しいです」朴は足下を瞶《みつ》めながら沈んだ声で答えた「こうして達者で居るときは何でもないですが、病気なんかすると心細いですよ。ふだんは親切な人でもそうした時はいやがりますからね」

「そうね、人は冷たいですからねえ、それにあなたは少しきゃしゃ過ぎるようだけど、今までにひどい病気した事がありますか、東京へ来てから……」

「あります。去年の春でした。僕はひどい流感にやられましたが誰も看病してくれるものがないので、三日ばかり呑まず食わずに本所の木賃宿《きちんやど》でうんうん唸って居ました。その時こそ僕はこのまま死んでしまうんじゃないかと思って心細かったですよ」

ある一つの感情が胸にこみ上げて来た。涙ぐんだ眼をしばたたきながら、私は朴の手を犇《ひしひし》と握りしめた。

「まあ、私が知って居たなら……」

暫《しばら》くしてから、朴はきっぱりとした調子で

「ではさようなら、また逢いましょう」と、私の手を振り放して、神田方面行きの電車に飛乗った。

見送りながら、私は心の中で祈るように云って居た。

「待って下さい。もう少しです。私が学校を出たら私達は直ぐに一緒になりましょう。その時は、私はいつもあなたについて居ます。決してあなたを病気なんかで苦しませはしません。死ぬなら一緒に死にましょう。私達は共に生きて共に死にましょう」

手記の後に

私の手記はこれで終る。これから後の事は、朴と私との同棲生活の記録のほかはここに書き記す自由を持たない。しかし、これだけ書けば私の目的は足りる。

何が私をこうさせたか。私自身何もこれについては語らないであろう。私はただ、私の半生の歴史をここにひろげればよかったのだ。心ある読者は、この記録によって充分これを知ってくれるであろう。私はそれを信じる。

間もなく私は、この世から私の存在をかき消されるであろう。しかし一切の現象は現象としては滅しても永遠の実在の中に存続するものと私は思って居る。

私は今平静な冷やかな心でこの粗雑な記録の筆を擱《お》く。私の愛する凡《すべ》てのものの上に祝福あれ！

山口二矢供述調書（抜粋）

一九六〇年一〇月一二日、日比谷公会堂で演説中の日本社会党委員長・浅沼稲次郎が、一七歳の少年によって刺殺された。少年の名は、山口《やまぐち》二矢《おとや》（一九四三―六〇）。幼いころから右翼思想になじみ、一六歳で大日本愛国党に入党。翌年に脱党し、反共組織の立ち上げに参加した後、社会党顧問の河上丈太郎が右翼に襲撃された事件を知り、左翼の有力政治家を殺すことを決心したといわれる。浅沼を刺殺し、現行犯逮捕された山口は、東京少年鑑別所に収監されるも、六〇年一一月二日に施設内で首吊り自殺をした。本書では、『山口二矢供述調書』（展転社、二〇一〇）を底本にした上、「供述調書」の「昭和三五年一一月二日分」を掲載し、編集部の判断で適宜、ルビを付した。山口二矢、享年一七。

供述調書（昭和三五年一一月二日分）

本籍　東京都新宿区市ヶ谷富久町一一八番地
住所　東京都中野区本町通り二丁目二四番地
職業　大東文化大学中国文学科一年
全アジア反共青年連盟員
山口二矢
昭和一八年二月二二日生（一七歳）

右の者に対する殺人被疑事件につき、昭和三五年一一月二日公安部公安第二課に於いて本職は、あらかじめ被疑者に対し自己の意志に反して供述する必要がない旨を告げて取り調べたるところ、被疑者は任意、左の通り供述した。

一　前回は昭和三四年暮れまでのことについて申し上げましたが、引き続いて昭和三五年に入ってからの党運動について申し上げます。

①安保闘争は昭和三四年に引き続いて段々盛り上り、一月には岸首相等保守調印全権団が渡米するに際して、全学連がこれを阻止するため羽田空港に大動員をかけ、労組員など多数が羽田空港沿道で妨害しようとしているので、私は愛国党の党員と共に前夜から福田進さんのところに泊り込み、朝早く防共挺身《ていしん》隊員と一緒に、これを排除に行ったところ、学生や労組が妨害しようとしているため裏道を通って出発しました。

一国の総理が日本を代表して出発するに際し、左翼が集団暴力でこれを阻止しようとすることは、国際信用を傷つけ怪しからんと思いました、私は一、二月頃から愛国党が一生懸命運動しても、左翼は増大するばかりで運動しようにも少数の右翼では検挙されてしまい、マスコミが暴力団と批判してその効果が少なく、「果して愛国党の運動方法で左翼勢力を阻止出来るか」と疑問を抱くようになりました。

②その後労組の春闘などがあって、三月頃から安保闘争が再び盛んになり、四月頃になると社会党、共産党、総評、全学連など「安保阻止国民会議」を中心とする安保闘争を益々盛り上げ、国会請願に名を借りて毎日のように大衆動員をかけ、国会、首相官邸などに押しかけ、建物を破壊し、一方三池炭坑では総資本対総労働の戦といわれるまでのストライキを行なうなど集団暴力の連続でした。

私は赤尾先生の指導で、左翼のデモ集会などに抗議し、実際にぶつかってみると、左翼の指導者は革命の予行演習のため、その動員能力というものを計っているが、赤化の道具として使われていることを知らない多数の労働者、学生などが指導者より一生懸命になっていることが判り、指導者よりも何も知らない一般国民が熱中したときが一番恐いのだと知りました。

一方政府、与党は重大な日本の危機に派閥争いなどして、私利私欲に走り何ら手を打たず、警察はこの集団暴力の取り締りも出来ないだらしのない状態で、またマスコミは左翼の集団暴力を実力行使といって、安保反対は国民の輿論《よろん》のように報じ、一部の集団暴力をもってすれば何でも出来るという世の中になったのだと思いました。

安保賛成勢力である右翼団体の数は少なく、力がなく、手を拱《こまぬ》いており、私の所属する愛国党は左翼の集会、デモなどに殴り込む程度のものでは到底、日毎に勢力を増大する左翼を阻止することは出来なく、却ってマスコミから暴力団と批判されて国民から遊離し、言論による方法を取っても選挙の投票で示されているように、国民の支持は得られないと思いました。

私が党運動を通じて先生や同僚党員などから聞いたり、パンフレット、機関紙などを読んで共産党、社会党、総評など左翼の指導者はいうこと、行なうことが違い、自分の目的のためには他を顧ることなく、善良な労働大衆に「労働者の生活をよくする」などと言って騙して革命に駆り立てておいて、実際権力を取ればソ連中共の支配下にあるハンガリー、チベットなどに見られるような一握りの共産党が圧政をなし、一般労働者は現在より悪い生活をすることは明らかで、こういう左翼指導者は労働者のためにもならないから倒さねばならないと思うようになっていました。

左翼勢力を阻止する方法について、三、四月頃からいろいろ考えていましたが、愛国党のような徹底しない運動の方法ではあまり効果がなく、また言論による運動も一つの方法ではあるが、もっと徹底した方法でやらなければならないと思いました。

それではクーデターによって政権を取って左翼勢力を排除する方法が一番よいと考えましたが、金も組織もないものには実現不可能でありますので、結局自分一人で出来る方法は国民を煽動して日本赤化に狂奔《きょうほん》し、罪悪を流している左翼の指導者を倒す以外には他に方法がないと思いました。

③そこで左翼の指導者を倒すとすれば日教組は小学校六年、中学校三年、計九年の義務教育を担当し、将来は日本を背負って立つ子供を健全に教育しなければならない立場にある先生の団体で、子供は先生の教えを無上のものとして、絶対的に信頼しているのを利用して、世界の教育に欠くべからざるものであると認められ、また、日本古来からの伝統である人の道を教えないで、自ら教壇から離れて、労働者である教師は知識を分轄《ぶんかつ》して賃金と替えているだけだと公言し、勤評闘争などで違法な集会、デモストを敢行し、教育は子供を日本赤化の道具にするように教育し、最早や日教組は教師の組合でなく、共産党の労働者として赤化革命に狂奔《きょうほん》している団体で、この指導者小林委員長は先頭に立って最も尖鋭的に指導して罪悪を流している。

共産党はいうまでもなく、ソ連、中共のカイライ団体として日本を奴隷化せんと狂奔《きょうほん》しているもので、党は現在低姿勢でいるけれども、それはあくまで戦術的なものでソ連、中共から命令されれば、如何なる手段をもってでも日本を赤化する団体であります。大体日本の国を他国に売り渡す団体を合法政党として認める事態が間違いで、即時非合法化してしまわなければならないもので、党の最高指導者野坂参三は日本がハンガリー、チベット化する場合、指導者的立場に立つ人間ですから倒さなければならない。

社会党に対する日本人の考え方は、共産党には警戒しているが社会党には日本の革命的政党として安心感を抱き、協調しているものが多いが、実質は日本をソ連、中共に売り渡す段階として日本の中立化、再軍備反対などを主張して警職法、勤評、安保闘争などで見られるように何も知らない労働者、学生などを煽動し国会へ乱入するなどの集団暴力を揮《ふる》い、マスコミを利用して輿論《よろん》と称し着実な日本赤化を計っており、共産党と何ら変わるところがなく、第二のケレンスキー内閣を目指す団体で、それ以上に悪質なものである。

その指導者である浅沼稲次郎委員長は戦前左翼であったが弾圧されると右翼的な組織を作り、戦後左翼的風潮になると恥かしくもなくまた左翼に走り便乗した日和見主義者で、昨年春以前は右派であったが、中共を訪問して「米国は日中共同の敵である」など暴言をなし、その共産党的な実体を暴露し、その頃から益々左傾し一昨年暮には警職法闘争で自ら大衆を煽動し国会乱入を計り、党委員長に就任後は左翼の実質的最高指導者として安保闘争など一連の闘争を指導するなど、その責任からしても生かしておく訳にはいかない男で、浅沼をそのままにしておけば個人的人気もあるところから益々勢力を伸し、彼が身を挺して日本を暴力革命に持って行こうとすることは疑いない。

自民党河野一郎は日ソ漁業交渉でハボマイ・シコタンなどの領土をソ連に売り渡し、警職法、安保闘争では保守党に席を置きながら分派的な動きをして、自らは実力者と称して左翼を助長するようなことをして、実質的にはソ連、中共と内通し、利権の追求のみを計り罪悪を流している。

自民党石橋湛山は、河野と同じように自民党に籍を置きながら、中ソに迎合し分派的行動を行ない再度の老花を咲かせようとしており、仮りにも日本の前首相であった地位も顧みず、中共を訪問して再び権力の座につかんとしている。

社会党松本治一郎は社会党の極左分子で影の指導権を握り、党の左転回を目指して狂奔している。

以上六名日本をソ連、中共に売り渡そうと赤化に狂奔《きょうほん》し、その罪悪は許せないのでこれらの指導者を倒さなければならないと思いました。

その他原水協の安井郁、作家では石川達三、自民党松村謙三などは時代に便乗して自らの利益を追求し、左翼勢力に加担しているので、これらも倒さなければならないと思いました。

三笠宮殿下は皇室の一員であられ、陛下の弟君としての御責任があられるにも拘らず、御自ら皇室否定的な紀元節反対を主張して左翼に利用されておられるので、何らかの手段で御反省を求めたいと思いました。

④ただ今申し上げました小林委員長以下六名の左翼指導者を倒せば、左翼勢力はすぐ阻止出来るな

どとは考えてはいませんでしたが、これら指導者が現在までやって来た罪悪は許すことが出来なく、一人を倒すことによって今後左翼指導者の行動が制限され、煽動者の甘言《かんげん》によって付和雷同している一般の国民が、一人でも多く覚醒してくれればそれでよいと思いました。また私利私欲にばかり走っている政府自民党に対し反省を求めることも出来るのではないかと考えました。

⑤左翼の指導者を倒すには一人でやるよりも信頼出来る同志と共に決行したいと考えていましたが、自分の決意を打ち明けられるような人はなく、愛国党については自由な行動は許されず、また赤尾先生も口では「左翼の指導者を倒さなければならない」などといってはいますが、実際は軽い事件を起してマスコミを利用した運動方法であり、私が実行したいといえば阻止することは明らかであり、私が起ってやれば党に迷惑がかかり、警察の視察も常に受けており、武器の入手も出来ないので、脱党してアルバイトでもして武器を手に入れ決行しようと思いました。

武器についてはけん銃が一番よいのですが、手に入れる伝手《つて》がありませんので浅草や、銀座地下鉄の古物屋で売っている短刀でも手に入れてやろうと思いました。

⑥五月に入って安保闘争は益々激化して集団暴力が頻発し、愛国党ではこれらデモ集会に抗議しましたが、私は左翼デモを見るとキュッと胃が痛くなる位敵愾心《てきがいしん》が起り、殴りたくなり四月下旬頃から五月初め頃、党員と一緒にチャペルセンター前に押しかけて全学連に抗議してデモ隊員を殴り麹町署に捕り、その頃、共済会館で開催された安保批判の会に抗議して愛国党員らと暴れ、暴行罪で赤坂署

に、五月下旬頃国会議員面会所前で社会党員と殴り合い、社会党宣伝カーを破壊して、器物損壊罪で麹町署に検挙されましたが、彼らの集団暴力を見て益々自分の考えている左翼の指導者を倒さなければ祖国を救えないと思いました。

⑦私は四月頃から脱党して武器を手に入れ、左翼の指導者を倒そうと考えていましたが、一人で脱党すれば警察から不審に思われマークされるからどうしようと思っていました。

すると五月下旬頃、私といつも行動を共にしていた青年隊長の吉村法俊、機関紙編集部長の中堂利夫さんが党運営、人事問題、運動方法などについて不満を持ち、脱党して新団体を結成したいと洩《もら》していたので、私も行動を共にすることを話していましたところ、五月二九日、赤尾先生と感情的に争い、三人一緒に脱党しました。

私が吉村、中堂さんと一緒に脱党したのは人柄を信頼していたし、脱党するにはよい機会だと思って出たもので、運動の方法は吉村さんらは愛国党のような行き方でなく、徹底した言論戦で行かなければならないというような考え方の人たちですから、運動の方法が同じで脱党したものではありません。

二　愛国党を脱党してから全アジア反共連盟を結成したことについて申し上げます。

①五月二九日、吉村、中堂さんと愛国党を脱党して飛び出しましたが、行くところがなく吉村さん

が出入りしていた都下田無町、杉本広義（五〇歳位）の家に行こうというので一緒に行きました。

私たちは杉本さんに「脱党したから泊めてくれ」というと、「愛国党とは運動方法は違っていても思想的にはほとんど同じだし、私も赤尾先生と親戚になっているので、仲に入って話をするから党に戻ってはどうか」といって愛国党へ出かけて行きましたが、赤尾先生も「来なくてもいい」といっており、私たちも帰る気持ちがないので杉本さんは「お互いに意見が合わないのだから仕方がない」といって泊めてくれました。

②脱党後、杉本さん宅に六月二日頃まで泊めて貰い、吉村、中堂さんが在党時代民事事件で知った清澄会、宮川清澄さんから中央区銀座五四、鳩居堂二階事務所を借りてそこへ通って電話を受けたり、雑用を致しておりました。吉村、中堂さんらは私よりも先に杉本さん宅を出てどこかで泊るようになりました。六月二日、杉本さんが山梨県北巨摩郡小淵沢町豊畑、杉本牧場へ行ってみないかというので一緒に杉本さんの運転するトラックで出発し、杉本牧場につき手伝いをして、六月四日、国鉄スト（安保闘争）の日に帰って来ました。

③六月四日からは中野の自宅に五日位泊り鳩居堂の事務所に通い、九日頃かと思いますが吉村さんらが、防共挺身《ていしん》隊の福田進さんの家に行って泊ろうというので、荷物を持って福田さんの別棟二階に泊り、吉村、中堂さんらと一緒に鳩居堂事務所に通うようになりました。

吉村、中堂さんは新団体結成のための資金調達とか、新聞発刊などに飛んで歩き、私は決った仕事がなく、事務所の留守番や雑用をしておりました。
④その後安保闘争は改定案の自然承認の日が間近に迫り、社会党、共産党、総評、全学連などが毎日、国会、首相官邸、岸私邸などに大動員をかけ、益々集団暴力が大きくなり私がいる鳩居堂事務所前の銀座通りなどにデモ行進が通り、これを見て益々左翼の煽動者を憎む気持ちになりました。
六月一〇日頃には、日米修交百年祭に出席する米大統領の秘書ハガチー氏の来日に対しての、全学連反主流派、共産党、社会党、総評などが結集して羽田空港に動員をかけ、ハガチー氏個人に対し集団暴力を加え、ヘリコプターで脱出するという不祥事件が起きました。私はこの事件をテレビや新聞で見て、国賓にこのような一部の反対者によって礼儀もわきまえないで集団暴力を揮《ふる》い、日本の恥を外国に晒け出し、国際的信用を落とし、全く怪《け》しからんと思いました。

マスコミはこの暴力を安保問題と関連した国民の怒りであると報じ、左翼の暴力を取り締ることの出来ない警察の無能さを再認識致しました。

このような集団暴力がこのまま放置されれば、日本はどうなってしまうだろうと心配になり、私が考えている左翼の指導者をどうしても倒さなければならないと思いました。
⑤六月一五日、福田さんの家に帰って防共挺身隊の永井さん外二、三名でおりますと、ラジオで全学連を中心とした国会乱入事件の実況放送をしていました。放送は双方の叫び声や石をぶつけ合ったり丸太で叩き合うような音を立て、アナウンサーが「ただ今三台目の警察のトラックに火が放（た）

れました」「国会にどんどん入っています」「死者が出た」「どこどこの交番が襲われました」などと生々しく伝え、私はこれを聞いてこれは大変なことになった、愈々《いよいよ》左翼が自信を持って暴力革命を始めた、韓国の学生が李承晩を倒したように、本当に日本は赤化革命されてしまうではないかと心配で気が落ちつかなくなりました。

防共挺身《ていしん》隊の人たちも心配して福田さんの家に集って来ましたので、福田さんと一緒に翌朝三時頃国会の情況を見に行きました。国会に着いた頃、暴動は収っておりましたが、周辺は警察の車や護国団の車などがひっくり返されて燃えており、付近は催涙ガスで煙り、道路には煉瓦石、丸太、プラカードなどが散乱し、当時の激しさを物語っておりました。

私はこの現場を見て政府や警察はもう頼りにはならない、愈々《いよいよ》自分が左翼の指導者を倒す以外に方法がないと思い、殺害の決意を固めました。

尚、六・一五事件当日、護国団の維新行動隊が全学連などに殴り込んだが、これを指揮した石井隊長さんは私とやり方は違いますが立派であると思いました。

⑥六・一五事件後も左翼が毎日国会に押しかけ集団暴力を揮《ふる》っていましたが、間もなく国会で全然右翼団体に関係していない無名の青年、戸潤真三郎という工員が、社会党河上丈太郎を刺した事件が起きましたが、私は戸潤さんが自分を犠牲にして売国奴河上を刺したことは、本当に国を思った純粋な気持ちでやったのだと思い敬服いたしました。

戸澗さんのやったことは、その人なりの考え方でやったもので批判すべきものではないが、私がやるときには、殺害するといった徹底した方法でやらなければならない。

また目標は河上をやるのも悪くはないが、私がやるならもっと罪悪を流している小林、浅沼、野坂らをやらなければならんと思いました。

⑦自分の決意した左翼の指導者を倒すには、武器もなくまた維新行動隊や戸澗さんの事件があったため、警察や左翼の警戒も厳しく左翼の指導者に近づくことも困難と思い、また警察から視察されている上、実行すれば吉村、中堂さんらに迷惑をかけることになるから遠ざかり正業について資金を得て武器を手に入れ、じっくり時機を見て決行しようと考えました。

⑧その後も福田さんの家に吉村、中堂さんと泊り鳩居堂事務所に通っていましたが、決った仕事がないので鳩居堂から奉書紙《ほうしょし》と障子紙を買つて来て習字しました。私は以前から筆字の精神的深さに魅力を感じていましたが、生まれつき字が下手で、何とか上手になろうと思っており、また私が左翼の指導者を倒す際辞世の句を残したり、斬奸状《ざんかんじょう》を持って臨んだ方がよいと考えていたので習字をしたのです。

連盟事務所で書いたものは自分の名前や知っている人の名前、いろはなどを練習しましたが、六・一五事件直後、事務所の机で奉書に浅沼稲次郎の斬奸状を書きました。内容はそのときの思いつきで書きましたからよく憶えていませんが、汝、浅沼稲次郎は日本赤化を計っている。自分は浅沼個人には恨みはないが社会党の指導者の立場としての責任と、訪中に際しての暴言と国会乱入の直接の煽動者としての責任から許して置くことは出来ない。

ここに於いて我、汝に対し天誅を下す。

皇紀二千六百二十年　月　日

山口二矢

浅沼稲次郎

といった意味の内容で、これを切り取って折りたたみ、障子紙で包み斬奸状《ざんかんじょう》と上書し、机抽出《ひきだし》のどこかに入れておいたと思います。

その他日教組の小林委員長、共産党の野坂参三などに対するものを五、六通書きましたが、その内容は同じようなもので、ほとんど破って捨てました。

この斬奸状《ざんかんじょう》は習字のために書いたもので、今度浅沼委員長を殺害するために書いたものではありません。その後習字を続けましたが字が上達しない上、文章もうまく出来ないので下手な斬奸状《ざんかんじょう》を持って行って、後世に恥を晒すようでは持って行かない方がよいと思い書きませんでした。

⑨六月二〇日、安保改定案が自然承認され何時まで続くかと思われだ左翼の集団暴力も一応納まりましたが、左翼の指導者の現在までやって来た罪悪は許せなく今後彼らが改悛するとは考えられず、

益々安保闘争にまさる赤化運動を展開して行くことは明白であるので、彼らを倒す私の決心は変わりませんでした。

⑩六月二三日頃と思いますが、吉村、中堂さんらから遠ざかろうと思っていたところ、杉本さんとお母さん、山田治子さんら杉本一家が鳩居堂事務所を訪問して来ました。杉本さん家族が来た目的は知りませんが、私は吉村、中堂さんが事務所を持っていたので見に来たと思いました。

午後三時頃、杉本さんが「食事に行かないか」と誘いましたので吉村、中堂さんと一緒に銀座二丁目のハマキッチンへ行きました。そこで食事をしながら雑談中、杉本さんが私に「君、学校に行かないか。私の知っている大東文化大学の編入試験が九月にあるがどうか」といわれたので私も大した用がなく、常々勉強してみたいと思っていましたし、左翼の指導者を倒すには吉村、中堂さんから遠ざからなければならないと考えておりましたので、学校へ行けばうまく決行をカモフラージュ出来ると思い、吉村、中堂さんも「いいなあ」といっていたので「入学出来るんでしたらお願いします」と杉本さんに頼み別れました。

その後一日か、二日たってから杉本さん宅に行って学校に入学することについてお願いし、杉本さんと山田治子さんと一緒に大東文化大学に行き、大西という先生に会って挨拶し入学願書を頂いて家に帰り、父母に承諾を求めたところ、喜んで入学を勧めました。

⑪七月一日に新団体、全アジア反共青年連盟が結成され、運動を始めるようになりましたが、結成

したばかりで私には決った仕事がなく、福田さんの家に泊っていて事務所に通い、留守番のようなことをして七月九日頃までいました。

連盟員は吉村、中堂、私の三名で、運動は機関紙「民声」を出しているだけで実践活動はしませんでした。

三　**次に私が杉本牧場へ入居して働くようになったことを申し上げます。**

①七月一〇日頃と思いますが、吉村、中堂さんが杉本さんに用があるというので中堂さんも一緒だったと思いますが、吉村さんについて午後七時頃、杉本さん宅を訪問しますと、杉本さんは留守でお母さんがおりました。

吉村さんは用が達せられなかったのですが、杉本さんのお母さんが私に「牧場の方が手が足りなくて困っているから手伝ってくれ」といわれ、吉村さんらも「今のところは何も用がないから手伝ってやれ」というので「手伝います」と返事をすると「今晩すぐ牧場に行ってくれ」といわれ驚きましたが、大した用のない体ですし、学校へ行くまで日もあることですから承諾し、二〇〇〇円の旅費を貰って出発し翌朝六時頃牧場につき、その日から働いていて七月二八日、東京に中学生を一〇名引率して来て福田さんの宅に二泊し、連盟事務所に通い、七月三一日自宅で一泊した後、八月一日中学生を引率して牧場に帰り、八月一杯牧場の仕事を手伝いました。

②牧場は二町歩位、杉本さんの所有地に二、三〇坪の建物（二階建）があり、牛一二頭、馬一頭が飼育され、杉本広義、農大生、木下英三、吉村昌幸、使用人土川文雄さん他遊びに来た中学生一〇名など一緒に草刈り、牧柵作り、乾草、家畜の飼育などを行ないました。

私は都会地に育った関係で牧場に入って大自然に接し、何か気の引き締るような気持ちがしました。八月一日、中学生を引率して来た際神田の本屋から買った『古事記』を読んで「この神話は創作であるというが、これは本当にあった物語である」と思いました。

内容は非常に文学的で、古代日本の優雅な、しかも大らかな、何も隠すことのない現代日本の人にはないようなものであり、今まで短歌などはキザッポイものと思っていたところ、『古事記』に書れているものはその時代の情況をありありと見せつけるようなもので精神的深みがあり、今まで私が育った環境とは別の世界を見出したような気がして、明るい気持ちになりました。

私は祖先にこのような人がいるということを知り、益々日本人として生まれたことを誇りに思い、自分も大らかな気分になり『古事記』の中にあるような日本人の祖先に較べて現在の利己主義的な人間が嫌になり、特に社会党などの左翼指導者に対し激しい怒りを感じました。

私は大自然に接して働き、『古事記』などを読み、考えて行く中で自分の気持ちも整理することが出来、日本を赤化しようとしている左翼の指導者を倒すことは、日本国民全体のためになることだと確信し決意を固めました。

四　杉本牧場を引き揚げ、大東文化大学に入学したことについて申し上げます。

①八月三一日、杉本牧場を引き揚げ午後三時頃連盟事務所を訪ねたところ、吉村、中堂さんは外出中で、九州福岡から上京している宮野雅治さんがおり、雑談をしていると吉村、中堂さんが帰って来て福田さんのところから、日暮里の峯本アパートに引越し、私の荷物も運んであるというので四人でそのアパートに泊り、翌九月一日は午前一〇時頃、吉村、中堂さんらと一緒に連盟事務所に行き、雑用などをして夕方新宿のコマ劇場側の「上高地」という喫茶店で、山田十衛さんと妻治子さんと会い学校の入学についてお願いして別れ、その日は中野の自宅に帰り泊ったと思います。

②翌九月二日は自宅を出て午前一〇時頃連盟事務所に行き、何時ものように雑用してその日は峯本アパートへ行って吉村、中堂さんと一緒に泊りました。その頃吉村さんか忘れましたが、地検から私が国会の請願受付前で社会党の車を壊した事件で呼び出しを受けていることを聞き、呼び出しの日の翌日出頭し、伊藤幸吉検事の取り調べを受けた後、連盟へ行き吉村、中堂さんに学校の試験も近づいたので、その準備をしたいからこられないかも知らないといって帰り、その日から中野の自宅に泊るようになりました。

③九月四日頃と思いますが、夕方山田治子さんの家を訪問し、大東文化大学の入学についてお願いしその日は遅くなり、朝『天皇絶対論とその影響』他四、五冊の本を借り、治子さんと一緒に大東文

化大学を訪問し、大西先生に会い願書を貰って帰り、自宅へ治子さんを案内して母に紹介致しました。

九月一四日は母と共に午前中杉本宅を訪問して、杉本広義さんに入学の保証人になって貰い、午後父と一緒に大東文化大学に行き入学手続きをして授業料二、三万円を払い、学生証を貰い翌一五日、編入試験を受け進学出来るようになりました。

杉本さんの紹介で入学出来たので翌一六日杉本さん宅に礼に行って、一九日頃から大東文化大学中国文学科一年生として通学致しました。
④大東文化大学に入学出来たのでこれから学生アルバイトもあり、働けば一二月か、来年一月頃までには五、六〇〇〇円位資金が出来るから、浅草公園で見た古道具屋から短刀を買って、その頃私が決意している左翼の指導者、小林委員長他五名の何れか一人を倒そうと思いました。その後学校に通学し始めた後、九月二〇日頃と思いますが服や下着などの荷物などを吉村さんの住んでいる峯本アパートから取りに行きましたが、留守であったので書き置きをして帰り、その後は吉村、中堂さんと遠ざかり会いませんでした。
尚、九月二七日頃山田十衛さんを訪問し一泊して妻治子さんから中国語のプリント、高山樗牛などの明治、大正文学全集を借りて帰り、その後山田夫婦とは会っておりません。
⑤私は前に申し上げた通り、九月四日頃山田治子さんから生長の家の会長、谷口雅春の『天皇絶対論とその影響』、ドフトエフスキーの『悪霊』、ニーチェの『全集』を数冊借りて自宅で読みました。

『天皇絶対論とその影響』を読むと、「忠には私があってはならない。私がない忠こそ本当の忠である。私の忠ということはいわゆる愛国屋である。私を捨てることが出来たとき、初めて本当の忠が生まれてくる」と説いてあり感銘致しました。

私はこの本を読んで今まで自分が愛国者であることを誇りに持ち、自分の役割が国家にとって重要なものであると自負していたことを深く恥じ、私心のない忠というものでなくては本当の忠ではないと思いました。今まで私が左翼の指導者を倒せば父母兄弟や親戚友人などに迷惑がかかると考えたことは私心であり、そういうことを捨てて決行しなければならないと決心しました。

⑥九月一九日から大東文化大学に通学を始めましたが、その頃自宅の側の古本屋に『明治天皇御製読本』が一〇円位で店頭に並べてあるのを見付けたので、こんなところに御製の本を置いてはもったいないと思い、読んで見たいとも思って買い自宅で読みました。感銘した御製は、

　末とおくかかげさせてむ国のため命をすてし人の姿は

　照につけくもるにつけて思うかなわが民草のうえはいかにと

　事あるにつけていよいよ思うかな民のかまどの煙いかにと

（註・『新輯明治天皇御集』上下、明治神宮発行によった）

などで明治天皇の慈悲に深く感激しました。

五　次に一〇月一日、自宅で日本刀を発見し左翼の指導者を殺害することを決定し、明治神宮などで計画をねったことを申し上げます。

①一〇月一日は土曜日で午前中は大した内容の授業がないので、午後から学校に行って授業を受けようと思って自宅にいたところ、昼頃と思いますが母の姉の孫で私からいえばいとこの子供に当ります尾関夏比古（一一歳）から自宅に電話で、「二矢ちゃん、プールに泳ぎに連れて行ってくれ」というので、午後の授業は体操か、書道で大したものでもありませんので「じゃ一緒に行こう、うちにいらっしゃい」といって電話を切りました。

プールは千駄谷にある室内プールで、玉川学園在学中、尾関君と一緒に三、四回行ったことがあります。愛国党に入っていた頃は行ったことがなく、脱党後九月で日は覚えてはいませんが、一度尾関君を連れて行き泳ぎを教えました。九月に行ったときプールの水は温水ではなく冷い感じでした。

②尾関君から電話があってから一時間位すると、自宅に海水パンツを持って来ました。すぐ一緒に千駄谷プールに行くつもりでしたが、土曜日でもあるし今時分は混んでいるから、夕方七時から入場券発売の最後の時間頃行こうということになりました。

プールに行くまで時間があるので、それまでどこかへ行こうなどと話しましたが、どこへも行くあてもないので、自宅の兄弟たちの室で木琴やギターを弾いて遊んでいました。

そのとき、家には兄は学校（中央大学）へ、父は役所に、母が自宅で用をしておりました。木琴やギターを弾いておりましたがあきてしまい、家にアコーデオンがあることに気がつき弾いてみようと思いました。

③このアコーデオンは子供の頃から家にあるもので、玉川学園に通学していた頃までは弾いたことがありますが、愛国党入党後は手にしたことはなく、家のどこに入れてあるか判りませんので母に聞いたらすぐ判ると思い、母のいる茶の間に行き「お母さん、アコーデオンはどこにあるの」と聞くと、母は本か何かを見ていたと思いますが、「あることはあるがどこにあるか判らない」といって、面倒くさそうな返事をしていました。

アコーデオンのあるところが判らないので午後四時頃と思いますが、最初茶の間の開き戸の押し入れの中を見た後、出窓のところにカーテンを引いてある押入れを捜しましたが、アコーデオンはありませんでした。

茶の間にないので一人でその隣りの父母の寝室に行き、押入れを開け下の段を見ましたがアコーデオンは見当りませんでした。上の段は布団ばかりで入ってはいないと思い捜すつもりはなかったのですが、右上段の布団の下に刀の白鞘《しろさや》と思われるものが五、六センチ位出ていたのを見つけたので、布団を上げて刀を取り出すと五〇センチ位の長さの古ぼけた白鞘《しろさや》の日本刀でした。

手に取って刀を抜いて見ると、刀身が赤黒く錆びておりましたが、人を殺すには充分使えるものと思いました。この日本刀を見て「これはいいものを見つけた。アルバイトをしてお金をためて刀を買う手間が省けた。この刀で左翼の指導者を殺害しよう」と決意しました。

そうしているところへ隣りの私と兄の部屋から尾関君が「まだ見つからないの」などと言いながら部屋へ入って来たので、私がこの刀で左翼の指導者を殺そうと思っているところですから、何か悪いことを見つけられたような気持ちになり、慌てて入れてあった布団の下に刀を隠し捜しているような振りをしていました。

尾関君も一緒に押し入れの下段を捜した後、その押し入れの上の戸棚を捜しました。上の戸棚は高くて中が見えないので、たしか尾関君が四つんばいになり背中の上に私が乗って中を見たところ、マンドリンやシルクハットなどがらくたのようなものが沢山ありましたが、アコーデオンはありませんでした。結局父母の部屋にないので尾関君と一緒に自分の部屋に行き、縁側の押し入れを見た後、床の間の隣りの押し入れを捜したところ、下段右側の奥の方に埃にまみれたケースに入っているアコーデオンを見つけました。アコーデオンは下の方のキーが一ヶ所壊れていました。

④アコーデオンが見つかったので、私たちの部屋で歌や「カチューシャ」、「メーデー」の歌を弾いて遊んでおりますと午後五時頃、兄、朔生が学校から帰って来ました。そこでいろんな話をして、一緒に食事をし午後六時四〇分頃、尾関君と二人でプールに行ってくるといって家を出ました。

千駄谷のプールには午後七時までに行かなければ入れないので、タクシーで新宿まで行き、新宿から中央線に乗り千駄谷で下車し、午後七時五、六分前頃プールにつきました。タクシー代は尾関君が出し、私は一人五〇円位の入場料を二名分払い入場しました。プールは九月に入ったときとは違って温水になっており、寒く感じなく尾関君に泳ぎを教えながら二時間位そこで遊びました。

尾関君は九月に来た際は大して泳げなかったのですが、このときはよく泳げるようになって、続けて四百メートル位泳ぎ喜んでいました。

⑤プールは午後九時に終るのですが、その頃まで泳いでここを引き揚げ、千駄谷の駅に行き改札口から入って右側の広告掲示板に警察柔剣道大会のポスターが貼ってあり、これを見ると来週の土曜日、日曜日（一〇月八、九日）と書いてあるので、尾関君が「柔剣道大会を見に行くんだったら、一緒に連れて行ってくれないか」というので、見に行かないと返事をしたところ、「もし行くんだったら連絡してくれ」といっておりました。

一緒に千駄谷駅で乗車して新宿で下車して都電新宿停留所付近の中華ソバ屋でラーメンを割かんで私は一つ、尾関君が二つ食べて荻窪行きの都電に乗り本町通り二丁目で下車し、尾関君はその電車に乗って馬橋の方に帰りました。家に帰ったのは午後一〇時すぎでその夜はそのまま寝てしまいました。

翌日か、翌々日押し入れで発見した日本刀を夕方私の部屋に持って来て兄に見せましたが、別に驚いた様子もなく、前から家にあるのを知っていたようでした。

⑥一〇月二日は日曜日で午前中家におりましたが、左翼の指導者を倒す祈願と計画をするため昼食

後、午後一時か二時頃、紺ガスリの着物に袴をはいて出かけ都電で新宿まで行き、小田急線で参宮橋に下車し、明治神宮に行き「左翼の指導者を倒すから天佑神助を賜りたい」と祈願し、気持ちを晴やかにするため神宮内を「昭和維新の歌、支那浪人の歌、人を恋うるの歌」などを歌って歩き、如何にして実行しようかと思策しました。

明治神宮に二、三時間考えていて、参宮橋から歩いて成子坂下を通り自宅へ午後四時三〇分頃帰りました。

⑦一〇月三日は月曜日で、何時ものように午前八時か九時頃学校へ行くといって家を出て学校へ行ったところ、一〇月五日に試験が行なわれ、その試験休みが三日、四日の二日となっており休みでした。しょうがなく池袋駅まで行ってその辺をブラブラし、昼頃護国団の維新行動隊事件を思い、自分が左翼の指導者を倒して生きていれば裁判を受けなければならないので公判に行ってみようと思い、池袋駅入口にある公衆電話で「学生ですが石井さんの公判はいつですか」と聞くと男の声で、「五日午前一〇時からです」と答えました。その後三時頃、自宅へ帰りその日は別にどこへも行かず、左翼の指導者を倒すことなどを考えておりました。

⑧一〇月四日は試験休みですが、前に申し上げた浅沼委員長以下六人のうち一人を倒す計画をするため、午前八時か九時頃弁当を持って家の者には学校へ行く振りをして出かけ、歩いて都電通りから成子坂下を経て参宮橋入口から明治神宮へ行きました。

そして宝物殿の広場になっている芝生の上に座ったり、寝ころんだり、付近を歩いたりして彼らを倒す計画を練りました。

倒さなければならないと考えた目標は前に申し上げた六人ですが、左翼をやるとすれば一番罪悪を流している「小林委員長」、自民党の容共主義者をやるとすれば「河野一郎」をやらなければならないと考えました。

やる方法としては彼らの自宅に行ってうまく会い倒そうと考えました。また車を借りて左翼の集会に突っ込み、日本刀で斬り込むなどということも考えてみましたが、罪のないものを傷つけることはいけないと思い、やはり確実性のある幹部の自宅を襲って殺した方が成功すると思いました。このようなことを考えて昼食を食べ、午後三時頃神宮を出て朝来た道を歩いて自宅に帰りました。
⑨一〇月五日は水曜日で試験のある日ですが、午前八時か九時頃学校へ行くような振りをして維新行動隊の公判の傍聴に行きました。公判の傍聴に行った目的は、自分は小林委員長らを倒そうと思っていたときですから、一応裁判を見ておこうと思っただけで、午前一〇時頃築地にある東京地裁に行ったところ、左翼の連中が大勢来ていて傍聴券が手に入らないので、そこへ来ていた全愛会議の荒原朴水と元愛国党の青年行動隊長で現在建国青年同盟の柴田実と会い、荒原さんには挨拶して機関紙「日本」を貰い、柴田さんには名古屋のことを聞いたり、私が学校に行っていることなどを話しました。
そのとき柴田さんは、全アジア反共青年連盟のことについて銀座の鳩居堂事務所に吉村さんは来て

いるが、中堂さんは来ていないということを誰かに聞いたなどといっていました。傍聴出来ないので午前一一時頃裁判所を出て有楽町から国電で原宿まで行き、原宿から明治神宮本殿に行き「売国奴を倒すから天佑神助を賜りたい」とお祈りしました。

その後、本殿のまわりを歩きながら「昭和維新の歌、支那浪人の歌」などを歌ったり林の中に入り、また芝生に座ったりして決行の方法だとか、目標を前日に引き続き考えました。弁当を食べて前日と同様三時か四時頃参宮橋から歩いて成子坂下を通り自宅に帰りました。

⑩一〇月六日は木曜日で、前日と同様朝八時頃弁当を持って学校へ行くといって出かけ、池袋駅へ行きましたが、デパートが開いていないので駅の辺をぶらぶらして、一〇時頃デパートが開いたので中に入り屋上へ行って、もう見収めだからと思い池袋の町を見まわしました。

それから昼頃、新宿駅西口行西武バスに乗って上落合二丁目の停留所で降りました。そこへ行ったのは大東文化大学へ通うバスが、幼い頃通っていた落合第二小学校に通ずる道路を通っているので、前から行ってみたいと思っていたのでその方へ足が向いたわけです。

上落合二丁目停留所で降りてすぐ交番の裏にある公園に行って昼飯を食べました。その公園は子供の頃遊んだことのある公園で懐しく感じました。そこに一時間位いて、小学校三年生まで通っていた道を通って、落合第二小学校に行き学校のまわりを見て歩き、もと来た道を戻って西武線中井駅側にあった自宅付近を見て歩き、幼い頃のことを思い出しました。そこから中井駅に行き、バスに乗り午後四時頃自宅に帰りました。

⑪一〇月七日は前日と同様、弁当を持って八時か九時頃、学校へ行く振りをして明治神宮に歩いて行きました。明治神宮についてまず「私の目的が達せられるよう神助《しんじょ》を賜りたい」と祈願致しました。お祈りをしているうちにすべての邪念がなくなり、私の心は左翼の指導者を倒すことのみに集中されてしまいました。

お祈りが終って付近の芝生の上に座ったり、散歩して前日に引き続いて目標の選定、決行の方法などについて考えた結果、「河野一郎、石橋湛山」は大きな屋敷に住んでいて、秘書などもいるし簡単には近づけない、「松本治一郎」は住んでいるところが判らないから一応目標から外しました。

小林委員長は前に申し上げましたように、次の世代を背負う子供を赤化の道具にしているのでその罪悪は許せなく、愛国党にいた当時カギ十字を小林の自宅付近に貼りに行ったことがあるので、家の状況もよく知っており決行しやすいので第一目標に選びました。

共産党の野坂参三はいうまでもなく、カイライで誰か倒さなければならない男で、しかも愛国党にいた当時、小林と同様野坂の家に行ったことがあり家の状況を知っているので、小林が殺害出来なかったら第二の目標として野坂を倒そうと考えました。

浅沼社会党委員長は、前に申し上げました通り、ソ連のケレンスキー内閣の日本版をしようと狂奔《きょうほん》し罪悪を流しており、生かしておけない男ですが、住所が深川のアパートということを聞いているだけで、よく家の状況を知っていないので第三の目標としました。

決行の方法は「小林、野坂、浅沼」の自宅へ「大東文化大学の学生自治会、機関紙編集部の学生」といって「機関紙に安保闘争の批判、成果を書いてくれ」といって、面会を申し込み家族を安心させておいて日本刀で刺し殺すことに決めました。

以上のように目標および決行の方法が決まりましたので、すぐ実行に移そうと決意し明治神宮で昼飯を食って後、第一目標の小林委員長の自宅に面会を求めるため、午後二時頃原宿口から出て国電渋谷駅につき、国電に乗って高田馬場で下車し、都電に乗って新宿区早稲田鶴巻町の小林委員長宅へ午後四時頃行きました。

小林の家を訪問したところ引越しをしたあとで違った人が入っておりましたので、その家の中で布団の綿入れをしている四〇歳位の男に小林の引越し先を尋ねたところ、「調布の清水町です」と答えたので、そこを出て都電に乗って高田馬場まで行き、駅の側の本屋で東京都の地図を見て、都下調布市内の清水町を捜しましたがそんな町名が見当らないので、日教組本部に電話をかければ判るのではないかと思い、駅前の公衆電話に入り番号帳で本部の電話番号を調べ、午後五時頃その電話で日教組へかけました。

すると女の人が出たので「三越の荷物を配達するのですが、小林さんの自宅を教えて下さい」と相手に安心させて聞きましたが、本人がいないとかいって教えてくれませんでした。小林の移転先を調べる方法がないので一応あきらめ、第二、第三の目標の野坂、浅沼の自宅の電話番号を調べて手帳に記入して自宅に帰りました。

⑫一〇月八日は土曜日で午前中は家でぶらぶらしていて、野坂、浅沼に面会を求めるため昼過ぎ頃授業があるから学校に行くといって家を出て、国電池袋駅に行きデパートや駅付近をぶらぶらして午後三時か四時頃、丸物デパート一階の公衆電話で前日調べておいた番号で野坂の家に電話をしました。

すると奥さんらしい女の人が出たので「大東文化大学の自治会機関紙編集部の学生ですが、今度の安保闘争の成果、批判を先生に書いて貰いたいのですが、今晩お邪魔してもいいですか」というと「旅行中ですが」と答え、非常に乗り気のないようなことをいっておりました。私は旅行中では決行出来ないのであきらめ、「日教組の小林先生の自宅を知っていたら教えて頂きたい」と聞きますと、「知らない」との返事だったので電話を切り、第三の目標である浅沼委員長の家に電話を致しました。

そのとき、お嬢さんらしい女の人が出たので、野坂の家にかけたのと同じようなことをいって面会を求めたところ「浅沼は名古屋に旅行中である」というので、「それでは日教組の小林委員長の自宅は知りませんか」と聞くと「判らない」との返事でしたので、これでは小林も野坂も浅沼もいないので、すぐ決行は出来ないとあきらめ時機《じき》を待つことにして午後六時頃家に帰りました。

⑬一〇月九日は日曜日でどこへも行かず一日家にいて明治天皇の御製読本を読んだり、小林以下三名にどうやって近づこうかなどと考えていました。

⑭一〇月一〇日は月曜日です。いつものように午前八時か、九時頃学校へ行く振りをして家を出ました。すると本町通り二丁目の都電通りの電柱などにポスターが貼ってあり、共産党の「きくなみ」（註・聴濤克己、明治三七～昭和四〇年）が来る一三日新宿の生活館で午後五時から演説会を開き、弁士として私が狙っている野坂参三が来ると書いてあるので、これは丁度いい機会だ、その演説会に日本刀を持って行って演説中に刺し殺そうと決めました。

その日は雨が降っていたので都電新宿駅に行き、東口からコマスタジアムに行く途中の喫茶店に入り、コーヒーを取って午後二時頃まで休んでいました。その店を出てからコマスタジアムの方をぶらぶらして都電新宿駅でラーメンを食べ、ぶらぶら家の方に向いながらもう一度野坂だったか浅沼の家だったか忘れましたが、自宅に帰っているかどうかたしかめてやろうと思って午後四時頃自宅へ電話をかけ、「大東文化大学の学生ですが、先生はいらっしゃいますか」と尋ねたところ、女の人が出て「帰って来ましたが家にはいない、スケジュールが判らないから議員会館の方へ電話して秘書に聞いて下さい」というので電話を切りました。

国会に行っても怪しまれたり仲々会ってくれないだろう、また日本刀などを持って行ってぶらぶらしていて失敗し捕ってしまっては大変だから、一三日の新宿生活館の演説会で野坂を倒す以外に方法はないと思い、午後四時半頃歩いて自宅へ帰りました。

⑮一〇月十一日は火曜日で、「学校へ行く」といって家を出ないと母などに怪しまれるので、午前

一〇時頃学校へ行く振りをして家を出て、池袋のデパートへ行ってぶらぶらした後駅のまわりをうろついて昼頃自宅に帰り、どこへも行かないで本などを読んで寝てしまいました。

六　次に一〇月一二日、読売新聞で日比谷公会堂で立会演説会があることを知り、決行を決意し演説中の浅沼委員長を殺害したことについて申し上げます。

①一〇月一二日、朝起きて午前八時頃家に配達された読売新聞を見たところ、今日の行事の欄という欄に午後二時から日比谷公会堂で「自民党、社会党、民社党」三党首の立会演説会があることが書いてあり、浅沼委員長が出席して演説をすることを知りました。

この記事を見る前は一三日、新宿生活館の共産党の演説会で「野坂参三を殺害するつもりでおりました」が、共産党の演説会は党員など特定の者が入り、一般の者は制限されて入場しにくく、また愛国党にいた当時反共運動中、左翼に顔を覚えられているので見つかれば失敗する、今日行なわれる日比谷の演説会は一般の者が自由に入場出来、決行しやすいと判断して、今日浅沼を演説会で倒そうと決意しました。

②立会演説会の始まる午後二時までには時間があるし、家でぶらぶらしていると母から変に思われるので午前一〇時頃学校へ行く振りをして出かけ、国電池袋駅の西武デパートへ行き八階のグリルでフルーツサンデーを一つ取って食べ、約一時間位時間を潰して出て、駅前の三越デパートへ行って屋

上などでぶらぶらして、一二時三〇分頃、学校へ行って昼食を食べに来たような格好をして自宅に帰りました。

自宅には母と兄がおり一緒に昼飯を取ってから、母、兄がいないのを見はからって父母の居間（六畳間）に入り、前に見つけておいた日本刀を布団下から取り出し台所へ持って行き茶だんすの右側の横に立てかけ、側にあった紙くずとか何かで覆《ふう》をして隠しました。

③日比谷公会堂で午後二時から立会演説会が開れるので、その時間までに日本刀を持って行く予定でしたが、学校へ行く振りをして家を出なければあやしまれるので、午後一時半頃から始まる授業に行くには午後一時をすぎており、出かけるとどこへ行くのだと聞れると困るので、午後二時四〇分頃から始まる二時間目の授業に間に合う時間に家を出かけようと思い部屋でぶらぶらしていて、茶だんすの横に隠しておいた日本刀を母、兄に判らないように取り出し、刃の先の方を下にして左腰バンドを通し左ズボン、ポケットに差し入れ、柄の部分を学生服の上衣および国防色作業衣を上にはおって判らないように持ち「大学ノート二冊」名前は忘れましたが本一冊を持ち、午後二時頃学校へ行く振りをして家を出ました。

④家を出たときの服装は黒色学生服上下を着てその上に国防色作業上衣をはおり学帽をかぶり、靴はキャハンのついている黒色編上靴をはいて行きました。演説会は午後二時から始まるのですが、いつの立会演説会でも自民党、社会党、民社党の順序か、その反対に行なわれると思っていましたから、

どちらが先になっても社会党は真中で、自民党か民社党が三、四〇分位演説をした後、社会党の番となるので午後三時近くまでに行けば浅沼委員長が演説している時間と思いましたから間に合うと思っていました。

浅沼委員長を殺害する方法については子供の頃から父が「強盗などが入って殺されそうになったとき、側に刃物があればそれで立ち向かわねば駄目だ。刃物で相手を倒すには斬るなどということは難しいから刺さなければだめだ」といっており、本などでも刀で人を斬るには相当の有段者でも難しいと書いてあり、また愛国党在党当時誰からだったか忘れましたが、戦争中の話が出て捕虜を斬った体験談で、日本刀で人を斬るのは大変だと聞いていましたので、刺さなければ殺せないと思いました。

殺害する方法については前に申し上げましたように、明治神宮に行っていろいろ考えた結果、相手の心臓を狙って刺せば一番よいが、狙いにくいから昔の日本人が切腹して死んだように腹を刺せば殺せる。しかし私は力も体力もないから刺そうとすれば体をかわされると失敗するので自分の腹に刀の柄の頭をつけて、刀を水平に構えて走った勢いで目標に体当りすれば、必ず相手の腹を刺すことが出来ると考えました。

⑤家を出て本町通り二丁目で都電に乗り新宿で下車し、国電新宿駅から中央線の急行に乗り、東京で下車し、歩いてお濠の通りに出て日比谷交叉点前を通り公衆便所から内幸町へ二、三メートルのところの右柵を乗り越えて公園内に入り、園内花屋の前から左に折れて大きな黒板の立っている日比谷

公会堂入口から入りました。

入口の黒板の側に制服の警官が四、五名立って警戒していたので驚き、私の知っている私服の刑事さんがいるのではないかとドキッとしましたが、あちらこちら見まわしながら午後二時五〇分頃公会堂の前につきました。
⑥公会堂入口は高い石段があり、上るとこの両方のコンクリート柱に「入場券のない方はお断りします」と書いた紙が貼ってあるので、せっかく中に入って浅沼を倒そうと思って来たのに入場券がなければ入れないのかとがっかりして、二、三分位どうしようかと思っていました。
その頃は入場するお客は見当らず、階段の上にあるシャッター前に二人位の男の人が立っていたので、何とか頼めば入れてくれるのではないかと思いましたので、左側の階段を上って中央が半分位開いているシャッターの右側の方へ行って中の状況を見たところ、シャッターの内側に机があって受付があり二、三人の男がおりましたが、ホールの中に入るところにはほとんど人影が見えませんでした。

そのうち仕事着を着たような二人連れの若い男が上って来て、一人の男が他の男に「待っていろ」といって中に入りました。待っている男は中に入った人が知っている人でもいて、その人の顔ででも入るんだなあと思いました。

シャッターの前には左右に一人ずつの係員が立っておりましたが、側に入ろうとして待っている男がいるので気を強くして左側に立っている背のあまり高くない、やせ型で顔の細くて髪に油気があまりない紺系の背広を着た四〇位の男に私は「券はいつ配ったのですか」と尋ねました。するとその男は何日といったか忘れましたが、「何日にNHKのホールで配りました」といいながら、いかにも好意的に自分の上衣左ポケットから入場券一枚を出して黙って差し出しました。

私は「これはしめた」と思い礼をいって貰い、シャッターの中に入り受付の男の人に渡しさっと左側の階段を上り、ホール中央にある売店の前を通ってあまり人のいない一階右側廊下から舞台に一番近いドアーを開けて中に入りました。尚、申し遅れましたが、私は会場に入るとき学帽を国防色作業衣の右ポケットに、ねじ込んで入れました。

⑦右側廊下から舞台に一番近いドアーを開けて入って会場内を見たところ、丁度私の狙っている浅沼が演説をしており舞台にはビラが散乱し、舞台に近い左側の通路を右翼と思われる男が、四、五名の刑事に連行されて行くところで、客席は舞台に向かって左側の前の席には右翼と思われる一団が座って激しいヤジを飛（ば）し、右側の席には左翼らしい者が座ってお互いにやじり合っており、その他会場の至るところで右翼、左翼と思われる者同士で殺気立ったヤジを飛ばしていました。

このとき、本職は日比谷公会堂の座席表および日比谷公会堂舞台平面を被疑者に与え、

問　君が入場してからの行動を書きながら説明出来るか。

答　出来ます。

①のところはただ今申し上げましたように、ドアーを開けて入り会場内を見渡したところで、そこ

に一、二分位おりました。前の方へ行って浅沼の状況や警察の警戒状況を知るため前の通路を普通の速度で歩いて②の点に行き立ち止り、舞台を見ると浅沼が中央の演壇で演説内容は聞き取れませんでしたが演説を続け、その右側のイスに池田首相らが座り、左側には司会者席と思われるところに二、三名が座っておりました。

そこで一、二分位舞台の状況を見てもっと前の方へ行って状況を見ようと通路を通って、前の方から四つ五つ位の席の通路の位置まで進み、そこにしゃがんだところすぐ後から来た男の声で「そこにいては困る」というので、すぐ立ってこの状況なら決行出来ると思い、入っだドアーから出て、人気のない廊下のつき当り④の地点に行き壁の方を向いたまま刀を取り出し、右手で鞘から抜き刀身を調べて「よしこれで刺し殺せる」と思い、再び刀を納めて柄の方を上にして学生服の上から腹のところに右かためにバンドを通し、すぐ決行出来るようにして作業衣の上から覆って出て来たドアーを開けて会場に入りました。

最初舞台に通ずる通路⑤の地点で会場の状況を見ると座席からは時間だ、時間だというヤジが盛んに飛び、浅沼が演説を続けていました。そこで一、二分見ていてこの状態なら決行出来ると思い通路を通って前から三つか、四つ位の座席のところへ進み⑥の地点で浅沼の状況を見たところ、司会者が演説している浅沼のところへ来て何か話しかけているので、私はもう浅沼の演説の時間がなくなり終るものと思い、早く決行しなければチャンスがなくなるから決行しようと舞台に上る地点を捜したところ、自分のしゃがんでいる通路のつき当りにニュース社か何かのカメラの機材と思われる箱があるのを見つけたので、すぐこれを踏み台にして舞台にかけ上りました。

舞台に馳け上るとき、瞬間的に「やめようか」という考えが脳裡を走りましたが「やるんだ」とすぐに打ち消して走りました。

馳け上ったところは狭い舞台の側で、そこに二台のテレビカメラがあったことは覚えておりますが、その右側か左側か中央を走り抜けたかは覚えておりません。

腹のバンドに差している日本刀を抜いたのはどの辺か記憶はありませんが、テレビカメラのところを一メートル位走り抜けたときには刀を抜き、右手で柄を握り、左手の親指を下にして掌で柄の頭を押え腹の前に刀を水平に構え、浅沼に向かって夢中になって突進しました。

浅沼の演説しているところまでは七メートルから一〇メートルはあったように思います。「国賊！　浅沼、天誅《てんちゅう》を下す」という信念で浅沼にぶつかるようにし身体全体に力を入れ、刀を水平にして浅沼の左脇腹辺を何もいわないで突き刺しました。

浅沼はぶつかるようにして刺す直前、私の方を一寸振り向いたようでした。刺したところ手ごたえがあり、刀を抜いたら刀の先十センチ位に血がついていたように見えましたが、最初の刺し方では殺すまでに至っていないと直感し、もう一度刺してしまおうと少し下って身構えたところ、後からも七、八人位の人に組みつかれうつぶせに倒され、そのとき私は無意識に刀を放してしまったと思います。

浅沼は刺したところ倒れそうでしたが、私が組み敷かれてしまったので、その後はどうなったか判りませんが、浅沼を刺した手ごたえでは殺害する目的に達せられなかったのではないかと、残念な気持ちで一杯でした。

私は現場で捕まり舞台に向かって左側の廊下を通り、丸ノ内署に連れて行かれました。

尚、私が国賊浅沼を刺し殺し損じたのではないかと心配しておりましたが、その翌日留置所で浅沼が死んだことを聞き、また弁護人からはっきり知らされ、自分の目的が達せられ本懐《ほんかい》と思っております。

このとき、本職は被疑者が説明する際に記入した「日比谷公会堂舞台平面図」および「日比谷公会堂座席表」を本調書の末尾に添付することとした。

七　私の人生観についてお尋ねがありましたから申し上げます。

①私の人生観は大義に生きることです。人間必ずや死というものが訪れるものであります。そのとき富や権力を信義に恥ずるような方法で得たよりも、例え富や権力を得なくても、自己の信念に基いて生きて来た人生である方が、より有意義であると確信しています。

自分の信念に基いて行なった行動が、例え現在の社会で受け入れられないものでも、また如何に罰せられようとも、私は悩むところも恥ずるところもないと存じます。

②私がこういう人生観を抱くに至った経緯、思想の推移について係官から生い立ち、家庭の環境、

影響を与えた人などいろいろお尋ねがありましたが、私は生まれて現在まで接したすべての人たちの影響もあってこのような考えになったことは否定致しませんが、環境によってのみ思想的影響を与えるという考え方は、いわゆるユダヤ的唯物論から見た考え方で間違っていると思っております。

私には日本人の血が流れており、唯物論ではとうてい割り切れない持って生まれた日本精神という唯心論的なものがたぎっており、天性からこういう人生観、思想などが形成されたと思っています。

尚、本当の日本人であれば、私のような人生観、思想というものが心の奥底には必ずあると思います。

八　崇拝している人物について申し上げます。

天皇は絶対的なものですから別になりますが、アドルフ・ヒットラー、児島高徳、西郷隆盛、山鹿素行、吉田松陰などであります。

ヒットラーについては愛国党にいた当時、著書『マインカンプ』を読んでその指導理念「国家社会主義的な考え方、反共反ユダヤ的な全体主義」に感銘致しました。

児島高徳は自分の名を捨てた隠れた忠臣であり、西郷隆盛は国賊といわれた人ですが本当に日本のためを思ってやった人だと思います。

山鹿素行は儒教、四書五経などを読破し道を求めたが壁に突き当り、机上の空論であることを悟り実戦によって道を究めた人であります。

吉田松陰は指導理念に秀でて安政の大獄で捕り、法を犯せば例え悪法であってもその処罰に従うべきであるという考え方が正しいと思います。

尚、大東亜戦争で国のため子孫のため、富や権力を求めず、黙って死んで行った特攻隊の若い青年に対し尊敬しております。

九　問　辞世の句のようなものを書いたことがあるか。

答　ありませんが、前に申し上げたように一〇月二、四、六、七の五日間、明治神宮を参拝した折、決行のことなどについて思策し、自分の気持ちを歌に託しておこうと考えて作り、自宅に帰ってノートに書いて見ましたが、自分の気持ちを適切に現すことが出来ない上、字が下手なので書いて見ただけで終りました。

このとき、本職は昭和三五年一〇月一五日、司法警察員、巡査部長山上邦丸の領置調書に書かれる山口名儀のノートおよび半紙を閲覧せしめる。

問　これに見覚えがあるか。

答　このノートと半紙はただ今申し上げたように左翼の指導者を倒すに当って心境を歌に託そうと思って書いたもので、歌の内容はノートに書いてある通り、

①国ノ為神州男子晴レヤカニ

　　ホホエミ行カン　死出ノ旅路ニ
②大君ニ仕エマツレル若人ハ
　　今モ昔モ心変ラジ
と書き、失敗した歌として、
①ワレ思ウ何ガ為ニゾ人々ガ
　　オノレヲマゲテ生キルノカ
②生キルタメ　何ンデ出来ヨウ
③オノレヲマゲテ人ニヘツラウ
があります。半紙では、
①千早ぶる神の御世代とこしえに
　　仕えまつらん大和男子は
②国の為たおれし人ぞあるこそに
　　今の若人育ち来らん
③しきしまの大和男子と生れなば
　　進まん道ぞ一ツなりける
と書きました。尚、明治天皇の御製読本の末葉に、

①千早ぶる神の御世代とこしえに
　仕えまつらん大和男子は
　皇紀二千六百二十年十月四日
山口二矢

と記入しました。この歌は私の心境のすべてを現したものではありませんが、今後の決行に対する私の心境を現そうと思って書いたものであります。しかし、歌が思うように出来ず字が下手でしたから、辞世の句として正式に残したものではありません。

一〇　問　君が本件を起すに際して環境の整理だとか、被服を改めるようなことをしたか。

答　男子が大事を決行するときは自分の環境を整理し、下着を替えてその場に臨むことは昔の武士の物語などに出ていたので知っていましたが、一〇月六、七日頃、家人に気付かれないように自分の机の抽出《ひきだし》に入っている紙屑などを整理し、七日、小林委員長の自宅へ行って面会を求めて刺殺しようとした際、下着は全部洗濯したものに替えて行きましたが、転居していて決行出来ませんでした。

一〇月一二日、浅沼委員長を刺殺する際は当日の朝八時半頃新聞を見て立会演説会に浅沼が出席することを知って、決行を思い立ったので実行にのみ心が行き、、下着などの着替は忘れてしまいました。

一一　問　君は浅沼委員長など左翼の指導者を殺害することについて、人からいわれたり相談したことはないか。

答　この度浅沼委員長を刺殺したことは、全く自分一人の信念で決行したことで他人からいわれたり、あるいは相談したことは絶対にありません。

問　愛国党にいた当時、左翼の指導者を倒すような話はなかったか。

答　私が入党して脱党する間、いつだったか記憶にありませんが、赤尾先生、吉村、中堂さん他党員が「左翼を倒さなければならない。浅沼や野坂、小林を殺さなければだめだ」など話しており、私もよく口にしましたがこの話は本当に殺すというものではなく、右翼が二人以上集まればいつもこのよう話など出ることで、本心から左翼の指導者を殺そうと思っていっているかどうかは疑わしく、実行の伴なわない話でした。

本年四月頃、前に申し上げた通り本当に私が左翼の指導者を倒さなければならないと考えるようになってからは、そういう過激的な話は意識的にしないように心がけました。愛国党脱党後は吉村、中堂さんと行動を共にしましたが、当時安保闘争が激化していましたから、左翼は怪《け》しからん位の話は致しましたが、決行について何かいわれたり、相談したことはありません。

一二　問　本件に対する現在の心境はどうか。

答　浅沼委員長を倒すことは日本のため、国民のためになることであると堅く信じ殺害したのであり
ますから、やった行為については、法に触れることではありますが私としてはこれ以外に方法がないと思い決行し、成功したのでありますから、今何も悔いるところはありません。
しかし現在、浅沼委員長はもはや故人となった人ですから、生前の罪悪を追求する考えは毛頭なくただ故人の冥福を祈る気持ちであります。まだ浅沼委員長の家族に対しては経済的生活は安定されているであろうが、如何なる父、夫であっても情愛には変わりなく、殺害されたことによって悲しい想いで生活をし、迷惑をかけたことは事実でありますので、心から家族の方に申訳ないと思っています。

山口　二矢　印

右の通り録取して読み聞せたところ、誤りなきを申し立て署名し指印した。

前同日

公安部公安第二課　司法警察員　警部補　中村　秋夫　印

立会人

公安部公安第二課　司法警察員　巡査部長　田口　栄一　印

国家革新の原理

――学生とのティーチ・イン（抜粋）

三島由紀夫

一九六八年二月、三島由紀夫《みしまゆきお》（一九二五―七〇）は有志一〇名とともに「祖国防衛隊」（後の「楯の会」）を設立。そして、七〇年安保闘争の前夜で学生運動が盛んになる中、六八年六月には一橋大学、一〇月には早稲田大学、一一月には茨城大学で討論集会をおこない、学生と対話している。また、翌年五月には東京大学でも討論集会をおこなっている。当時、すでに一流の作家として世に認知されていた三島が、文壇での地位に安住することなく、対話を通して相手を知り、自らの主張を伝えようという姿勢を、若者に対して持っていたことがよくわかる。本書では、三島由紀夫著『文化防衛論』（新潮社、一九六九）を底本にした上、一橋大学でおこなわれた討論集会の一部を抜粋し、編集部の判断で適宜、ルビを付した。

学生とのティーチ・イン

テーマ・「国家革新の原理」

日時　昭和四三年六月一六日
場所　一橋大学
主催　一橋大学日本文化研究会

三島　問題提起と申しますと、ヒンズー教には問題の神様というのがありまして、世界中の問題を一人で背負っている人がいます。日本にもそういう文化人がいまして、何か問題があると、電話だかかってきて、ご託宣を垂れる。私は問題の神様にはとてもなれません。

さて、クラウゼビッツをお読みになった方は御存知のように、有名な「戦争は政治の別の手段による政治であり、政治は平和的な方法による戦争だ」というような意味のことを申しておりますが、毛沢東も同じようなことをいっております。「戦争は血を流す政治であり、政治は血を流さない戦争である」。こういうふうに分けると、大変うまく分れちゃうのですが、問題点はむしろその間にある。戦争でなくて、しかも血を流す政治、あるいは戦争であって、しかも血を流さない戦争、こういうものが現代の特徴であります。

たとえば革命にしましても、いろんな形の革命がありまして、パリのあのくらいの騒動が起きれば、普通ならばもう少し人死があるのですが、まあ人死は少なくてすんでいる。交通事故に比べればなんでもない。あれだけの大騒ぎでもその程度ですんでいると思うと、一方じゃ、自動車で次々と人が死んでいく。ヴェトナム戦争以上の死者が東京で現に自動車で殺されている。不思議な時代であります。

私どもが、当面ぶつかっている問題は、血を流す政治、血を流さない戦争という不思議な矛盾した様相であります。これは自衛隊法などには間接侵略という形で述べられております。一種のイデオロギー戦争のことを間接侵略という形でいっているのですが、デモ隊同士がぶつかれば、やはり頭から血が出る。なかには、鉄兜(ヘルメット)の中に赤チンを綿に染まして入れておき、たたくと出るというのがあるそうですが、まあ赤いものを見ると、人間はだんだん興奮してくる。こういう問題を考えますと、一連の血を流す政治というものがはっきり目の前に現われてくる。

その一つの非常にラディカルな現われが、ロバート・ケネディの暗殺のような形であります。私のところへ最近ある婦人の編集者が見えまして、椅子にすわるなり、「ロバートが殺されましたね」「そうですね」「いやですね、アメリカって」——まあそれはそうに違いありません。しかし私申しましたのに、「それではあなたに伺いたいのだけれども、昭和一二年から昭和二〇年までの八年間の日本は暗殺がまったくありませんでしたが、あの時代の日本は本当に文明の進歩したすばらしい国でしたね」と申しました。つまり、暗殺があっちゃいけない。それはないほうがいいにきまっている。しかしないと、何者かがそれをストップしたときに何が起るかという事例を、我々はよく知っている。それが昭和一二年から二〇年までの言論弾圧の時代であります。

結論を先にいってしまうと、私は民主主義と暗殺はつきもので、共産主義と粛清はつきものだと思っております。共産主義の粛清のほうが数が多いだけ、始末が悪い。暗殺のほうは少ないから、シーザーの昔から、殺されたのは一人で、六〇万人が一人に暗殺されたなんて話は聞いたことがない。これは虐殺であります。

どうして暗殺だけがこんなにいじめられるのか。私は、暗殺の中にも悪い暗殺といい暗殺があるし、それについての有効性というもののもないではないという考え方をする。たとえば暗殺が全然なかったら、政治家はどんなに不真面目になるか、殺される心配がなかったら、いくらでも嘘がつける。やはり身辺が危険だと思うと、人間というものは多少は緊張して、日頃は嘘つきでも――まあこういうところで私が嘘ついていられるのも、皆さんの中にまさか私を殺す人がいないからであります。もしこれが、あなた方の中に人相が多少悪くて、懐ろに匕首《あいくち》でものんでるような人がいれば、私ももうちょっと真面目な話をするのです。

人間というものは刀を突きつけられると、よし、おれは死んでもいってやるのだ、「板垣死すとも自由は死せず」という文句が残る。しかし口だけでいくらいっていても、別に血が出るわけでもない、痛くもないから、お互いに遠吠えする。民主主義の中には偽善というものがいつもひたひたと地下水のように身をひそめている。その偽善のいちばん甚だしいのは日本であります。日本はマッカーサーというえらい人が来て、アメリカは天国だ。それがまた、マッカーサーについてきたニューディラーたちが、彼らは内心アメリカは天国だと思ってないけれども、まあ天国を日本につくってやろう、アメリカの考える最も美しいものを日本に与えてやろうという、あたかも幼稚園の保母のような優しい気持で、新憲法をつくった。そして我々はアメリカの上澄み、すなわち、最も美しき偽善によって二〇年を暮してきている。それによって今日の我々は暗殺なしに、優しい、朗らかな、デモも何もないような国に住んでいるのであります。

しかしながら、私はアメリカ人とこの間話をしました。ある晩ジャーナリスト達が集まった晩飯の席ですが、みんなケチョンとし、シュンとしている。なぜかと思ったら、ロバート・ケネディの暗殺問題で、日本人が自分達を野蛮だと思ってやしないかしらと、多少内心忸怩《じくじ》としている。私は慰めてやりました。おまえたちはやっと偽善の衣をぬぎ捨てた。アメリカの本質はあれである。おまえたちの偽善のおかげで、我々は二〇年間どれだけ苦しんだか、日本中に偽善が瀰漫《びまん》したのは、おまえたちのおかげだ。やっとおまえたちは正直になってくれて、ありがたい。政治の本質は殺すことだ。シーザーの昔からそうじゃないか。民主主義というものは最終的にはああいう形になってしまうのが正直な形で、それがいけないとか、いいとかいう問題じゃないじゃないか。野蛮なら結構。君も昔、日本のことを野蛮だ野蛮だといっていたけど、やっと野蛮の域まで来たじゃないか――向うも大変肩の荷

が降りたような顔をしておりました。これが日米共同の美しい絆になると思う。（笑）

大体政治の本当の顔というのは、人間が全身的にぶつかり合い、相手の立場、相手の思想、相手のあらゆるものを抹殺するか、あるいは自分が抹殺されるか、人間の決闘の場であります。それが言論を通じて徐々に徐々に高められてきたのが政治の姿であります。しかしこの言論の底には血がにじんでいる。そして、それを忘れた言論はすぐ偽善と嘘に堕《だ》することは、日本の立派な国会を御覧になれば、よくわかる。そして我々が悩んでいる問題は、とにかくその偽善を承知して、何ものかに到達しよう。偽善を払拭すると、すぐ殺すのじゃ困るけれども、人が人を殺すというのはよほどのことで、そんな勇気はない。私もこうやって無事に生きていて、まあ私なんぞは殺すに値しないと思われているのでしょうが、それでも日本ではこうやって言論が自由自在に生きている。確かに美しい風景ではあるけれども、何か身を賭けた言論、身体を賭けた言論というものが少ない。自分一人で、一千万人を相手にしても退かないという言論の力が感じられない。何でも自分一人じゃ弱いと思うから、何万人でデモをやらなければならない。

私が一番好きな話は、多少ファナティックな話になるけれども、満州でロシア軍が入ってきたときに――私はそれを実際にいた人から聞いたのでありますが――在留邦人が一カ所に集められて、いよいよこれから武装解除というような形になってしまって、大部分の軍人はおとなしく武器を引き渡そうとした。その時一人の中尉がやにわに日本刀を抜いて、何万、何十万というロシア軍の中へ一人でワーッといって斬り込んで行って、たちまち殴り殺されたという話であります。

私は、言論と日本刀というものは同じもので、何千万人相手にしても、俺一人だというのが言論だと思うのです。一人の人間を多勢で寄ってたかってぶち壊すのは、言論ではなくて、そういうものを暴力という。つまり一人の日本刀の言論だ。日本刀というと、うちは刃物を置くのはいやだというような人もいるけれども、そんな考えでは、言論さえ通せない。そして、日本で言論と称されているものは、あれは暴力。そして、日本で日本刀が暴力だと思われている時には、たった一人の言論の決意というものを信じられなくなった時代の現われだと、私はそんなふうに考えております。

○

学生B　三島先生は先ほど、民主主義においては暗殺というものはつきものだとおっしゃいました。それは事実として受け入れます。その場合に、もしその暗殺というものが必然だとしても、ただ暗殺によって失われる効用と、暗殺によって得られる利益を比較考量した場合には、失われるほうが大きいのではないかと思います。なぜならば、ロバート・ケネディを例にあげれば、ロバート・ケネディに対する支持者は大勢あったわけですし、それを一個人の単なる衝動、または思想的な意見でケネディの人格の一面が気に入らないからといって全人格を否定するのは行き過ぎだと思います。

民主主義というのは、たとい客観的に民衆、大衆の動向が正しくないとしても、多数の民衆がこれを望むのであるならば、その民主主義は誤っていても、それに従わなくてはならないと僕は思います。その点についてご回答を願います。

三島　暗殺の方法にもより、また暗殺者の覚悟にもよるのですが、暗殺を非難するのはやさしいが、皆さん暗殺できますか。これは大変な勇気がいると思うのです。あれだけ警備の多勢いるところで、死刑を覚悟でやるというのは大変だと思う。私は人間の行動というのは、行動のボルテージの高さで評価するから、それが気違いなら別として、一人の個人である場合は、その個人の中のドラマが、どれだけのボルテージ、人間性の強いものに達したか。ロバート・ケネディを殺すということはロバート・ケネディとその男とが一対一になることであります。あの多勢の支持者に囲まれたロバート・ケネディと自分とが一対一になるまでボルテージを高めないと殺せない。もちろん金を貰ってやったということもあるでしょう。そういうこともあるでしょうが、その本人がやるのはその本人の行為である。

ところで私は、暗殺者が必ずあとですぐ自殺するという日本の伝統はやはり武士《さむらい》の道だと思っているので、本当はこれをやらなきゃいけない。ところが西洋でそれをやったのは、ほとんどロシアのテロリストだけであります。この間も石川淳先生と話したのですが、ロシアのテロリストだけが日本の

そういう精神をわりに受け継いでいる。(笑)

私は人間というものは全部平等だと思う。ロバート・ケネディが特に偉くない。暗殺者が特に馬鹿じゃない。人間が一対一で顔を突き合わす。その時、その一人の小さな小さな社会の人間の政治的意見とロバート・ケネディの政治的意見が真正面で衝突する。一対一の力で……。そうするとその結果がどうであろうと、つまりそこで一つの政治的意見が一つの政治的意見を殺すのです。私は暗殺をそういうふうに考えるが、あの暗殺者があと黙秘権を行使するばかりで、自殺しないのは気に入らない。やはりそれは男らしくないと思います。

しかしいまのお話では、ロバート・ケネディの一面が気に入らないから殺すというようなお話があったが、政治的暗殺の本質は、一面が気に入らないから殺すのじゃない。例えば、あの人は実にいい人だ、人柄はいいし、とても好きだ、しかしあの人の政治思想が日本のために許せないから、あるいはアメリカのために許せないから殺すという場合には、その人の一面じゃなくて、その人の思想を殺そうとするわけですね。ところが、思想ないし政治思想というものにその人間は全身をかけて行動していて、その人間の行動の表象がそこに表われてくるのだから、その人間を殺すということは、ただ一面が気に入らんということじゃなくて、その人間を全部抹殺することですね。そして人間は悲しいことに、他人の思想を抹殺する方法としては、殺すことしかまだ知らなかった。どんなことをしてでも、これしかできない。これは私は人間というものの悲しさだと思うのです。つまり、自分の気に入らないやつの意見をなんとかして抹殺したい。我々誰しもそう思うのです。右翼の学生は全学連を抹殺したいし、全学連も右翼の学生を抹殺したいと思うだろう。

その場合に、そういう人間はまず頭の中でいないと考える。全部あれは、観念の世界の亡霊で、いないと考える。それも一つの方法です。そして自分が一つの、全然音も、色も、光もない世界に立てこもって、ＬＳＤでも飲んで、離隔《りかく》してしまう。しかしその人間は自分の頭の中から消え去っても、どこかに必ずいることは確かだ。その人間はどこかで必ず何かを主張することは確かだ。それじゃ自分が権力をとって、その人間を牢屋に入れてみよう。牢屋に入れても、牢屋の中でぶつぶつ呟いているることは確かだ。あいつがどこかに生きていることは確かだ。それから、今度は殺してみよう。結局そこまで話がいっちゃう。その結果が、あの恐るべきアウシュビッツのナチスの考えだ。あれは、ユダヤ人の肉体を殺すということもありましょうが、ユダヤ人の思想を殺そうとした。私はアウシュビッツを認めるわけじゃない。私はナチスのあいうやり方を認めるわけじゃない。

私があくまでそこを分けたいと思うのは、人間が全身的行為、全身的思想で、人と人とぶつかり合うという決闘の思想というものが私は好きなんです。しかし権力をもって何万人の人間をガス室に入れるなんて思想は好きじゃない。それはいま私がいっている暗殺というものと意味が違います。それは自分に何ら危険が及ばない。自分は安楽椅子で煙草を吹かし、あるいはアウシュビッツの甚だしい例は、囚人の皮でなめしたランプシェードの下で、小説でも読みながら、のんびりしている。そういう非人間性というものは私は好かない。ただ人間が一対一で決闘する場合には、えらい人も、一市民もない。そこに民主主義の原理があるのだと私は考える。

だから、政治というものはいずれにしろ激突だ。そして激突で一人の人間が一人の人間を許すか、許さないか、ギリギリ決着のところだ。それが暗殺という形をとったのは不幸なことではあるけれども、その政治原理の中にそういうものが自ずから含まれている。もしそうでなければ、諸君が選挙の投票場へ行って投ずる一票に何の意味がありますか。諸君が投ずる一票が一ト粒の砂粒だったら、何になりますか。あれは諸君がたとい無名であっても、あるいは社会的な地位がなくても、その一票があなたの全身的な政治的行為であって、それの集積が民主主義をなしている。だからそういう間接的な民主主義によって民主主義形態が成り立っていることが理想であるけれども、その原理の中には自ずから、ロバート・ケネディも、一投票者も、政治的意見において本当に一対一で、人間的に一対一だという考えが含まれなければ、民主主義は成立しない。だから暗殺というのはアクシデントではあるけれども、民主主義に暗殺はつきものだと私がいったのは、そこなのです。

ところが、共産主義ないし全体主義というものはそういうことをやらん。彼らは権力を握って、邪魔なやつを粛清すればいい。全体主義は人を粛清するのに、そんな暗殺のような自分の危ないことはやりません。ニュースを隠して、秘密警察で守り、その中で一番憎いやつをそっと殺す。犯人もわからなければ、何もわからない。それがスターリンの全体主義の恐ろしいところであります。

ですから私は、人間的なもの、あるいは人間の全身を賭けた行為というものにはいつもある程度の尊敬を払う。しかし金はいかん。金による暗殺というものがあれば、それはいけない。アメリカの場合はひょっとするとそういう可能性があると思われるので、その点で疑問を残しているわけです。

○

学生D 三島先生はさきほど、暗殺的行為は一つの思想が一つの思想を殺すことで、これは決闘である、決闘という行為は非常に美しいものであると、賛美なさいましたけれども、私は暗殺というのは決闘とは違うと思うのです。決闘というのは一定のルールがあって、非常に礼儀正しく行われますけれども、暗殺というのは非常に卑怯な行為だと思うのです。暗殺をやった人は、捕えられれば死刑になることが判っているのですから、死刑を覚悟でやっていることは確かだろうが、それだからといって暗殺そのものを美しいとは思えません。

それからもう一つ、先生は、暗殺をする人間というのはボルテージが高まった人間だと肯定的におっしゃいました。たしかにある人間が自分自身の確固たる思想があって、やむに止まれぬ思想的信念から誰某を殺したいという気持を抱いていたとしますね。そうすると、そういう人を末端において利用するという形で、操り人形的に使って、暗殺をやらせるという場合も出てくる思うのです。前のケネディ大統領が殺された時にも、いろいろと背後関係が取沙汰されたわけですけれど……。このボルテージの高まった個人と、それを背後で利用しようとする勢力との関係という問題についてはどうお考えでしょうか。

三島　決闘との比較は多少当を得ていなかったと思いますけれども、それじゃ本当にケネディと政治的意見が反対だった人間が、ケネディを殺す他ないと感じた時に、ケネディを決闘の場へ呼び出して、立会人を付け、一対一で決闘できるかどうかという現実問題がありますね。有名な政治家は多勢の警備に守られていて、結局暗殺的手段でやるほかない、というやむを得ざる事情を考えると、私は一概に卑怯と云えないいんじゃないか、不意討ちする以外にやる方法がない。不意討ちしないで、予告すれば、警備がますます厳しくなって、こっちがやられちゃっているから、目的を遂行できないでしょう。だからプラクチカルな問題として、暗殺が卑怯に見えても、暗殺という形をとらざるを得ないと思うのです。

もう一つは、末端利用の問題ですが、これは個々の暗殺の問題であって、私がいいたいことは、暗殺という言葉を聞いただけで、何という野蛮なことだろう、そういうものをなくすのが我々の社会じゃないかと興奮してみせ、暗殺を恐ろしい黴菌《ばいきん》かなんぞのように毛嫌いするといった空気が政治というものの考え方に対する甘さだと思うのです。政治というのは苛責《かしゃく》のないものだ。非常に苛責のないものの中で生きているからこそ暗殺といったものが現われてくるのだということを考えた上で、個々の暗殺についてあれはりっぱな行為である、あれは卑怯な行為である、あれはいかん、あれはどうだということを判断していかなきゃならんのじゃないかというふうに考える。ですから暗殺が本質的に卑怯だとか、いかんのだという考えでは、政治というものの本質を捉むことはできないのじゃないか、私はそう考えるのです。背後関係とか利用とかということは、科学的な方法で突きとめてからの問題です。

だけども、結局暗殺も命を賭けないとできないでしょう。いくら卑怯でも、卑怯というのは自分が解らないで金のためや、あるいは他人に唆《そその》かされて殺すのが一番卑怯。だからオズワルドが本当の犯人であったかどうか知らないが、ああいう暗殺のやり方は卑怯だといえるかもしれないね。やっぱり明治維新でいろんな刺客が活動した時代には日本刀ですからね。そういう点じゃ今と違ってはっきりしていた。ロシアのテロリストは爆弾投げてた。

学生D　でも先生、そういうふうに一人の欲望が生む力を認めようとすると、世の中の秩序は非常に危なっかしいものになってしまう。いくら命を賭けているといっても、そう簡単にやられたらたまったものではない。この点どうですか。

三島　今の時代に、あなたが命を賭けて何かやる。たとえば振られた昔の恋人を殺すとか、あるいは、演壇の上で喋っている三島とかいう変な男が憎らしいから、あなたの欲望としてはこの男を殺してやりたいと思ったとしても、爆弾投げるなり、日本刀で斬りかかるなりするためには、準備もいるし、なかなかこれができないですね。ぼくは人間性ってその点で信じるのは、十中八、九の人間には暗殺なんかできやしない。

学生D　浅沼さんを暗殺した山口少年については……。

三島　あれは立派ですよ。ぼくがいかんと思うのは、中央公論事件の小森の場合です。女子供をやるなんてことは非常にいかん。二・二六事件もえらいのは女子供をやらなかったから、あれは実に見事だ。女子供をやるという考えは一番いかん。浅沼をやった山口二矢は非常にりっぱだ。あとでちゃんと自決しているからね。あれは日本の伝統にちゃんと従っている。

学生E　今まで、三島先生のお話を伺っておりまして、先生の輪を拡げていくと、もしぼくの主張を通すには、最終的には先生を殺すしかない。さらに例えば石原慎太郎先生とか……。それはぼくには勇気がないから実際にはできないのですが。先生はそこで、人間というものにはそういう勇気を持つ人が少ないからそんなに被害は大きくないというのですけれども、それはぼくには勇気ないし、そういう人も少ないと思うけど、何人かはいるということは事実だと思うのです。それで、たった一人でこの世の中を全て破壊できると考える人間が、自分の考えを貫こうとして、この全世界を破壊するしかないという輪を進める。しかも合理的に、自分の自殺と他の全世界の人々を滅ぼすということを同時にやったとして、それで全世界を滅ぼすことになっても、ボルテージの高まったその個人に意義はあるのですか。それを伺いたいのです。

三島　大量殺人の思想に私は反対であるということを前にも申しました。命令を下して、人をガス室に放りこむというのは反対だと、これは私はっきりしているのです。ただあなたの云うように自分が死んでもいいのだ、だから例えば、自分が死ぬために飛行機に爆弾を仕掛け、飛行機に一緒に乗っている一〇〇名なら一〇〇名の無辜《むこ》のお客さんを一緒に殺しちゃっていいのか、要するにそういうことですね。それはぼくのいっていることと違うわけです。つまり人間というものを一対一の人間と考えるか、一対三と考えるか。そこで政治の考えの上でも、全然考えが最初の段階と違ってくるんですよ。それは戦争の問題にもなり、なにの問題にもなるが、つまり、戦争というものを認めるか、あるいは殺人というものを認めるか、それが根本になってくるわけですね。そうすると、もし人間が人を殺してはいけないという思想が根本にあったとすれば、それはあなたのいうとおりです。そしてあなたのいうような自分が全世界を滅ぼすと一緒に死にたいからそれをやっていいのかという思想は暗殺の論理的な必然性としてそのものが出てくるのじゃない。それは殺すという思想ですね。そして、人間が人を殺してよいのか、人間がそもそも物を破壊し、人の生命を断ってよいのかというモラルの問題ですね。私はそう思う。そのモラルを根本的に否定して、汝殺《なんじ》すなかれというところへ行けばキリスト教であり、あるいは絶対平和主義のクェーカー教のような立場になるわけです。ですから問題をそのまま発展さしていく段階では殺人を完全に否定し、その延長上としての戦争を否定し、ましてや全世界を自分のために破壊するなんてことを全部否定しなきゃならない。ところが人間にはモラルがあり、そのモラルが行動から出てきて、その行動にはポリシィがあるというふうに考えていけば、人間の行動にはいろんな行動がある。あなたが足を踏み出すと、そこには虫があり、虫を踏みつぶさなきゃならない。仏教は虫も殺さない。蚊も殺さない。しかし我々は動物の肉を食って、虫を殺して生きているのです。そしてそういう中で人間の行動がどんな行動でも、手を出せばそこに人の顔があり、それに当って殴ったことになっちゃう。足を出せば、こんな多勢人がいるところでは、人の脛《すね》を蹴ったことになっちゃう。人間の行動を全部否定していくことによってモラルを保つかどうか、そこの最終的な決断があるかどうかという問題に、私は帰着すると思う。

人間を一つの動物と認める。人間は動物です。生きて動いている。何かをやる。何かをやる時に、その行動が何を基準としているか。その行動が正しいか正しくないか。純粋であるか、純粋でないか。

それから先は行動を基準にしたモラルですから、その先にはその人間があるいは殺すかもしれないが、その殺すことに、正しい殺人があり、正しくない殺人がある。我々の社会が持っている法律の実定法はそういうものを考えているわけです。例えば殺人であっても情状酌量される場合もある。それから一番問題は、安楽死とか、嬰児《えいじ》殺しだとか、そういう人間が人間を殺すという問題で、非常に人間性の奥底に触れた問題がありますね。私はそこに帰着すると思うのです。

だからあなたのお考えは面白いのだけれども、暗殺を認めることが同時に自分が死ねばいいんだから、全世界をボタンを押して滅ぼしてもいいという思想に直接つながるかというと、そこにはつながらないと思う。もしその思想につなげようと思えば、初めから人を殺すなかれというモラルへ還っていかなければならない。私はその間の話をしているわけです。

ですから私は大量殺人は認めない。ガス室は認めない。原子爆弾は認めない。

学生F　素朴な質問ですが、ジョンソン大統領が一対一で誰かに暗殺されたとしますね。そうした場合、先生は今のように明快に暗殺というものを称賛されますか。

三島　ぼくはジョンソンだろうと、ロバート・ケネディだろうと、まったく同じです。変りありません。

学生G　ケネディや浅沼を殺した場合に、思想というものは彼らが死んでもある程度残るんじゃないかと思うのです。ケネディが死んだら、あとに大変同情が集まって、かえってケネディ精神というものが受け継がれる。だから暗殺で殺すということはかえって、暗殺された人の思想を強く残すのじゃないかと思うのです。

それともう一つ、ロバート・ケネディは彼の思想によって反対派と対決しているのに、それをなぜ思想で対決しないか。暗殺という手段に訴えるのは非常に情緒的な判断じゃないか、非常にエモーショナルで弱い発想じゃないかと思うのです。それは、例えばR・ケネディが死んだ時に、彼には九人の子供がいて、奥さんは身籠っているのに可哀そうだといった、非常に感傷的な同情心というものとまったく同じで、先生が暗殺をほめられるというのも同じ発想じゃないかと思う。だから思想に対しては思想で対決すればいいので、エモーショナルな判断で暗殺を正当化されるのは少しピントがずれた甘い考えじゃないかと思うのです。その二つの点についてお伺いしたい。

三島　いまのお話は二つ要点がありました。つまり初めは、暗殺が、かえって被暗殺者の精神を残すので困るというのが一つと、もう一つは、思想で対決するのが本当で、暗殺というのは情緒的な判断ではないか、行動ではないかということですね。

第一の問題は殉教の問題なんですね。キリスト教を弾圧しようと思って、ローマが一所懸命殺したわけです。殺して殺して殺し抜いたんだけど、キリスト教はとうとう生き延びちゃった。まず第一にキリストが殺され、次から次と殉教者が出、いくら殺しても、いくら殺しても、シラミつぶしにしてもダメだ。思想が残っちゃった。キリスト教徒であるがゆえに殺されるということが少なくなったら、キリスト教は力が少し弱まってきた。それはあなたのまったくおっしゃるとおりです。ただ私がいっている立場は、政治権力が思想を殺すという問題と、それからまた一個人が一個人を殺すという問題、そこに非常に違いがあると思うのです。そうすると、ロバート・ケネディが政治権力によって殺されたという考えを持ちやすい状況が一つあるわけです。はっきりいえば、ジョンソンが殺したということね。そうすれば、ケネディ派の人間は非常にこれに対して憤激するに違いない。それからまったく殺すほうの思想が孤立している場合に、殺すほうの思想が権力を求めているのではなくて、まったく自分の純粋な一直線の政治的思想によって殺したということがはっきりした場合は、私のいう純粋暗殺ですね。だからこんどのロバート・ケネディの場合には、私のいうのは純粋暗殺であるか、あるいは一方の権力が——決してジョンソンが殺したとはいわないが——一方の政治権力が、金か何かで犯人を利用して殺したのであるか、そこの判断は非常にむずかしい。

ただ思想が後に残る、精神が後に残るということは暗殺者にとっては別の問題であって、そしてそれは人間対人間の問題に還元できると思う。暗殺者のほうが後に残った例もまた幾らもあります。ちょっと名前を忘れましたが、ギリシアの僭王《せんおう》——独裁者を殺した有名な兄弟があります。この兄弟の暗殺者の肖像は今でも建っておりますが、殺された僣王《せんおう》のほうの名前は残ってないですね。それはアテナイの民主政治というものを独裁者が冒瀆《ぼうとく》したがゆえに、やむにやまれず殺さなきゃならなかったという状況があったからなのです。ですから一概にそれはいえない。

もう一つは第二の問題で、思想が思想と対決すればいいじゃないかとあなたがいわれる場合に、その思想という考えには行動という考えは含まれていないものか、それはどうですか。

学生G　それは含んでいます。

三島　現実の思想的行動って何ですか。対決でしょう。行動・対決の先にあるものは何ですか、戦争でしょう。思想が思想と対決することも、おしまいには殺し合うのです。ですからイデオロギーに限らず、思想というものはそういう性質を持っていると思うのです。それの一番プリミティブな、あなたの云われるように情緒的かもしれない行動が暗殺という形でたまたま現われるということはあり得る。我々いま一種の平和共存の時代に生きていて、思想と闘えばいいのだ、言論と闘えばいいのだ──もちろんそうです。何もここで諸君と殴り合う必要はないのだ。だけどもその底の底の底には、許し合わないものは対決しなきゃならん、殺す覚悟で話さなきゃならんという信念がなければ、その人は力がない。

私ここへ立っていて非常に残念なのは、何ら危害が加えられる恐れがないことです。これが危害を加えられる恐れがあれば、もうちょっと私のいうことも説得力を持ってくる。ぼくは日本のインテリがそういう最後の信念がなくて物をいうというのが非常に嫌だ。大きなことをいうようだが、そういう気でもって私はこれからもやっていきたいと思うから。日本の明治の政治家、大隈重信なんかは、自分の足を撃った暗殺者――来島といって大隈を狙撃した後、すぐ自殺したのですが――の墓を立ててやってお参りに行っていますね。ああいうのは日本の武士道だ。そこまでいけば別ですよ。情緒的と一概にいえるかどうかというのは問題だ。

○

学生― 今までと重なる部分があるかと思いますが暗殺の問題について三島先生にもう一度お伺いしたいのです。先生が暗殺を肯定されるということは、さっきからのお話を伺っていますと、どうも暗殺というものが先生のおっしゃる純粋暗殺、つまり一対一の人間の対決であって、暗殺者が死を覚悟している、そういう点から肯定されているという要素が非常に大きいと思いますけれども、それは結局暗殺というものが美的であるかどうか――いつも先生は美的であるかどうかということで判断されているのではないのですか。たとえば『憂国』のモチーフを考えてみましても、二・二六事件の兵士たちがやっとこと自体というより、決起の後で死を覚悟している、そういうことから、あの事件を肯定されるように思うのです。そういうことを肯定されるか、あるいは一種の尊敬を持たれるということは先生の勝手ですけれども、問題は、それが美的であるかどうかということではなくて、人間が死んだという事実です。つまり今まで生存していた人間が生命を失うということが一番大事なことであって、その暗殺自体が美的であるかどうかなんてことは、本質的に重要なことじゃない。だからぼくにいわせれば、まず人間を抹殺するということが絶対に許されることじゃないと思います。いかなる理由があっても……。たとえば原始時代なら、犯罪者は殺してしまえばいいということで解決されたわけですけれども、人間のこれまでの歴史というものはそういう報復的な暴力をなるべく使わないでよりましな世界をつくるためにはどういうふうにしたらよいかということを追い求めてきた歴史だと思うのです。だからその最終的な形態は完全な民主主義だと思います。

でも先生がそういうふうに暗殺を肯定されるということは、極端な例をいえば、ある政策に対して一億の人間が賛成していて、一人の反対者がいた。その政策を遂行しようとする政治家をその一人の人間が暗殺するということも、美的であれば肯定されるわけですか。そういうことを肯定するということは、民主主義というものをつくり出そうとする場合に決定的な障害になります。それは本当に決定的だと思います。先生は、日本あるいはアメリカが民主主義国家であるから一体一の暗殺は起り得るとおっしゃるかもしれないが、ぼくにいわせれば、真の民主主義はまだまだ存在していません。だからそのために努力していくことが、我々若い世代の目標であるべきだと思うのですが、その間に先生のように暗殺を美的であるから、すべての行為を美的であるから肯定するというような考え方が存在しているということは、どうしても許せないことであります。

かりにぼくに勇気があって、先生の論法でゆけば、完全に先生を暗殺すべきです。こういう仮定は許されないかもしれませんが、ぼくにそういう勇気があったとしても、ぼくはおそらく先生を暗殺しないと思います。それは人間の本性に根差したことだと思うからです。先生は、そんなことといったって君らにはやれないだろうというふうな問題にすりかえられますけれども、それは決して正しい問題の説明法じゃありません。とにかくぼくの一番いいたいことは、暗殺は絶対に肯定されるべきじゃないということ。以上お答えを願います。

三島　暗殺の問題から、人を殺すか殺さないかという問題がいつもあなた方の頭の中で一緒くたになっている。そして暗殺というと熱狂的に否定して、すぐそれが人を殺しちゃいけないというふうになる。その考えの根底は、戦後のいわゆる人間主義の教育から来ていると私には思われる。つまり殺人という問題を客観的に扱うことができない。すぐそれが、とにかく人を殺すことはいけないのだというふうにいっちゃう。

じゃ一つ問題を提起すると、死刑廃止のできている国があるか。ソヴィエトは死刑廃止を一度やって、また復活した。刑法は皆さんやっておられるから一番わかるでしょうが、刑法には人間性というものに対する二つの根本的な考えが昔から争っています。これは客観主義の刑法と主観主義の刑法との二大対立であります。ご承知のとおり、主観主義のほうが教育刑主義で、客観主義のほうが応報刑主義であります。そして昔のローマ法王時代には大量のいわゆる応報刑が支配的であったのですが、後に進歩的な刑法が、だんだんに人間は教育されうる――ロンブローゾのような学者は、犯罪者はむしろ先天的な素質があって、狂人の一種である。したがってこういう者――例えばいまいわれた暗殺者のようなものは社会予防のために隔離すべきであって、一般人の本性は美しい人間性であり、本来絶対にそういうことをやらんのだ、だから人間は教育していって、死刑を廃止し、改悛《かいしゅん》させれば、ますます人間性は高まっていく。これが進歩主義の刑法であります。この考えの線上に死刑廃止がいつも主張され、人間が人間を殺すということは悪ではないか、かりにどんな凶悪な犯罪を犯しても、国家権力が人間を殺すことは悪ではないか、これがいまでも問題になっているのです。人を殺すことはいかんということから云いますと、刑法上の意見の対立、死刑廃止の問題、あるいはさっきも申しましたアウシュビッツの問題、ヒューマニティというものの一番根本的な問題に触れてくる。中国の性善説、性悪説もそうであります。

ですから、殺すことはいけないのだということは、一つの判断であり、一つの立場なんで、あなたは人間性というものを直視していないのです。それと同時に民主主義というものを直視していない。

つまり、民主主義というものが相対的な政治形態であることがわからない。民主主義というものは、一億人のうち九九九九万九九九九人まで同じ意見であるというのでは、民主主義というものは成り立たん。だから一億人のうち一人だけ暗殺者がいて、あと全部同じ意見であっては、民主主義じゃない。人間にはそういうことが起り得ないというペシミズムが民主主義の根底です。民主主義というのは非常にペシミスティックな政治思想です。そして人間は相許さないものだ、意見は違うものだ、ほっとけば殺し合うものだ、なんとかこれを殺し合せないで、国会議事堂というところに連れてきて、つかみ合いぐらいならさせておけばいいのだ。そしてお互いに議論をし、この中からまあまあましというものをとればいいのだ。自分は一〇やりたいと思っても、敵がいるからそのいいなりになれば、三つしかできない。しかしそこを何とか五つやろう。五つやっても一〇はやれないが、ゼロよりましだというのが民主主義だ。純粋民主主義なんてあなたの考えるのは、地上にかつて存在したことがない。そして、それに向っていくら努力したって、あなたの一生は無駄だ。我々はペシミズム――人間がどうしてこんなにむずかしい存在なのか、どうしてこんなに扱いにくいものであるかという地点から出発し、そんな人間の集まりの中で少しでもよい政治思想というものを考えて、民主主義を発明した。私がいうのは、その民主主義が最高の、あるいは最終的な政治思想ではないということ。民主主義にいいところがあれば、専制主義にもいいところがある。政治思想にはどれもこれもみな良し悪しがある。欠点もあれば、長所もある。

じゃ、共産主義がいいのか、全体主義がいいのか。さっきあなたのいわれたように、一億人の人間が全部一億人同じ考えであればいいのか。そうなるためには人間性の本性からいって、絶対に相互監視と弾圧が必要です。厳しい相互監視、プライバシーの抹殺、言論統制、強制収容所、こういうものがなければ、一億の人間が全部同じ考えだということは人間としてあり得ない。それをしようとすれば、強制収容所の思想が必要になってくるのです。だからあなたが本当に純粋に理想を追求しようとすれば、強制収容所の思想になり、かつ粛清の思想に入っていかなければならない。粛清というのは自分の気に入らない人間を片ッ端から殺すことです。それと暗殺とを比較した場合に、民主主義は相対的な政治理念であるが、その根底には政治としての激しいものが、デモーニッシュなものが流れている。したがって暗殺というものも起り得る。暗殺を肯定する、しないの問題じゃなくて、その暗殺の中にも、本当に人間の純粋な政治思想、人間の行為というものに純粋性があるかどうかを見極めることが大事である。ただ暗殺を概念的に否定すれば、それは強制収容所の思想に行ってしまうということを私はいっている。そして、その暗殺をただ美的だとか美的でないとかいう問題を私は云々しているのじゃない。あなたはどこかの文芸評論を聞いて来て、美という字をくっつければ三島がギャフンと参るだろうと思っているかもしれないが、そんなものじゃない。現実というものは行動と主張で成り立っているかもしれないが、その行動と主張にはそれぞれクォリティがなきゃならない。質がなきゃならない。最も現実的な行為と、最も高尚な行為との間に段階がなきゃならない。それが我々の生きている意味なんです。私は行為ということを考える。

それで暗殺の中にも、クォリティの高い暗殺もあれば、低い暗殺もある。人が殺されたからといって泣いているのは子供と同じことで、そこには理屈も何もない。それで殺すことがいけないという思想だったら、さっきいったように、クェーカー教徒になるか、粛清を肯定するか、どっちかしかない。そういうふうに扱われる次元で、暗殺を客観的に考えるということが、我々にとって必要だ。私はそういうことを云っている。

あなた方どういう教育を受けてきたか知らないが、民主主義なんて甘いものじゃない。これをどうやって純粋民主主義に近づけるかなんて、いつまでたっても無駄なんだ。人間は汚れている。汚れている中で相対的にいいものをやろうというのが民主主義なんだ。この点をわかってほしいのです。

檄

三島由紀夫

一九七〇年一一月二五日、楯の会の隊員四名とともに、三島由紀夫は自衛隊市谷駐屯地を訪れた。東部方面総監室で益田兼利総監と面談後、同総監を人質にして籠城する。バルコニーで演説を始めた三島は、自衛隊員にクーデターを呼びかけたが失敗。この演説の際に撒布されたのが本稿である。演説が終わると総監室に戻り、三島は割腹自殺した。本書では、『決定版三島由紀夫全集 三六』（新潮社、二〇〇三）を底本とした上、「檄」の全文を掲載し、編集部の判断で適宜、ルビを付した。三島由紀夫、享年四五。

われわれ楯《たて》の会は、自衛隊によって育てられ、いわば自衛隊はわれわれの父でもあり、兄でもある。その恩義に報いるに、このような忘恩的行為に出たのは何故であるか。かえりみれば、私は四年、学生は三年、隊内で準自衛宮としての待遇を受け、一片の打算もない教育を受け、又われわれも心から自衛隊を愛し、もはや隊の柵外の日本にはない「真の日本」をここに夢み、ここでこそ終戦後ついに知らなかった男の涙を知った。ここで流したわれわれの汗は純一であり、憂国の精神を相共にする同志として共に富士の原野を馳駆《ちく》した。このことには一点の疑いもない。われわれにとって自衛隊は故郷であり、生ぬるい現代日本で凛烈《りんれつ》の気を呼吸できる唯一の場所であった。教官、助教諸氏から受けた愛情は測り知れない。しかもなお、敢てこの挙に出たのは何故であるか。たとえ強弁と云われようとも、自衛隊を愛するが故であると私は断言する。

われわれは戦後の日本が、経済的繁栄にうつつを抜かし、国の大本《おおもと》を忘れ、国民精神を失い、本を正さずして末に走り、その場しのぎと偽善に陥り、自ら魂の空白状態へ落ち込んでゆくのを見た。政治は矛盾の糊塗《こと》、自己の保身、権力慾、偽善にのみ捧げられ、国家百年の大計は外国に委ね、敗戦の汚辱は払拭されずにただごまかされ、日本人自ら日本の歴史と伝統を流《けが》してゆくのを、歯噛みをしながら見ていなければならなかった。われわれは今や自衛隊にのみ、真の日本、真の日本人、真の武士の魂が残されているのを夢みた。しかも法理論的には、自衛隊は違憲であることは明白であり、国の根本問題である防衛が、御都合主義の法的解釈によってごまかされ、軍の名を用いない軍として、日本人の魂の腐敗、道義の頽廃《たいはい》の根本原因をなして来ているのを見た。もっとも名誉を重んずべき軍が、もっとも悪質の欺瞞《ぎまん》の下に放置されて来たのである。自衛隊は敗戦後の国家の不名誉な十字架を負いつづけて来た。自衛隊は国軍たりえず、建軍の本義を与えられず、警察の物理的に巨大なものとしての地位しか与えられず、その忠誠の対象も明確にされなかった。われわれは戦後のあまりに永い日本の眠りに憤った。自衛隊が目ざめる時こそ、日本が目ざめる時だと信じた。自衛隊が自ら目ざめることなしに、この眠れる日本が目ざめることはないのを信じた。憲法改正によって、自衛隊が建軍の本義に立ち、真の国軍となる日のために、国民として微力の限りを尽すこと以上に大いなる責務はない、と信じた。

四年前、私はひとり志を抱いて自衛隊に入り、その翌年には楯の会を結成した。楯の会の根本理念は、ひとえに自衛隊が目ざめる時、自衛隊を国軍、名誉ある国軍とするために、命を捨てようという決心にあった。憲法改正がもはや議会制度下ではむずかしければ、治安出動こそその唯一の好機であり、われわれは治安出動の前衛となって命を捨て、国軍の礎石たらんとした。国体を守るのは軍隊であり、政体を守るのは警察である。政体を警察力を以て守りきれない段階に来て、はじめて軍隊の出動によって国体が明らかになり、軍は建軍の本義を回復するであろう。日本の軍隊の建軍の本義とは、「天皇を中心とする日本の歴史・文化・伝統を守る」ことにしか存在しないのである。国のねじ曲った大本《おおもと》を正すという使命のため、われわれは少数乍《なが》ら訓練を受け、挺身しようとしていたのである。

しかるに昨昭和四四年一〇月二一日に何が起ったか。総理訪米前の大詰ともいうべきこのデモは、圧倒的な警察力の下に不発に終った。その状況を新宿で見て、私は、「これで憲法は変らない」と痛恨した。その日に何が起ったか。政府は極左勢力の限界を見極め、戒厳令にも等しい警察の規制に対する一般民衆の反応を見極め、敢て「憲法改正」という火中の栗を拾わずとも、事態を収拾しうる自信を得たのである。治安出動は不用になった。政府は政体維持のためには、何ら憲法と抵触しない警察力だけで乗り切る自信を得、国の根本問題に対して頬っかぶりをつづける自信を得た。これで、左派勢力には憲法護持の飴玉《あめだま》をしゃぶらせつづけ、名を捨てて実をとる方策を固め、自ら、護憲を標榜することの利点を得たのである。名を捨てて、実をとる！　政治家にとってはそれでよかろう。しかし自衛隊にとっては、致命傷であることに、政治家は気づかない筈はない。そこでふたたび、前にもまさる偽善と隠蔽、うれしがらせとごまかしがはじまった。

銘記せよ！　実はこの昭和四四年一〇月二一日という日は、自衛隊にとっては悲劇の日だった。創立以来二〇年に亘《わた》って、憲法改正を待ちこがれてきた自衛隊にとって、決定的にその希望が裏切られ、憲法改正は政治的プログラムから除外され、相共に議会主義政党を主張する自民党と共産党が、非議会主義的方法の可能性を晴れ晴れと払拭した日だった。論理的に正に、この日を堺にして、それまで憲法の私生児であった自衛隊は、「護憲の軍隊」として認知されたのである。これ以上のパラドックスがあろうか。

われわれはこの日以後の自衛隊に一刻一刻注視した。われわれが夢みていたように、もし自衛隊に武士の魂が残っているならば、どうしてこの事態を黙視しえよう。自らを否定するものを守るとは、何たる論理的矛盾であろう。男であれば、男の矜《ほこ》りがどうしてこれを容認しえよう。我慢に我慢を重ねても、守るべき最後の一線をこえれば、決然起《た》ち上るのが男であり武士である。われわれはひたすら耳をすました。しかし自衛隊のどこからも、「自らを否定する憲法を守れ」という屈辱的な命令に対する、男子の声はきこえては来なかった。かくなる上は、自らの力を自覚して、国の論理の歪《ゆが》みを正すほかに道はないことがわかっているのに、自衛隊は声を奪われたカナリヤのように黙ったままだった。

われわれは悲しみ、怒り、ついには憤激した。諸官は任務を与えられなければ何もできぬという。しかし諸官に与えられる任務は、悲しいかな、最終的には日本からは来ないのだ。シヴィリアン・コントロールが民主的軍隊の本姿である、という。しかし英米のシヴィリアン・コントロールは、軍政に関する財政上のコントロールである。日本のように人事権まで奪われて去勢され、変節常なき政治家に操られ、党利党略に利用されることではない。

この上、政治家のうれしがらせに乗り、より深い自己欺瞞と自己冒瀆《ぼうとく》の道を歩もうとする自衛隊は魂が腐ったのか。武士の魂はどこへ行ったのだ。魂の死んだ巨大な武器庫になって、どこへ行こうとするのか。繊維交渉に当っては自民党を売国奴呼ばわりした繊維業者もあったのに、国家百年の大計にかかわる核停条約は、あたかもかつての五・五・三の不平等条約の再現であることが明らかであるにもかかわらず、抗議して腹を切るジェネラル一人、自衛隊からは出なかった。

沖縄返還とは何か？　本土の防衛責任とは何か？　アメリカは真の日本の自主的軍隊が日本の国土を守ることを喜ばないのは自明である。あと二年の内に自主性を回復せねば、左派のいう如く、自衛隊は永遠にアメリカの傭兵として終るであろう。

われわれは四年待った。最後の一年は熱烈に待った。もう待てぬ。自ら冒涜《ぼうとく》する者を待つわけには行かぬ。しかしあと三〇分、最後の三〇分待とう。共に起って義のために共に死ぬのだ。日本を日本の真姿に戻して、そこで死ぬのだ。生命尊重のみで、魂は死んでもよいのか。生命以上の価値なくして何の軍隊だ。今こそわれわれは生命尊重以上の価値の所在を諸君の目に見せてやる。それは自由でも民主主義でもない。日本だ。われわれの愛する歴史と伝統の国、日本だ。これを骨抜きにしてしまった憲法に体をぶつけて死ぬ奴はいないのか。もしいれば、今からでも共に起ち、共に死のう。われわれは至純の魂を持つ諸君が、一個の男子、真の武士として蘇えることを熱望するあまり、この挙に出たのである。

民族派暴力革命論

見沢知廉

見沢知廉《みさわちれん》（本名は高橋哲夫。一九五九―二〇〇五）は、中学時代に右翼として活動し、高校時代に左翼として戦旗派に入った。一九七八年の三里塚闘争に参加した後、日本学生同盟や一水会に所属するなど、再び右翼に転じた。統一戦線義勇軍の書記長になると、火炎瓶を使ったゲリラ活動を度々おこなった。そして、新たな組織を作ろうと集まった仲間の一人を、スパイ呼ばわりした上で殺害（スパイ粛清事件）。殺人容疑で逮捕され、懲役一二年の実刑となる。満期で出所してから、獄中で執筆した小説『天皇ごっこ』や手記『囚人狂時代』が刊行され、話題となった。二〇〇五年二月、自宅のマンション八階から飛び降りて死亡。右翼の理論書「民族派暴力革命論」は、一水会など右翼の機関誌に寄稿した論文を集め、編集したもの。本書では、同書のネット配信版を底本にした。見沢知廉、享年四六。

赤軍に学べ——PART2

緑の中を走り抜けてく真赤な赤軍……プレイバック、プレイバックあなたのもとへ、プレイバック

——

という訳で、〈義勇軍報〉に掲載した堂々六五枚（四〇〇字で）の大論文〈赤軍に学べ〉を、ここにプレイバックさせて、〈赤軍に学べ、PART2〉を展開したいと思う。

今回は初級編でもある事だし、〈なぜ学ぶ必要があるのか?〉などや、その余り一般に知られていない日常的側面について簡単に述べてみたいと思う。

永田洋子が泣いた。重信房子が伝記を書いた。その最大の理解者たる重信末雄氏が、没した。再び赤軍が動くぞと、かげろうの様な噂にマスコミが揺れた。田宮が日本に帰りたいといった。浅間から一〇年、トゥナイトのディレクターは、義勇軍を見ながら「そういえば、もう浅間から一〇年だ。あの時は、ずっと泊まりがけで取材だったんだ。寒かったナー」と、呟いた。そう喋る彼の瞳はウットリと過去への憧憬に、うるんでいたのである。

赤軍の残した〈夢〉は、未だに街々を亡霊の様に彷徨《さまよ》っている。シャンソンに、「詩人の魂」という奴がある。詩人が死んでも、その残した詩は歌となって街々を彷徨《さまよ》う、という内容の歌だ。なる程〈赤軍〉は、一片の〈詩〉だった。激烈に生きた人間の情念は、例えそれがいかなる行為であろうとも永

劫に街々に、呪いの様にこだまするのだ。ある時は明星として、またある時は暗い影として。ある人間には甘美な夢として、また、ある人間には重苦しい夢として。

そういった意味において、重信末雄氏の〈右〉の情念が、何の障害もなく重信房子の〈左〉の情念に転化したのだし、又、同じ様に重信房子の情念が〈義勇軍〉の情念に転化しても、何の不思議もない。——情念、という概念の前には、左も右もないのだ。ただそこにあるのは、一切を捨象された〈人間そのもの〉だけなのである。

だからこそ義勇軍は、否、全ての民族主義者は、赤軍の情念に学ぶべきであろう。「義勇軍報」でも展開した様に、パレスチナ解放を目指してアラブに渡った日本赤軍の情念は、アジア解放を目指して大陸に渡った大陸浪人の情念と全く同一である。それは、あれは左だとか、外国在留日本人の迷惑になる、国賊だとか等断ずるのは、全くもって西洋的常識、西洋的判断基準にのみ基づいた幼稚な判断であり結論でしかありえない。人間の至情の前には、マルキシズムもアンチ・マルキシズムもありえない筈ではないか？　それが〈左〉だからといって、その至情を理解出来ない様な人間の判断基準は、それこそ〈反日本的〉と言わねばならない。あれは左だ、あれは右だ——の判断しか出来ないオツムは、実にそれこそが反民族的オツムなのである。

むろん、血の粛清が正しいとは言わない。が、浅間銃撃戦をねっころがってＴＶで眺めつつ、オカシを口一杯にほおばって笑う小市民の残酷さに比べたら、血の粛清の方がよほど罪の軽い残酷ではないのだろうか？　吉野雅邦は、言った。「自分をいじめて、いじめて、いじめ抜くことによって、一刻でも早く立派な革命戦士になろうと努力した」。又は、こうも言っている。「もともと、私たちのスローガンは〝反米愛国〟だった。やはり〝愛国〟という所に帰ってくるのでしょう」

物質文明を謳歌する現代社会において、塩をかけただけの麦飯を食べて革命を信じて命を賭した彼らの方が、善人ヅラをして平気で差別や搾取や抑圧をしている一般市民よりも、よほど〈マトモな人間〉らしく思えるのだ。

確かに、赤軍は、スタヴローギンやラスコーリニコフの同人種であるかも知れない。だが、それは人類にとって決して完璧な反語的存在ではありえない筈であろう。確かに、満足な社会においては、その本質は危険なだけの存在であるかも知れない。が、ではどうだ、誤った社会においては？――誤った社会においては、まさしくラスコーリニコフが、ナポレオンたりえるかも知れないではないか？　歴史とは、そういうものではないか。

結論しよう。つまりはこういう表現を選びたいと思うのだ。

〈小市民として生き永らえるよりは、赤軍として死んだ方がマシだ――〉

そういう事だ。ネチャーエフ結構。スタヴローギン結構である。〈こういう人間もいるのだ〉〈こういう人間も必要なのだ〉という事を、大衆に見せてやる必要がある。それでこそ、歴史は動くのだ。少数先覚者のテロと破壊なくして、明治維新は起こっただろうか？　否、である。〈人民の意志〉派等、初期ナロードニキなくして、ロシア革命が成功しただろうか？　否、である。――少数の尖鋭先覚者の流す血と破壊は、ありと全《あらゆ》る改革の、必要欠くべからざる前奏曲なのである。

再び繰り返す。ネチャーエフ結構。スタヴローギン結構、ラスコーリニコフ結構、だという事だ。ミネルヴァとは換言すれば〈狂人〉の事だ。然り、狂人こそが歴史なのである。――その情念が維新・革命へと連なるのなら、その積極的肯定に一体何のためらいがあろうか？　喜んで〈革命マシーン〉を目指そうではないか。喜んで赤軍に学ぼうではないか。

重信房子、森恒夫、結構である。激烈な斗争《とうそう》の情念は、決して左右を問わないのである。

技術編・その一　革命家の心得

さて、ではいよいよ革命入門講座に入る。

今回は〈初級編〉なので、まず、全ての技術の前提となる〈心構え〉等について、展開したいと思う。〈心構え〉といっても、精神訓的な世界じゃない。姿勢は正しく、とか死んでも言わないから御安心を。

★

赤軍、といえばその前身は京浜安保共闘と、二次ブントのＲＧ（エルゲー）等である。――ＲＧには、色々と神話がある。五〇人で三〇〇人の機動隊を撃破したとか。ブント分裂後の各ブントのゲバルト部隊も、RGと名付けられた。これら、〈党の軍隊〉としてのRGが、むしろ伝統的なRGの正統派であって、爆弾闘争のRGは、かってに自称した異端と呼ぶべきであろう。真のRGの伝統美は、人民革命軍やJACやプロレタリア突撃隊（戦闘団）等に受け継がれて脈々と生き続けている。

RGはローテ・ゲバルトの略。直訳すれば、「赤い暴力」。いやー、スゴイね。迫力モンよ。映画の題名みたい。そういえば、その昔、クールスの歌に「甘い暴力」って歌があったね。発音が似てるけどそれとは全く関係がないので、あしからず。

人間という動物、とにかくキタえればキタえる程強くなる。朱に交われば赤くなる。義勇軍に交われば緑になるって位のもので、環境によってどうにでもなってしまうものなのだ。バカの中に長い間いれば自然に段々と知能指数が低下するし、切れる人間達と長くいれば自然と知能も上昇する。成田やパレスチナで三年くらせばどんな気の弱い人間もいっぱしの革命家になるし、どんな革命家も青学や慶大で三年くらせば、普通の男の子以下になってしまう。――RGにおいては、つまりゲバルト部隊においては、兵士は一般社会から隔離される。同じ様に忍苦の生活を送る兵士と、集団の生活を要請されるのである。バッタは一匹一匹で飼育するのと集団で飼育するのとでは、全く性格が変わってしまう。人間も同じ様なもんで、集団生活や集団武闘訓練等によって人格そのものを塗り変えてしまう訳だ。

このRGに、何をするにもまず第一にとらねばならぬ、日常生活の〈心構え〉が一つあった。

その〈心構え〉とは、至極簡略にいえば、〃いつでも相手を殺せる心構え〃と、いう奴である。〈誰かと会う時、例えそれが肉親でも恋人でも親友でも、常に、その人間をいつでも殺せる体勢をとっておかねばならぬ、いつでも殺せる心構えをしておかねばならぬ――街で歩く時も、自分の周りの一定のゾーンに入った人間に対しては、常に殺せる体勢をとっておかねばならぬ――いつでも殺せる心構えをしておかねばならぬ〉

こいつが、ＲＧの心構えだ。

いつでも殺せる体勢をとっていれば、例え不意に襲われた時でもすぐに防御の対応が出来るし、又そういう心構えをしている人間を襲うのは、並たいていの事ではない。――この前提の上に、諸々の技術、例えば訓練の方法とか、相手を刺す時はどこを刺すのがベストだとかが、積み重ねられて行くのである。

心構え――といえば、正当右翼の心構えは、やはり葉隠に帰結するだろう。非常に簡単に表現すれば〃いつでも死ねる心構え〃である。左翼の場合は、〈いつでも殺せる心構え〉であり、右翼の場合は〈いつでも死ねる心構え〉な訳だ。考えてみれば、この二つの基本概念、心構えは、左右の全ての行動、性格に渡って影響している様にさえ思える。左右の根本的差異、かもしれない。

最終的にどちらが強いか――という事になると、もち論、精神的強さは〈死〉ぬ方にある。が、物質的強さ＝勝利を獲得する側は、〈殺〉の方にあるだろう。

よく、「左翼は死ぬ事が出来ない」と、言う人がある。安田講堂の屋上でなぜ自決しなかったのか？

という疑問が、かつて右陣営から提出された。――が、それは左の本質を忘れた思考法である。左翼の本質には、〈死ぬ〉という美徳は存在しない。〈生き残って闘う〉事が、美徳なのである。

右の根本概念は、個人だ。一人一党である。が、左の根本概念は、組織なのだ。党なのである。〈死ぬ美徳〉は、組織にとってマイナスでしかない。だから、左は死なない。それは、許されない行為なのだ。例外として、組織の秘密がもれる為に死ぬ事が指令される事もある。戦前の非合法時代の日共などがそうで、逮捕されたら自決する為に、最高幹部はピストル、中級幹部はナイフの携帯を義務づけられていた。ワタマサ（渡辺政之輔）などは、それを実行した一人だ。）

が、ここでもう一度、この問題を根本にまで戻して、煮つめ直してみたいと思う。

よく考えてみれば分かる事だが、〈殺す事〉〈死ぬ事〉は、少くも異なる概念ではありえない。最終的、積極的には、〈死ぬ事〉は〈殺す事〉に、〈殺す事〉は〈死ぬ事〉に通ずると思う。殺れば殺られる、というイミでなく、〈限界状況〉の深さ重さにおいて、同一だと思うのだ。――かかる美徳を実行したのは、左にしろ右にしろ、少数の尖鋭のみである。権力、矛盾、アメリカ等と最も果敢に戦斗《せんとう》した彼ら僅少の戦斗《せんとう》者、兵士においては、考えてみれば〈右〉も〈左〉もありえないのではないのだろうか？　極限に果敢なる情念は、左右を問わず真である。美、である。――と、思う。

いずれにせよ、〈殺す覚悟〉と〈死ぬ覚悟〉の二つは、左右問わず変革者革命家維新者が、最終的に目指す理想の境地には違いないだろう。〈死ぬ覚悟〉なくして〈殺す事〉は、一歩間違えば滑稽《こっけい》であろうし、〈殺す覚悟〉のない〈死〉は、一歩間違えば〈人生からの逃避〉に転化してしまう。その二つを備え持つ事こそが、やはり革命家の最大の美徳ではないかと、私は結論したい。

実戦についてパート1

クラウセヴィッツの主張で、実に説得力のあるセリフがある。

即ち——戦争、実戦を経験した事のない者は、戦争や実戦を何か英雄的な、楽しいものであるかの様に考えている。ただ、英雄的につき進めばそれで良く、敵の弾は当たらず、全ては美徳に感動的に運ぶと思っている。が、実際の戦場は、かかる想像とは、全く違う。敵の弾は当たり、周りには仲間の死体や傷病兵が血だらけでころがり、煙や叫喚《きょうかん》の中、激しい興奮や怯懦《きょうだ》で思考力は鈍り、空想で考えていたのとは全く違う状況が現れ、彼は困惑する——と、大体この様なセリフである。

否、なにもこの一文を引用する事によって、反戦や非戦を主張しようなどとは死んでも考えていないから、御安心を。

戦斗《せんとう》、血で血を洗う戦斗《せんとう》は、必要事である。民族を救う為に、国内においては反維新勢力や反動勢力と、国外においては反民族勢力と。——必要不可欠なものと認めた上で、あえて、この一文に注目し、その特性を知っておかねばならないのだ。

戦斗《せんとう》、実戦に憧れるのはもち論いい。が、その実際を全く知らないのでむやみな空想だけで憧れるだけであっては、イザという時に全く役に立たないのが現実である。実戦という奴、単に勇敢であればいいという訳ではない。胆がすわっていればいいという訳でもない。腕力が優れていればいいというものでもない。恐いもの知らずであればいいというものでもない。——実戦、或いはそこまで行かない非合法にしても、それは特異なものであり、特異に鍛えられた人間は人間を必要とするものなのである。クラウセヴィッツが繰返し言う様に、実戦と訓練とは全く違うものであり、いくら訓練によって徹底的に鍛えられた兵士であっても、実戦で鍛えられた兵士の足もとにも及ばないし、又、実戦に驚く程、役に立たないという事だ。

実戦——というものは、そもそも何なのか？　この点について若干述べてみたい。

なにも、近代兵器を駆使した戦斗《せんとう》のみを想定しているのでは決してない。全面戦争ではない、限定戦争、内戦、クーデター、都市戦斗《せんとう》、蜂起、或いは国内における局地戦、ゲリラ、又は非合法、——仲間や敵に自分の生死に関わる状況、とでも想定しておこう。運動が高揚して来れば、戦場は必然的に訪れる。内乱的状況、対左翼、対警察、対機動隊、或いは対一部自衛隊、対在日米軍などの状況が考えられる。都市におけるゲリラ的戦斗《せんとう》、カップ・プッチやクロンシュタットの様な、五月革命の様な都市での銃撃戦や解放斗争《とうそう》、或いは三里塚やベトナム的な地方的な解放斗争《とうそう》。能動的蜂起。又は左翼蜂起へのゲリラ、テロル。クーデターの指導、又は攻撃。ゲリラの殲滅《せんめつ》、又は後方支援や撹乱や間接アプローチ。瞬発的なテロル、非合法、ゲバルト。要人テロ、対立組織テロ、左翼テロ、スパイテロ、対権力テロ、浅間銃撃戦や経団連戦的な、ハイジャックの様な〈覚醒の手段としての〉平穏状況内における局地戦。

いずれにせよ、維新、革命、変革、を試みるからには、実戦は避けても通れない問題である。前段階的蜂起にしろ、覚醒としての〈捨て石〉にしろ、集中的に蜂起にしろ、武装蜂起にしろ、その精神的な問題は、ほとんど同一、と言っても良い。——いずれの戦斗《せんとう》形態にしろ言える事は、こういった内乱的武装戦においては、超近代兵器がお互いに使用できないという事である。武器は状勢と、お互いのエスカレートの度に応じて、ある一定まではエスカレートするだろうが、それ以上はない、出来ないという事だ。素手に対しては警棒、石や火炎ビンに対してはガス弾や放水。銃に対しては銃。砲に対しては砲。せいぜいそこまでだ。核やナパームや化学兵器、電子兵器やミサイルが登場する事は、まずない（場所と相手にもよるが、内戦、都市戦の場合はまずない。もっとも、内戦が米ソの間接代替戦争＝朝鮮戦争やベトナム戦争の様になったら核だろうが化学兵器だろうが、何でも登場するだろうが、今はそこまで考えるのをやめる）——権力対被鎮圧者の関係であるなら、戦争は原始的戦争、せいぜい銃や砲の戦争でストップする。何故ならば、五月革命や安保の様に、権力者が秩序維持の希望を有している状況下、即ち一方において社会が未だ存在している状況、或いは大多数の大衆を危険に巻き込む可能性がある場合、本格戦争にはならないからだ。本格戦争にならないうちに、イラン革命やローマ進軍の様に、拠点を押さえて勝利してしまえばそれで終わりだ。

電子戦、化学戦、マッハの戦斗《せんとう》機のドッグファイト、核戦争等々になれば、精神も何もない訳で勝負は一瞬につくし、革命勢力が勝てる可能性は万に一つもない訳だが、どっこいそういった大量殺人兵器を使えない所に、権力者の反革命行動のアキレス腱がある。

戦斗《せんとう》が原始的ならざるを得ないが故に、ここにおいてクラウセヴィッツが換言すれば戦争の精神的な側面が浮上して来る。

もはや今の国対国の戦争においてクラウセヴィッツは明らかに時代遅れで通用しないというのは軍事研究家の一般的な意見である。むしろジョミニなどの方が海軍戦略で再評価されている。――が内乱、内戦、革命、ゲリラなどの様な形態の戦斗《せんとう》においては、クラウセヴィッツは永遠なのである。

クラウセヴィッツと言えば、すぐ《殲滅戦》を想起される人間が多い様だが、私はむしろその〈戦争の精神的特性〉について学ぶべきだと思う。

前にも述べた通り、実戦とは訓練や普段の諸行動とは全く異なる。訓練で優れている人間や、普段恐いもの知らずの人間が、実戦で最も役に立たなかったり、足手まといになったり、使いものにならなくなったりする事は多分にあるのだ。

例えば新左翼などの場合、大きな斗争《とうそう》、ケガ人必至の斗争《とうそう》を組む時は、各戦場の前線に近い所に幾つかの野戦病院を設置する。各セクトからそれぞれ一人か二人ずつ出し合って、大体一つの野戦病院には一五人前後が待機する。——ところで、戦斗《せんとう》が始まると、早速前線から車やタンカや人にひきずられて、ヤケドやケガや、放水やガスを浴びた戦斗員《せんとう》が続々と運び込まれる事になる。血だらけの人間や、ザックリと肉が切れた人間が次々と来る訳だ。野戦病院に来る様な人間は、それぞれのセクトでも信頼された一定の斗争歴《とうそう》を持つ連中だ。が、やっぱり各病院で一人位は、大量の血などを見て卒倒するのがいるのだ。女は割と平気だが、むしろ気の強そうな男が、具合が悪くなったりする。——〈血〉というのは、人間を普通の状態でおかないものである。自分の体から流れる大量の血を見て冷静でいられる人間、他人の大量の血を見て顔色一つ変えない人間は、よっぽどの経験者か少し異常性格でない限りまずないものだ。

〈風粛々として易水寒し。壮士ひとたびいけばまた還らず〉で有名な、の史記列伝の対秦始皇帝へのテロルを想起して頂きたい。あの計画がなぜ失敗したかは、司馬遷が指摘する如く、つきそいの者が怯えて足を引っ張った点に、つまり胆力があっても思想性欠如が実際の【戦場】において全く機能しなかった点にのみ求められる。——エスエルの個人的勇敢さに頼った個人テロがボルシェビキの訓練された思想的武装の組織テロの前に子供の様に崩れ敗れた事も、それと全く同じ本質を持つのである。

実戦においては、普段の日常生活では縁もゆかりもなかった様々な状況が次々と出て来る。想像や計画とは全く違った細かな様々な突発事や、難点が必ず出てくるものである。これが、苦しい。イライラしたり、絶望したり、冷静さを失って更に大きな失敗をやらかしてしまったりするものである。そして最悪の時にはえてして最悪の事が起こるのがマーフィーの法則だ。これは実戦経験のある者なら誰でも頷《うなず》かずにはおれない、リアルな問題なのである。

他には、想像や訓練では絶対に味わえない〈痛み〉〈血〉〈傷〉〈恐怖〉〈仲間の死体〉や普段とは違う〈煙〉〈煙幕〉〈目が見えない〉（ガスや放水で）〈不安〉〈特別の音や臭いや光景〉――これらが合わさって、兵士は冷静さを失い興奮し、足が震えたり、指揮系統が乱れたり、突発事に対応出来なくなってしまうのである。

〈痛み〉〈傷〉について言えば、人間、体の一部がきかない状態で極限状態にいる時、実に恐るべき不安に陥るものだという事だ。〈俺は確実に他の兵士に劣る〉という意識がある場合、彼は一挙一動に不安を感じ、満足な戦斗《せんとう》はほとんど出来なくなってしまう。物質的な〈傷〉より、精神的な〈傷〉の方が決定的なのだ。――これぱかりは訓練でどうする事も出来ない。

〈血〉について言えば、これは当然〈傷〉につきものの、戦斗《せんとう》につきものの戦争の必需品の様なものであるが、この〈血〉がまた、曲者だ。女よりも男が、特に血に弱い。これぱかりは、慣れるしかない。日頃から大量の血を見ていればなんという事はないのだろうが、小市民ともなれば、血を見ることなど、全くといって良い程ない。ＫＧＢなどはスパイの訓練に、わざと残酷なシーンの映画や拷問の実際をイヤという程見せつけて、人間に〈残酷〉や〈血〉を慣らしてしまうが、これは実に適確なやり方である。人間は〈残酷〉や〈血〉に慣れる事の出来る動物である。もとより、人間をして〈残酷〉や〈血〉に怯えさせるその恐怖感という奴そのものが、教育や〈常識〉によって人間に押しつけられた後天的（ア・ポステオリ）なものだから、一度大量の血や人間の屍体やゴロゴロ転がっているケガ人などを見てしまえば、次からは驚く程冷静になれるものなのだ。内ゲバにしてもそうだ。最初の一人を殺したり、殲滅したりする場合、いかなる訓練された兵士でも怯えるし当分は怯えたまま何ヶ月かは使いものにならない。が、数をこなしていくうちに、そんなものは何でもなくなるのである。仕事の前後に平然とメシを喰える程――人間というものは、慣れによってそこまで成りきる事が出来るのだ。ラスコーリニコフやマクベスの様に永遠に悩み続けるという様な事などない。誰もが慣れによって〈残酷〉には免疫が出来る。

〈死体〉にしても同じだ。戦場に〈死体〉はつきもの。〈死体〉ではないにしろ、グッタリとして鼻や口から血を出して道端に倒れている同志などを見れば人間は冷静ではいられない。動揺する。動揺ならまだいい。時として〈恐怖〉し、足が萎《な》えてしまい、全く前進出来なくさえなりうるのである。こうなったらもうおしまいだ。全く役に立たない。

〈恐怖〉とは、最も恐ろしいものである。兵士は〈恐怖〉感によって、最悪のものとなる。〈死体〉を見て、訓練とは違い自分の〈死〉さえも予感し、〈恐怖〉するし、〈血〉に本能的に〈恐怖〉するし、今まで経験した事のない様々な突発事や状況に意味もなく〈恐怖〉するものだ。又は計画、想像通りに行かない事に、〈恐怖〉するし、必要以上に〈恐怖〉して体が動かなくなってしまっている自分に〈恐怖〉するものである。

他――ガス弾や煙で目が見えなくなる事がある。ガス弾、といっても機動隊が何かある度ごとに良く使うアレである。目がほとんど見えなくなる。――人間、目が見えなくなると急激に臆病になるものだ。ウソだと思ったら、ラッシュの駅のホームで目でもつぶってみるといい。実戦の極限状態において目でも見えなくなろうものなら、筆舌につくしがたい恐怖感が訪れるものである。すさまじい、身も圧しつぶされる様な不安と恐怖感だ。他、爆発その他で耳が聞こえなくなった場合も同様である。

他、特異な音や臭いも、人間を不安にさせる。叫喚や怒号、ヘリコプターの低い音の爆音やものの焼ける臭い、鼻につく嫌な臭いや、この世のものとは思えぬ惨々たる光景や、激しく蠢《うごめ》く、戦斗《せんとう》の光景、弾やガス弾、炎、煙、タテ、――人間を不安にする材料はいくらでもある。

緊張――も、問題点の一つだ。激しい緊張、興奮により、人間は普段の思考力を失う。単純な思考しか出来なくなる。思考力が減退すれば突発時に対応出来なくなる。戦場などというものは、突発の連続だ。狭くなった思考力は極度に危機である。――激しい緊張は、人間を怯懦《きょうだ》にするし、単調なものにする。咄嗟《とっさ》の判断が出来ない兵士は、まっ先にやられる。

実戦においては、一切が噴出する。クラウセヴィッツを参照して頂きたいが、兵士における熟練度というものは、何をさし置いても重要にして価値あるものなのだ、兵士の熟練度や経験は、数倍の人力と数レベルの差の兵器に対応出来る。ベトナムの対アメリカや、ゲバラにおけるゲリラを見るまでもなく、兵士の熟練度は大きい。高度のウォーゲームなどは、兵士の熟練度さえルール化しているのである。――日本の自衛隊がいかに優れた近代兵器を持っているといっても、ベトナム軍とやり合ったら見事に惨敗するというのは、どの軍事研究家も指摘することだ。

実戦――を甘く見てはならない。計算や計画通りにはいかないものである。必ず、アクシデントは起こると思った方がいい。普段の勇敢さや気の強さを過信してはならない。腕力と胆は全く別のものである。ケンカ慣れと実戦慣れは、全く別のものである。ケンカの修羅場をくぐり抜けて来た人間にしろ、先の秦の始皇帝テロルの例ではないが生死や殺しの現場に至って、真っ青になってブルブル震えて使いものにならなくなるものなのだ。ケンカと実戦は違う。単なる非合法と、生死に関わる非合法とは、全く違う。いわんや、実戦と訓練とは違う。全く違う。クラウセヴィッツの言う様な〈少しでも実戦に近い訓練〉でもしない限り、つまり実戦の緊張や恐怖感を人為的に造るか、実戦の経験者の指導下にある訓練でない限り、訓練は全く用をなさない。実戦とは日常とは全く逆に位置するものと言って良いと思う。

「十六の墓標」は誰がために

野村秋介

一九八二年、元連合赤軍の幹部であった永田洋子は、獄中で書いた手記『十六の墓標（上）』（彩流社）を刊行した（下巻は翌年に）。多くの同志を虐殺した理由など、自らの活動家としての半生を綴ったものだ。民族派右翼の代表的な人物であった野村秋介《のむらしゅうすけ》（一九三五―九三）は、同書の刊行から一〇年後となる九二年一一月一日に東京拘置所を訪れ、死刑判決が下った永田と面会した。その翌日、野村によって書かれたのが本稿である。本稿の執筆から約一年後の九三年一〇月二〇日、野村は朝日新聞東京本社で経営陣と面会した。前年の参院選時に「週刊朝日」が、野村らが属する「風の党」を揶揄《やゆ》する内容の作品を掲載したことに対し、朝日側が野村に謝罪するのが面会の主旨であった。話が終わると、「皇尊弥栄《すめらみこといやさか》」を三唱した野村は、その場で拳銃自殺した。本書では、野村秋介著『さらば群青』（二十一世紀書院、一九九三）を底本にした。野村秋介、享年五八。

新幹線で京都に向かう。まだ夕刻五時少し前だというのに、晩秋一一月の日没は早く、遠景は東山につらなる小高い山々が墨絵の如く、クッキリと夕映えの中に浮かんで見えた。東寺をはじめ、散見される伽藍《がらん》のどれもが、やはり墨絵のように黒々としたシルエットを描いてひっそりとした佇まいを見せていた。私は足ばやにタクシーに乗り、宝ヶ池近くのホテルに入る。窓々のカーテンを開けると、比叡山の丘陵がさらに黒々と私に迫って見えた。まだオレンジ色の残照が、紫に近い夕空に広がっていて、山々の黒さを一段と際立たせて静まりかえっていた。

静かだ、としみじみ思った。なぜか哀しくなるくらいの寂しさがあった。

国家とは人間のエゴの投影だ

実は私は、昨日（平成四年一一月一七日）、東京拘置所に収監されている永田洋子さんと面会してきたばかりなのである。もう若い世代の人には遠い過去の人として忘れ去られようとしているが、彼女は、二〇年ほど前（一九七一年から七二年にかけて）、暴力的共産主義革命を信奉し、全青春を懸けて突っ走り、その過程の中で、不幸にして一四名の同志を自らの手によってリンチし虐殺してしまった。

そしていまは、その責任を追及されて「死刑」を宣告され、東京拘置所に収監されている。その彼女と面会した重みが、私の心の底に沈澱している。京都の夕景の美しさが静けさと相まって、私の思いを一層切なく、重いものにしていたのであろう。

感傷をいっているのではない。

いったい誰が、「人類は万物の霊長」だなどと、愚《ぐ》にもつかぬことを鼓吹《こすい》したのだろう。いささかでも冷静に、己自身の周辺を見渡せば一目にして瞭然である。

現在の日本国憲法の前文にも「我々は世界の諸国民の公正と信義を信じて生きてゆく」といった意味の文句が、なんの臆面もなく明記されている。笑止の沙汰とはこのことだ。どこの世界に、公正と信義などというものが存在するというのか。

元来、「国家」なるものが存在すること自体、人間がいかに愚かであるかということの証左以外の何物でもないはずだ。人間が万物の霊長であり、聖人君子の集まりなら、国家など無用の長物であって、なんの益もない。話は逆だ。人間は万物の霊長でもなければ、聖人君子でもない。がゆえに法律が必要であり、それを遠くから括りつける国家という概念が要求されてきたのではなかろうか。

三島由紀夫は、それを「人間の中にはまだ自然が残っている」と表現していたが、別ないい方をすれば、それをエゴイズムというのであろう。私が初めて〝朝まで生テレビ〟に出演を依頼された折のテーマが「愛国心について」であった。一般観客席には防衛大学校の学生が二〇名ほど来ていて、一人の学生から私に、

「国家とは何か」

という質問が飛んだことがある。私は即座に「国家とは人間のエゴイズムの投影である」と応えた。誤解があっては困るので、私はもう二点について言及した。

「だからといって、人間はエゴイズムのみの生きものではない。一面においては優れた感性を持ち合わせている。その優れた感性が投影されたものが、私は〝芸術〟であると思っている。さらにもう一つ、人間には〝弱さ〟という一面がある。その弱さが投影されて、宗教というものが生まれたのだ。

要するに人間というものは、数知れぬ多面性を包含する生きものであって、いってみればミラー・ボールみたいなもので、光を照射した面のみが眼に見える。善も悪も美も醜も一人ひとりの中に混淆《こんこう》して存在している。だからその一面的な見方や評価は危険である」

選択の余地のなかった青春時代に

私はふと自戒する。自分自身のことを含めて、人間の長所や弱点を、もっともっと厳しく洞察し、見極め、短き人の一生をいかに生きるかについて、思いをめぐらさなくてはならぬのである。それでなくてさえ、私の命の持ち時間は限られているのだ。私は行動者として生きてきた。したがって行動者としての死を選ぶ。私は自分にそういい聞かせている。もう久しい。

だから私は、永田洋子さんに会いに行ったのだ。彼女の生き様と、私のそれも、ほぼ乖離《かいり》はない。

紙一重の違いだった。奇しくもその日、最高裁で彼女たちの、いわゆる「連合赤軍事件」の弁護側最終弁論が行われていた。翌日の新聞の冒頭には「一連の連合赤軍事件で、殺人・死体遺棄罪などに問われ、一・二審で死刑判決を受けた元連合赤軍最高幹部・永田洋子被告云々」と書かれてあるのを見たとき、つい昨日会ったばかりの、彼女の面会室での笑顔が、私の眼前にクローズ・アップされ、浮き上がった。その笑顔には、「元連合赤軍最高幹部」の面影など、微塵もない。

私はこれまで一度も彼女と会ったことはない。でも、私は二〇年間にわたって彼女を遠望してきていたので、初対面であるはずなのに違和感はまったくなかった。たまたま私は、多くの死刑囚の人たちをささやかではあるが、これまで随分長くお世話させてもらってきている。そんなこともあり、いまでは野村秋介事務所の主幹である蜷川正大君が私に代わって、多くの人たちと文通をしている。その中に永田洋子さんの名前があった。「一度会いたいのだが」と彼に仲立ちを依頼し、今回の面会が実現したのである。私が東京拘置所に入っていくと、あわてたのは看守のほうで、二度も呼び出されて「用件は何か」、「取材目的ではありませんね」とか、官側がかなりピリピリしているのがよく分かった。

面会室に現れた彼女と私は、まず軽い微笑で会釈しあったが、どちらも話の糸口が見つからず、さすがの私も一瞬とまどった。なにしろ私は、いつも彼女が座っている内側に一八年もいた人間で、外側からこういう形で会うのは不慣れである。加えて相手は死刑囚だ。お元気で、とか頑張ってくださいなど通俗的な会話では余計座が白ける。看守のはからいで三〇分以上も時間をもらったのだが、これといった会話はないままに終わってしまったような気がする。

ただ断片的に、彼女がきわめて心の深いところで自分の行為の愚かさ、数多くの同志を殺してしまった慙愧《ざんき》に必死に堪えている様子が、身を切られるほどに私のほうに伝わってきたことだけは事実だ。そして、ソ連の崩壊には言葉にならないほどの衝撃を受けていたようである。わけてもルーマニアのチャウシェスクが虐殺された写真を見たとき、自分が行った行為とそれがオーバー・ラップして絶句したと語っていた。最後に、

「私の青春時代……、私には選択の余地がなかったんです」

と、生真面目な表情でポツリと呟いたのが、ひどく印象的であった。私は慰める言葉を探したが、ついに見当たらなかった。それに彼女は、いま脳腫瘍を患っている。軽い手術も受けたようだ。飲尿療法といって、毎日自分の〝尿〟を飲むという療法をしているそうである。死ぬことはいい。いずれは責任を果たさなくてはならないのだから、それはいい。まして刑の執行は一瞬のことだ。でもその日に至るまで、これからも毎日それを繰り返さなくてはならぬと嘆息に近い彼女の言葉を聴いたとき、私はその残酷さに戦慄した。

左翼文化人たちの幻想

そもそも連合赤軍事件が起きた一九七一年という年は、昭和四六年に当たり、私は河野邸焼き打ち事件で、一二年の刑で千葉刑務所に服役しているまっただ中であった。彼らがあさま山荘事件で全員が逮捕されたのが昭和四七年、考えてみると昭和四五年の一一月二五日に三島由紀夫と森田必勝があの壮絶な自決を行い、翌四六年の一〇月二五日に私の恩師に当たる五・一五事件の三上卓が逝去し、そして翌四七年にあさま山荘の事件によって、連合赤軍の全貌が曝《さら》け出されるといった、私の獄中時代の思想的日常にとって、まことに衝撃的なそして嫌でも思索を強いられた強烈なる期間であった。

正直いって、そのころの私は、一連の連合赤軍の事件を遠望しながら、「バカな奴らだ」と心底思っていた。左翼インテリゲンチャらも、「これで日本の革命は三〇年は遅れる」などと寝惚けたことを口走り、当惑しきっていた。換言すれば、左翼文化人（朝日新聞や日教組の連中を含めて）たちは、まだそのときも共産主義革命の幻想にトップリとつかっていたのである。単純に「方法論の誤り」だと、疑うこともなく信じきっていたのだ。

確かにそのころ、私は敵を知るために多くの左翼文献を読み漁っていた。マルクス、エンゲルスはもちろん、幸徳秋水や大杉栄など手当たりしだい黙々と読んだ。その過程の中で、私はロシア革命の先駆となったナロードニキの史実を知り、痛く感銘したのを昨日のことのように記憶している。チェーホフが描く当時のロシア専制下での貧困を極める農奴の姿が鮮明に脳裏にあり、それと重なり合うようにナロードニキの行動は私に息をのませた。毛沢東の「矛盾論」や「実践論」、柳田謙十郎の「弁証法十講」なども、説得力をもって私に迫ってきた。

が、決定的に私に衝撃を与えたのは、大杉栄の次の一句である。

「監獄とは国家の皺形であり社会の縮図である。それも要所々々を強調した縮図である」

目から鱗が落ちるという言葉があるが、私自身、長い監獄生活をしている最中だったので、この一句は、私にかなり強い衝撃を与えた。

私は若いころから折に触れ時に触れ「無常観」にさいなまれていた。一時はすべてを放擲《ほうてき》して雲水の生活に入ろうかと思ったことさえある。獄中〝空観仏教〟に関心を持ち、臨済宗にのめり込んでいったのも私なりの必然だったのかもしれない。

一方、社会科学に触発された私は、私の未知の世界を垣間見るべく読書、読書に没頭する。それはまるで活字の滝を浴びるような毎日だった。その悪戦苦闘の中で、私はひょんなことから「空観仏教」の壁を突き破る体験をする。「両頭截断すれば一剣天によって寒し」という禅語があるが、この〝両頭〟が己の「過去」と「未来」であり、この過去と未来の連続性が、実は人間の頭の中に〝虚妄〟としてのありとあらゆる価値観を創り上げていて、人類はその価値観によってがんじがらめに縛りつけられる。その「両頭」をスパッと截断してしまうと、それまで自分を縛りつけてきた一切の〝価値〟は瓦解する。その瞬間を、表現する言葉がないので、ブッダは「空」といったのであろう。彼は不増不滅・不生不滅（増えもしなければ減りもしない。生まれることもなければ死ぬこともない）等々、一切の人間が持つ〝価値〟を切り捨てている。

と自知自得した瞬間、それまで私の周辺にきらびやかに存在していたことごとくの〝価値〟は、瞬時にして色褪せ、神通力を失った。自分自身が中心であり、すべての善悪もすべての美醜も、現実俗世の他人が勝手に創出したものであることも、涼やかに理解できた。私を押し込めている監獄という化け物でさえ、無知なる人間を何者かが恫喝《どうかつ》するために創出した嗤《わら》うべき石の塊であることも知った。ブッダがいった「天上天下唯我独尊」という意味もここでよく分かる。自分自身を縛りつけている様々なる〝価値観〟を解きほぐしてしまえば、結局、そういうことになる。

猫が、ヒョイと鉄格子をすり抜けていく姿を見て、私は笑いが止まらなかった。猫は、我々をがんじがらめに縛りつけている価値観などとは、ほど遠い本能のみの世界にいる。

極左グループの無残な結果

そこへ、例の大杉栄の論である。

「監獄とは国家の皺形であり社会の縮図である。それも要所々々を強調した縮図である」

私は獄中一八年を通して、要所要所を強調した国家の毒性を、嫌というほど見せつけられることになる。しかし私は先に「善と悪は表裏一体をなし、善と悪は混淆して存在する」といった。国家の毒性を知ったからといって、国家そのものを放擲してしまうわけにはいかない。善悪が混淆して存在する以上、無分別に毒性を放擲《ほうてき》することは、善性をも否定することになる。

私はよく左翼的ジャーナリストから、

「なぜ、あなたは天皇制にこだわるのか」と訊かれることがある。過日も大島渚氏が直截《ちょくせつ》にそう訊いた。

実はこのことについては、逆にどうして左翼文化人という人びとは、日本の天皇（すめらみこと）の価値が理解できないのであろうか、私のほうが不思議なのである。既述してきたとおりで、本来人間が「万物の霊長」であり、「聖人君子」の集まりであるなら、確かに天皇の存在など必要なかろう。しかしあらゆる現世的な価値観に縛られ、いわゆるエゴイズムを内包している人間の集団は、いかなる形態にせよ、国家を必要とする。問題はその在りようにある。ここで注目すべきことは、わが天皇主義には、なんらの教義も教典もない、という事実である。現時点でも、世界中で宗教色の強い戦争が繰り返されている。回教徒などは、キリスト教もしかりだが、二〇〇〇年も昔に、一人の人物が定めた価値観に依拠して殺戮に殺戮《さつりく》を重ねているではないか。つい昨日までは、東西冷戦構造とかなんとかいって、世界中、いたるところで代理戦争が行われていた。確かに、一方に帝国主義的収奪の歴史があったがゆえにではあるが、さらにマルクス主義という一元的な価値観が跋扈《ばっこ》していたからではないのか。共産主義という教義教典が、プロレタリアートの解放という美名のもとに、どれだけ人びとを縛り、粛清という名の殺戮を繰り返してきたか、もう歴史が明瞭にそれを曝け出している。アーノルド・トインビーが来日した際、伊勢の神宮に参拝し、「西欧のキリスト教的合理主義を超える文化があるとしたら、この日本の文化以外にない」と感銘し、そうサインしたことは広く膾炙《かいしゃ》している。

日本の風土的文化は、大自然の一木一草、一つひとつの石ころにいたるまで命（神）を認め、大自然との融合、融和を旨としつつ、より大らかに、より自由に人びとを生かそうとするところに原点がある。トインビーはその日本固有の神道を含めた文化体系の本質を鋭く洞察し、当時の東西冷戦構造を含む西洋合理主義の行き詰まりを思って深く嘆息したのであろう。

私は千葉の獄中時代、毛沢東の文化大革命を遠望していた。ある日、天安門広場を紅衛兵と称する一〇〇万に及ぶ少女たちが、毛沢東語録を手に手に掲げ、喜々として行進している写真報道を見た。少女たちは全員が軍服に似た服装で、帽子まで軍服調に統一されていた。朝日新聞の論調は一貫してそれを是とし、日教組も子供たちにそれを美しいことと喧伝《けんでん》し続けていた。

私は「違う！」と思った。

婦女子には、元来、美しくなりたいという本能がある。それは何も昨今のことではなく、遠くはメソポタミアからエジプト、ギリシャ、ローマに遡ってみても変わりはない。人間のそうした性《さが》を無視し、マルクス主義という教義教典をもって、一元的に縛りつけようなど、笑止の沙汰だ。こんな体制など、そういつまでも続くはずがない。言論も封じられ、それに従わないものは粛清かゲットーだ。私は大杉栄の指摘した「要所々々を強調した」獄中という国家の毒性を嫌というほど見せつけられていたので、それが手に取るように見えていた。

話は変わるが、極左グループが出現して、都市型のゲリラ事件が横行し始めたときも、彼らの熱望する革命は失敗する！　と、私は明確に判断していた。このあたりのことは、「十六の墓標」と照らし合わせながら回想すると彼らには失敬だが面白い。なぜなら、一方で極左グループが暴れまわっているというのに、株価は連日高値を更新し続けていたからである。資本ほど、社会の先行きを見るに敏なるものはない。私はニューディール政策もケインズも読んだ。その過程で「日本証券史」も通読した。日本が先の大戦に突入したその前半は、株価は常に高値を更新し続けていた。が、ある日を境に、一挙に下降線をたどってしまう。日本人のほとんどの人は、日本が戦争に負けるなど思ってもいなかったころだ。朝日新聞が連日「勝っている。勝っている」と書き続けていたからである。「日本は神国だから負けるはずがない」とも書いていた。しかし、結果は見たとおりだ。

開戦と同時に株価が上昇し続けていながら、ある日を境に反転する。そのターニング・ポイントとなった日が、日本海軍がミッドウェー海戦（一九四二年六月）で、決定的な敗北を喫した日であったことを、私はその「日本証券史」で知ったのである。

資本とは、かくも敏なる動きをする。それを知悉《ちしつ》していたがゆえに、極左グループの行動は、無残な結果を迎えるであろうと思っていた。

そしてついに、連合赤軍事件が、私の視野の中で展開された。

永田さんも結局アマチュアだった

リンチ殺人事件から一〇年、「十六の墓標」という文章を書いて世に送った。実際、自分たちの手によって殺害したのは一四名だが、上赤塚交番事件で死亡した同志と、拘置所で縊死《いし》した森恒夫君を含めると一六名になる。彼女はその二名を思い偲び、あえて「十六の墓標」と表題した。

私はこの書を手にし、彼女に会うことによって彼女らへの心の中での確執は氷解した。二〇年という歳月は人間にとっては重いものだ。もちろん、二〇年という年月を経ようとも、殺害された人びとの両親や親族の悲しみや憎しみは癒されてはいまい。したがって、このことは一応別に置く。が私は、一民族派、維新者の一人として、この彼女らの事件と、彼女のその後の心の変遷を、しっかりと見定めた。

彼女らは、あの事件と、この「十六の墓標」によって、我々に無数の教訓を遺している。決して軽んじてはいけない。

例えば、この本の序文にもこう書いている。

「この誤り（リンチ殺人事件）が私一個人の性格や欠点に第一の原因があるのではないこと、そこにはきわめて普遍的な問題が内包されていることをはっきりとさせたかった」からこの書を上梓したと。無知な人が見れば、「私一個人の性格や欠点に第一の原因があるのではない」とは何事か。いまに至ってもまだ強弁するつもりなのかと憤慨するかもしれぬ。が私はどうしてもいっておきたいことがある。確かに強弁だと見られる一面がないではない。既述したとおりで、人間などというものは、かなりいい加減で、多面的な性格を内包している。彼女の性格や欠点を無視するわけにはいかない。現に私自身の中にだって、欠点はいくらだってあるし、性格にしたって、そう褒められることばかりでないことくらい、自分自身、重々わきまえている。それより彼女が、

「そこにはきわめて普遍的な問題が内包されている」。

と指摘していることだ。結論からいうと、彼女らの行為は、その萌芽に近いものを人間誰もが、ひっそりと秘めているということ。思ってもみたまえ、ナチス・ドイツやスターリン主義、キリスト教の魔女狩りもそうだし、金日成にしたってポル・ポトにしたって、まさに彼女が指摘する〝普遍性〟は、歴史がいたるところで証明しているということである。

ここでは思想論を述べるつもりはない。要するに、ファシズムという政体は、かかる残虐性を帯び

ながら、常に我々の身近にあることを、痛いくらいに知っておくべきだといっているのだ。いや、わが内にさえ潜んでいる魔物だといっているのだ。

大分前、チャップリンの「殺人狂時代」という映画を観た。主人公は家庭では誠実で明るくて愛情豊かないいパパであるのに、金銭のために次々と人を殺してゆく。奇しくも一四名を殺害したときに逮捕されてしまう。死刑を宣告され最後に判事から、

「何かいいたいことはないか」

と問われる。

主人公のチャップリンがこう言う。

「ありがとう。まあ、いまさら何をいっても仕方ないが、敢えていうなら、私は殺人のアマチュアだっただけだ。たった一四名しか殺してない」

と剽軽《ひょうきん》な顔をして微笑する。

「今度うまれてくるときは、プロとして、殺人のプロとして生まれてくるよ」

両肩を上げ、両手を開いて彼は笑う。場面が変わると、ナチス・ドイツの軍隊が、ヒトラーの前を軍靴を高らかに鳴らしながら、何万という数の行進を行っている。場面が変わって主人公がギロチン台へ引きずられていく。

私はドイツを旅行した際、わざわざゲットー跡にまで連れていってもらったが、チャップリンの言

葉を想起して言葉がなかった。

永田洋子さんたちも、結局はアマチュアだっただけさ、と私は彼女の「十六の墓標」を読み進むにつけ、その思いを深くした。獄中にいる川島氏の奪還作戦《同書・上巻を通して中心的な存在であり、永田被告の活動遍歴に大きな影響を与えた日本共産党(革命左派)の指導者・川島豪氏の擬装転向や獄中からの指令及び奪還闘争。この闘争を契機に永田被告らは拠点を連合赤軍リンチ殺人事件の舞台になる山岳ベースに移していく》の件《くだり》にしても、永田さんはまるで人間の心理、それも暗渠《あんきょ》にひそむ表裏などまるで知っていない。しょせん人間は弱い。獄中にいれば、理屈を超えて娑婆《しゃば》へ出たいという本能がある。それをいかに正当性を装おうと、理論武装しようと、それは人間の弱さを隠蔽しようとする建て前でしかない。私も長い獄中生活の中で、とことん思い知らされた。理屈なんかではない。永田さんはそんなことも知らず、一時が万事で、何事に対しても精一杯忠実たらんとしているのが、「十六の墓標」の全編に横溢《おういつ》していて、彼女はそれを精神主義とかなんとか、いまもって理屈の話をしようと懸命だが、したたかな私から見れば、拙《つたな》くも哀れな、それが純真であるがゆえの悲しみが切々と伝わってくるのが、やるせなくて困った。結局は、スターリンや金日成やポル・ポトから見れば、アマチュアだった。誤解を恐れずにいってしまえば、彼女はたった一四名しか殺していない……。

永田さんはもう、我々にとって敵ではない。敵とは、いまも闘いうる存在の人間であって、永田さんは、もう決して闘いの対象としての存在ではない。極端なことをいえば、永田さんの存在こそ、反面教師として、我々が多くを学ばせてもらわなくてはならぬ、人生の、そして運動家としての師でもある。私がこの短文の表題を『十六の墓標』は誰がために」としたのもそのためだ。彼女は自分が結果的に殺害してしまった同志への鎮魂の思いを込めて、「彼らの死の重みは、彼らの生のなかにある」といって、〝十六の墓標〟と名題したが、彼女らの一連の行動こそ、我々が全神経を傾注して耳を澄まし、思いを深くし、訓《まな》ばせてもらわなくてはならぬ、それこそ、かけがえのない〝墓標〟なのだ。

朝日新聞などマスコミへの怒り

それにしても、怒り鎮まらぬものがある。私はこの文章の中でも、人間の愚かなる〝価値観〟、そしてその価値観によって、がんじがらめに縛りつける教義教典の悪弊を、しつっこく指摘してきた。が、それを助長するのみか、それを生活の糧として、先導する輩《やから》が多数いることだ。それも、進歩的文化人などと称され、ぬくぬくと温かい飯を食い続けてきた連中の存在、私は激昂してもしきれぬものがある。

ことに、朝日新聞社を中心とした、マスコミのこれまでの無節操さについては、我慢も限度にきている。戦前はあれほど日本の戦争の正義を謳い、アジア解放の大義を説き、「聖戦だ聖戦だ」と喚きちらしたくせにして、日本が負けるやいなや、豹変して占領軍に媚《こび》を売り、ＧＨＱ（連合国軍総司令部）

による日本民族の弱体化政策の片棒を担ぐどころか率先して日本批判に転じた。

最近では韓国人の従軍慰安婦問題で、まるで鬼の首でも取ったかの如き騒ぎである。私は日本のエリート階層である東大出の朝日の幹部三名に、面と向かって言ってやった。百歩譲ってだ、日本軍のその行為がそれほど悪逆非道だったとするなら、君ら「朝日」にも一半《いっぱん》の責任があるのではないのか？他人事のようにいっているが、中国へ渡った関東軍一〇〇万の兵士を、君らは〝神兵〟とさえ称賛し、歓呼の声を持って送り出した事実を、知らぬとは言わせぬ。

倫理的意味で、それが正しいと強弁するつもりはない。しかし、一九四五年までは、そのときのパワー・ポリティックスの価値観で世界は動いていた。日本が、ヤルタ・ポツダム宣言を受諾する一週間前、旧ソ連軍は、「日ソ不可侵条約」があるにもかかわらず、ソ連国境を越えて侵入してきた。条約を破ったことは一応置くとして、その際、日本人婦女子に彼らが何をしたか、これも知らぬとは言わせぬ。銃で威嚇し、公衆の面前で、それも路上で、次々と強姦し、輪姦し、どれだけ無法をはたらいたか、朝日も進歩的文化人と称する連中も、なぜそれをいわぬ。

昨年一〇月七日付読売新聞が報じているが、ドイツの記録映画（ヘルケ・ザンダー監督「解放者と被解放者――戦争、婦女暴行、子供」）が第二次大戦末期から終戦直後にかけて侵攻したソ連軍兵士のドイツ女性に行った暴行の数々を公的な資料、インタビューを通じて明らかにしている。それによると、旧東ドイツ時代、ソ連兵に強姦された婦女子は二〇〇万人にのぼるという。堕胎時のカルテに、「父親、ソ連兵」と記入してあるカルテの数だけでベルリン市内の全女性の七パーセントにあたる約一一万人にのぼるとしている。日本軍の慰安婦問題はデカデカと報じながら、これらの問題には口を閉ざす。それは現在でも同様。イラクがクウェートに侵攻した際の強盗、強姦の無法ぶりにはほとんど触れようとしていない。なぜなのだ。

かかる史実を知りながら、朝日新聞社は、日本のみの戦争犯罪を得々として喋りまくった。それも半世紀にわたってである。GHQの占領政策が、日本のナショナリズムの解体と弱体化にその眼目があるのを十分知りながら、「極東国際軍事裁判」（昭和二三年一一月判決）という〝暗黒裁判〟の判決を是とし、日本悪玉論を執拗に展開し続けてきた。反面ソ連に媚《こび》を売ることも久しく、ベトナム戦争においては、まるでアメリカ軍が撤退さえすれば、明日にでもインドシナは平和になると、うそぶき続けた。その後のインドシナが、いかに悲惨であったかは、私が説明するまでもあるまい。ポル・ポトは全人口の半分、三五〇万人もの人びとを虐殺している。

こういう社会的状況の中で、一方では飽食の時代を謳歌している。まっとうな青少年が育つはずはない。祖国日本を、胸を張って誇りうる青年たちが育つはずがない。

そういう戦後的特異な環境の中で、純真で無垢な青年たちは、それが純真であればあるほど、盲目的に朝日や日教組、左翼文化人（自分たちは喋るだけで、後方で煽動する連中）らの甘美な言葉に誘われ、心が純であればあるほど、感受性が強ければ強いほど、階級闘争、プロレタリアートの解放といった幻想に陶酔し、まさに暗渠の深みにのめり込んでいってしまった。連合赤軍事件は、その典型といってよい。ソ連の崩壊はまさに彼らにとっては晴天の霹靂《へきれき》だったろう。

このことは先にも記したが、面会室で、永田洋子さんも、何度もそれを口にした。私は永田さんに語るべき言葉を持ち合わせていないのだ。死刑台の前に立っている彼女に、何を話せというのか。私は、精一杯の明るい微笑をおくる以外になかった。決して哀れみの微笑ではない。イデオロギーを超えた、人間と人間の、心の触れあいを求めての微笑である。永田さんにも、それが伝わったのであろう。実に美しい微笑が返ってきた。もはやそこには、元連合赤軍の最高幹部などという、バカバカしい価値観に縛りつけられた羅刹《らせつ》に似た横顔などは微塵もない。

彼女は加害者でもあるが、同時に時代の被害者でもあった。私は心底そう思う。「朝日」の幹部連が私の事務所に来た折、私が、

「君らは戦後の日教組教育の中で、誰がいちばん優れた、優秀な生徒だったか知っているか？」

と問うたことがある。東大卒と京大卒のジャーナリスト二人が、

「いや、知りません」

と奇妙な顔をする。

「バカヤロー、知りませんじゃすまないんだよ。なんのために君らは東大出たり京大出て朝日にいるんだ。知っててくれなくては困るんだ」と、私はテーブルを激しく打ちすえた。

「知らないというなら教えてやろう。それはな、いま死刑台の前に立っている永田洋子であり、坂口弘たちなんだ。君らはさっさと転向して、朝日新聞の幹部でございますと、臆面もなく名刺などを俺に出して、のうのうと温かい飯を食っているが、君ら朝日の主張や日教組の教えを無垢に守り抜いた生徒は、いま死刑台の前に立っているんだよ。一度でも差し入れをしたことがあるのか。一粒の涙でも、彼らのために流してやったことがあるのか！」

と激しい口調で怒鳴りつけた。二人は眼孔を丸くして、ボーッと私を眺めているばかりであった。私は苦笑する以外になかった。

社会の木鐸「朝日」に希求する

暴論だ、と思われるかもしれないが、いま、日本の政治がここまで駄目になったのも、その責任の一半は、朝日を中心にしたマスコミにもあることを、ぜひ知っておいてもらいたい。

文部大臣当時の藤尾正行氏が、日韓の歴史は悲惨であったが、しかしこれは日本だけが責められるべきことではなく、韓国（朝鮮）側にも問題があったと発言した折、韓国側の反駁《はんばく》は熾烈《しれつ》をきわめた。朝日は韓国側に同調して、藤男氏を罵倒し、ついに氏の口を封じ、閣僚の席からも追い落としてしまった。このような例は、奥野誠亮氏（元法相）の場合もそうだったが、数えれば枚挙にいとまがない。

私は朝日の京大卒氏との雑談の中で訊いてみたことがある。

「日本が韓国を併合したのが、一九一〇年（明治四三年）だが、その一四年前韓国の元首（高宗）はどこに居住していたか知っているか?」

「いや、まったく知りません」

「李王朝はな、当時のロシア公使館の中に逃げ込んでいたんだ。李王朝は、ロシア公使館の中から、政治を行っていた。これを一個の独立国家とみなせるか」

王朝は自らが任命した首相、金弘集氏を、反ロシア的と断定して暗殺命令を出している。日本軍は金弘集氏の生命を護ってやろうと申し出るが、金氏は、

「他国の軍隊に護られて行きながらうより、韓国の首相としての死を選ぶ」

と、毅然として首を取られてしまう。このような状況下で、日本は明治四〇年に韓国に対しての保護条約を結び、四三年には、ついに日韓併合にまで持ち込んでゆく。

そのへんの事情を、私の思想的師でもあった葦津珍彦（あしづ・うずひこ、「神社新報」論説主幹）は、「日韓民族の不幸な歴史」という短文の中に次のように書いている。大切なことだから繁《はん》を厭《いと》わず、しっかりと読んでほしい。

「日本の伊藤博文は、韓国の近代的改革が進まず、とくに外交問題で混乱の生ずるのを理由に、韓国政府にせまって、日本政府が韓国の外交権をすべて代行する条約を成立させた。条約であるから、

韓国皇帝政府が承認し成立した。それを許しがたい日本の強要と思うなら、断固として拒否し抗争すべきだ。それでこそ独立国としての資格能力がある。ところが韓国では、表では条約に同意しながら、外国の対日干渉を期待して、ひそかにハーグで開かれた万国平和会議に特使をおくって、反対策動を試みようとした。このような外交方式は、独立国政府の資格能力のある国のなすべきことでないのは、国際法の通義である。列国政府の中でそれに同意し支持する国は一国もなく、特使一行は、平和会議の議場にも入れられないで帰国させられた。この条約を犯罪とすることはできない。韓国人で、この条約を怒るとすれば、日本を責めるよりも、日本の条約を正当とみとめた世界列国政府が、すべて強国を信じて弱国の策動を無視したパワー・ポリティックス国家のみだったとして、全世界を非難すべきのみであろう。この策動で、韓国は、すでに世界から独立国としての資格のないものとして認定されたわけである」

さらに、

「日韓政府の併合条約案は、四三年（明治）の三月まずロシアの諒解をもとめ、次いで英国・米国・ドイツ・フランス・イタリア等々の関係諸国に事前に通告して、列強すべての同意を得た（清国のみが、韓国のためにでなく、日清国境線について考慮をもとめた外は、世界列強の全同意を確認して）八月二九日に国際的に、宣言された。ここで日本陸軍のパワー・ポリティックスが作用したのは否定しがたいとしても、この事前通告で一国の反対もなく、同意をとりつけた日本外務省は、そのころの列強の中で、すぐれて〝国際法〟の優等生であったと評していいだろう。

日韓併合を『日本のみの責任でない』とする言を怒る人びとは、併合に協力して、利と特権を得ようとした韓国人の少なからぬ貴族や、政治家の存在を無視するのであろうか。よく調査研究されたい。日本の事前通告は、世界関係諸国が、一国として異議の申し入れもなかった史実を、どのように解しているのであろうか」

ここに「よく調査研究されたい」と、一言釘をさされている。私は大朝日新聞社の幹部計四名と会っている。東大出が三名、京大出が一名、それぞれが朝日を代表して私の前に座った。

「後日、言ったの言わないのと騒ぎになると困るので、一応テープとビデオを撮らせてもらいますよ」

と断わったうえで、テープを回してある。私はこの四氏に、一人ひとり丁重に、

「あなたは、極東軍事裁判で、〝日本は無罪である〟と判決を下した、インドのパール判事の判決書を読まれたことがありますか」

と質問してみた。四名すべての人が、

「いや、ありません」

と応えた。私は唖然とする以外なかった。この程度の連中が、朝日新聞社の幹部であり、堂々と社会の木鐸を任じている。開いた口が塞がらないとはこのことだ。

インドのネパール判決は、五〇〇〇頁にわたって、なぜ日本が無罪であるかを、心血を注いで書き

上げている。別に日本が正しいなどとは、一言も書いていない。あくまでも法律家として、〝法〟を説いているのである。アジア人であるインドの法律家の判決文を見たこともない連中が、キーナン検事、ウェッブ判事といった欧米白色人らの論告・判決を是として、いまだに反日報道を繰り返す日本のインテリゲンチャという人びとは、いったい、何者なのだろう。

藤尾文部大臣（当時）が、それなりに持論を述べようとすることさえも封じ罷免に追い込む。言論の自由も何もあったものではない。

ある若手の国会議員の友人が、

「野村さん、選挙は本音をいっては当選しませんよ」

と忠告してくれたことがある。真に祖国日本の将来を思い、本音を語ろうとすると、「朝日」はきまってヒステリーをおこし、袋叩きにしてその発言を封じてしまう。これでは政治家は寡黙になる。本音は口にしない。となれば、あとは派閥政治に精を出すか、金集めに奔走する以外にないではないか。暴論だと思うかもしれないがと断わったうえで、現今、政治家がダメになってしまった責任の一半は、「朝日」を中心としたマスコミにもあるのですよと指摘したのも、右の状況をふまえての発言である。

一方的に日本が悪くて韓国が善だなどありえない。その逆もない。そうではなく、何が是であって、何が非であったかを論じ合い、その中から両国の将来はいかにあるべきかを模索することこそ、いま、日韓に問われていることなのではなかろうか。

ついでなので、もう一つ指摘しておこうか。「朝日」を中心とした進歩的文化人とやらたちは、あの日米大戦をいまだに一方的に日本の侵略戦争だったと定義づけている。

実は最近になって、アメリカのこれまでの秘密文書が種々公開されてきて判然としたのだが、アメリカは、第一次世界大戦の前から、日本を仮想敵国として狙いを定めていたのである。第一次大戦前からなのだ。恐るべき世界のパワー・ポリティックスの実像ではないか。

若い人のために、少し言及しておくが、アメリカの軍部は、第一次世界大戦が起きる以前から、極秘に、三つの作戦を立案していた。第一は「ピンク作戦」、第二は「ブラック作戦」、第三は「オレンジ作戦」である。なんとピンク作戦とは、朋友であるはずのイギリスを仮想敵国としているのである。ブラックはドイツ、第三のオレンジこそわが日本だったのである。

ところが、第一次世界大戦が勃発してヨーロッパは戦場と化す。そしてそれが終結したとき、イギリスもドイツも、国力をすっかり消費し、はやアメリカの脅威ではなくなってしまった。残った〝日本〟こそ、次にアメリカが狙い撃ちすべき仮想敵国として浮上する。日米の戦いは、日本の庶民のまったく知らぬ時期に、もう始められていたのである。五・五・三のロンドン条約（一九三〇年）なども、銃を見せない戦いであったし、日本が中国と戦闘状態に入った中で、アメリカが重慶政府に、戦備品をドシドシ投入したのも、すべて、アメリカの、対日本戦略の一環であった。インドのパール判事も、そのことを克明に指摘している。東京裁判では、日本が宣戦布告せずに真珠湾に奇襲攻撃をかけたのを非として、国際法違反だと裁いた。東條英機はそのために死刑台に吊るされた。しかし、アメリカはその後、ベトナムに対して宣戦布告などせずに戦争をしている。日本人も、もういい加減に、目を覚ませ。世界は激動しているのだ。いつまでも「すべては日本の侵略から始まった」的、痴呆症候群から脱却し、何が非だったのか、そして何が是だったのかを、我々自身の眼でしっかり見定め、日本の将来はいかにあるべきかを、明確に、主体性をもって自覚しなくてはならないときにきている。まず、社会の木鐸としての「朝日」に、それを希求する。

私はいまそのことを言いたいがゆえに、「朝日」に闘いを挑んだのである。皮相的にスキャンダルを囃《はや》し立てて、日本の根幹の問題を放置している限り、昨今の政治状況を含め、日本はさらにダメになるだけだ。

重信房子も浪漫主義者だ

さて、先に私は故・葦津珍彦先生の文を引用したが、あの文だけを見ると、一見ただの反韓主義者であるかの如き誤解を生ずる恐れがある。逆で、この人ほど韓国を愛した日本人もそういない。あの短文の他の個所では、こうもいっている。

「私は当時から『朝鮮の独立』を主張した。朝鮮の独立なくして『満州国』をロボット化したのでは、日本人の東洋解放論が信を得ないのは当然だと主張した。にわか造りのユートピアンの文が発禁されつづけたのは当然であった」と。

また先生が若いころ、朝鮮を旅行した折の紀行文の中に、

「何故にわが日本軍の銃口が朝鮮人に向けられているのか。向けるべき相手は、朝鮮ではなく、欧米列強なのではないか」

と獅子吼《ししく》しているのを発見して、若かった私が痛く感銘したこともある。戦後、「朝日」や「中央公論」などが全盛を誇った時代の中で、民族派としては唯一人、葦津珍彦先生だけが、鶴見俊輔や市井三郎らが中心となって発行していた「思想の科学」で、堂々たる論を張っていたことなど、現在右翼を名乗る青年たちでさえ、知らない人が多いのではあるまいか。「明治維新と東洋の解放」・「武士道」・「日本の君主制」等々、すぐれた文章が多々ある。とくに民族派を名乗る若い人たちは、一度はこの人の文章に触れなくてはならぬ。私がこの人の文章で影響を受けた点は多くあるが、わけても、

「日本の天皇制は、デカダンスからニヒリズムさえも包摂する」

と発言されているのを見たときほど、感を深くし、日本の文化の突出した発想を考えさせられたこともない。デカダンスは紫式部の『源氏物語』に象徴され、ニヒリズムは神道の天皇が仏教に帰依する行為に見られるともいっていた。私はこのあたりから、日本の天皇主義に、なんの懐疑もなく依拠するようになったといっても過言ではないと思っている。その師も、昨年鎌倉の一隅で、色濃い青葉

光に包まれ、ひっそりとこの世を去った。

——面会が終って、「じゃ、お元気で」といい合って外へ出る。獄舎の庭はもう夕刻の風が冷たい。一一月の中旬だというのに、バラの木が一本侘びしそうに立っていて、五つ六つの花を寒そうに咲かせている姿が、形容に難くさみしそうであった。鉄扉が金属音を立てて閉まる。一期一会という言葉もあるが、もうこの人とは二度とこの世では会えぬかもしれぬ。この人は「十六の墓標」を書いた。しかし今世紀だけでも、人類は何人の人を殺し、どれだけの〝墓標〟を建てたのだろうか。ヒトラーのユダヤ人大量虐殺、共産主義者の粛清という名の虐殺、ことにポル・ポトのホロコーストは惨を極めた。先の戦争で、日本人だけでも二六〇余万の人が死んでいる。現今でさえ、戦火はいたるところで火を噴いている。「十六の墓標」どころの話ではない。永田さんを憎み、鞭打つことは容易だ。しかしそれだけではなんの解決にもならない。

ゆえに私は、「十六の墓標」は誰のためなのだ！　と叫びたいのである。

差し入れ屋さんに寄って差し入れを頼み、帰途についた。私はふと、いまはアラブで暴れまわっているレッド・アーミー（日本赤軍）の、重信房子さんのことを思った。彼女の父親は戦前「血盟団」の一員で、れっきとした右翼民族派である。重信房子氏自身も、日本の歴史上、好きな人物は平野二郎国臣だといっている。平野二郎国臣は明治維新の勤皇の志士であり、かつ著名な歌人であった。私も二〇代のころから彼の、

君が代の泰けかりせばかねてより
身は花守となりけんものを

が、好きな詩《うた》だった。日本赤軍など名乗っているので共産主義者のように見られているが、私は彼女の本質は単なる浪漫主義者だと、いまでも勝手に解釈している。

近代日本の幕開けとなった明治のはじめに、明治天皇は、

「天下億兆、一人としてその所を得ざるは、すべて朕の罪なり」

と申されている。戦争責任どころの話ではない。死刑囚がいることすら、天皇の責任なのである。それは即、君民一体を旨とする我々民族派自身の責任であることを、我々は決して忘れてはならないと、帰途、黙々と歩きながら思った。

戦後若い優秀な青年たちが、群れて左翼運動に身を投じたのも、「朝日」らの煽動や「日教組」らの教育もあったが、それらを凌駕《りょうが》しうる思想が、我々民族派の側になかったことが、最も重大な致命傷であったことも、決して忘れてはならぬ一面であったろう。

私の足は重く、つい寡黙がちではあったが、同行した蜷川正大君と古澤俊一君らも、黙々として歩

いていた。遠く西方の空には、いくつもの雲が、ちぎれちぎれに浮かんでいたが、そのどれもが、うっすらと茜《あかね》色に染まって化粧をしているのが眺められた。

夕陽が、今日という一日に別れを告げていたのだろう――。

解説

鈴木邦男

人類の歴史は「テロルの歴史」だ。

この社会を変えようと思いつめた時。自分には闘うべき言論の場も機会もなく、仲間もいない、そう思った時。自分の肉体のみを武器として、この強大な政治を変えようとした時。人は皆、テロリストを志す。

自分の肉体を弾丸として、権力者に発射し、権力者の息の根を止め、それによって「悪の社会」を倒そうとする。だから単なる殺人ではない。個人的な怨みによる殺人でもない。殺人によって怨みを晴らしても、気分が晴れるものではない。また、相手を殺すことによって、自分が利益を得るものでもない。

通常の犯罪では、「その行為によって誰が利益を得るか」を警察は考え、その上で犯人を検挙する。その意味ではテロは犯罪ではない。テロリストは何ら利益を得ないのだから。だいたい、自分が生き延びることを考えていない。決行の前に、自分を「弾丸」に変え、「剣」に変えている。生身の人間はすでに死んでいる。すでに死んだ人間が、現実の権力者を倒し、あの世への道連れとする。「無理心中」

のようなものだ。ターゲットにした人間と自分。この二人があの世に消えることによって、この世は美しく、幸せになって輝く。幻想・妄想かもしれないが、テロとはそんな夢と愛情を持った殺人なのだ。

テロによる殺人を、単なる幻想・妄想と考えるか。あるいは、少しでも夢や希望があると思うのか。それは、その時、生きていた人々の思いによる。また、それを報じる人々の思いによる。それは、決定的・固定的なものではなく、時代が変われば変わる。何十年、あるいは何百年か前の事件について、「今から考えると、あれは単なる怨みの殺人であって、テロとは呼べない」という者もいる。逆に、個人的な殺人と思われていたものが、「私心を捨てた救国の行為だった」と思い改められることもある。

ただ、その「解釈の変更」は、今まで権力者やそれに随伴する報道機関によってなされてきた。三〇〇年の泰平を保った徳川時代において、前の時代の豊臣秀吉は〈悪〉だった。倒されることによって、初めて世の役に立った存在だ。徳川の世が倒され、明治になってから、秀吉は偉人として甦った。百姓から天下人になり立志伝中の英雄になった。昭和の田中角栄が「今太閤《いまたいこう》」と称えられた。明治以降、秀吉はずっと英雄だった。

カミュは、ロシア革命前夜のテロリストたちのことを「正義の人々」と呼んで、次のように愛情を持って書いている。すなわち、相手を殺る前に、自らを殺している。欲も怨みもない。人間を超えた大きな「憂い」に基づいて行動した。狙う相手に爆弾を投げようとした時、その馬車に幼い子供も乗っていることを発見して、テロを中止した。中止すればかえって、自分達が危機に陥る。それも構わずに中止する。巨悪を取り除くのが目的だ。幼い子供を巻き込んではならない。自分たちは抑圧された人民を救い、解放するために悪を倒すのだ。無関係の人間を殺してはいけない……。このように描いた。テロリストの感情は、あるいは「ヒューマニズム」なのかもしれない。

でも、テロリストの気持ちをそのように思えるのも、ロシア革命から長い年月がたち、犠牲になった人々やその家族、同時代人がいなくなったからだ、とカミュは語っていた。「歴史」から「文学」の世界に移ったのかもしれない。ロシア革命当時、カミュは四歳である。テロリストについて言及する術を、まだ持っていなかった。

同じことは日本でもいえる。「偉人・悪人」像も時代によって変わる。テロリストも、ある時には単なる犯罪者と糾弾され、ある時には救国の英雄となる。

「愛国」と「憂国」

昨年（二〇一五年）の三月、韓国に行った。ソウル大学で講演をした。日本のヘイトスピーチやデモ、反韓感情について話してくれという。日本は、政府も民間人も皆、反韓・嫌韓でまとまって、右傾化していると思われていた。その中で、「右翼のくせに、鈴木がヘイトスピーチに反対しているのは、なぜなのか?」と不思議に思われ、講演に呼ばれたのだ。「皆、反韓ではないし、誰も戦争を望んでいない。政治家やマスコミが対立感情を煽っているだけだ」と僕は説明した。

この講演は夕方だったので、午前中、「安重根記念館」に行ってきた。安重根は、日本が朝鮮を植民地にしている時、前韓国統監であった伊藤博文をハルビン駅構内で暗殺した人だ。自民党の議員がこう言っていた。「韓国では、日本の首相を殺したテロリストを讃え、記念館まで建てている。おかしい」と。

あっ、そうだ。昔は僕もそう思っていた。三〇年前、僕がまだバリバリの右翼活動家だった時に、僕は韓国に来て、この記念館を訪れた。右翼の先生や先輩方と一緒だった。現地で「明日は安重根記念館に行くよ」と言われた。僕は、疑問に思ったし、反発した。「何のために行くのですか。抗議に行くんですか」と。今の自民党の議員と同じだ。愚かだったと思う。右翼の先生は言った。

「鈴木君、それはちょっと心が狭いんじゃないかな。日本の首相を殺したんだ。いい気持ちはしないだろう。しかし、安重根はここ韓国では愛国者だ。英雄だ。我々も日本の愛国者として、韓国の愛国者に会いに行こうではないか」

安重根が死んでから、相当の月日が経っている。それも、「お参り」ではなく、「会いに行こう」と先生は言う。納得はしなかった。しかし、そんな「見方」「考え方」があるのかと驚いた。

その後、いろいろな本を読み、調べた。安重根は「活動家」というよりも、冷静な「学者」であり、キリスト教徒であることを知った。祖国の現状を憂い、思いつめ、どうにかしたいと思い、テロを決行した。彼が抱いていたのは、国に対する「愛」だけではなく、大いなる「憂い」なのだ。

これは「愛国」と「憂国」の違いにもなる。この国を愛している、つまり「愛国」だけでは「現状維持」になる。悪い点、不満な点もあるが、まあ、いい国だろう。だから誇りを持って生きてゆこう、となる。その点、「憂国」はもっと行動的だ。この国の現状は危うい。このままではダメだ。立ち上らなければ。革命的であり、破壊的な衝動になる。ここがダメだ。これは許せないという「憂い」は、時として「こんな日本ではダメだ」というような全否定にもつながる。だから、「憂国」は時として、「反日」と交わることもある。このアンソロジー『テロル』を読んだら、それを感じるだろう。

「憂国」という一点で、右翼も左翼も同じ軌跡を描く。心情が、思いつめ方が、行動が、驚くほど似ている。しかし、不思議だ。右翼は天皇制を語り、それを中心に美しい国家を再建しようとし、テロを行う。国が腐敗し、衰退してるのは「君側《くんそく》の奸《かん》」が悪いのだ。天皇の側にいる悪人どもを取り除けば、「君民一体」の美しい日本が甦る。天皇の親政が実現する。そう思ってテロをやる。

一方、左翼は「君側《くんそく》の奸《かん》」だけでなく、その奥の「天皇」をもターゲットにする。大いなる反逆、すなわち〈大逆〉だ。その事件に加わった人たちの手記もある。天皇を護るか、天皇を倒すか。全く反対のはずなのに、彼らの心情は似ている。自らのことは捨てておいて、テロに向かう。私心は、すでにない。自分もない。左右というイデオロギーも捨てているのかもしれない。だから、「テロ」という究極の手段では、左右を超えて一致し、共感するのかもしれない。

しかし、それはテロを遠い過去のこととして、「歴史」や「文学」の世界から見ていることによるのだろう。僕はそれでいいと思う。このアンソロジーだって、そうだ。遠い昔のテロリストへの「挽歌《ばんか》」だ。

冷凍保存されていたテロリストの叫び

テロが荒れ狂った時代もあった。だが、もうそんな時代は来ないと思う。「殺人」は日本だけでなく、世界中で起きている。でも、テロではない。外国では「戦争」の変形したものが多く、日本では個人の怨みや、金銭に絡んだ殺人ばかりだ。「ネットで馬鹿にされた」とか、「誰でもいいから殺してみたかった」などという理由で殺人が起きている。それも毎日のように……。「殺人」ということでは同じように思えるが、しかし、それらはテロとは最も遠い距離にある。

ただし、「テロ」という言葉だけは、毎日のように報じられる。自分が理解できないことは全て「テロ」にする。原発反対で官邸前につめかけたデモ隊を見て、自民党の議員は「これはテロだな」とうそぶいた。テロという言葉の意味さえ知らないのだ。それ以前に、政治家としての思い上がりを感じる。

彼らは、政治をやるのは自分たちだけであって、国民は投票することだけが、政治的行動だと思っている。投票によって選ばれた国会議員が政治を行う。それが民主主義だ、と思っている。だから、その「ルール」を破って、集会を開いたり、デモをやったりするのはけしからんと思うわけだ。「政治のルール」を破る「テロ」だと思うわけだ。また、デモに参加する学生を見て、「そんなことをしてると就職に不利だよ」とおどす人間もいる。ひどい話だ。

遠い昔のテロならば、歴史として、あるいは「過去の出来事」として見ることもできる。テロを「現実の政治」への批判・反省材料として見ることもできる。でも、今現在、テロが起きれば、皆、起こした人や組織を徹底的に批判する。批判しなければ、自分がテロに同調し、容認したと思われ、激しいバッシングにさらされる。そんな中、遠い昔のテロだけが評価され、語られるが、現在のテロは語られない。

だが、テロが衝撃をよび、影響力を持つのは、同時代人に対してだ。多くの人が「犯罪」「ただの人殺し」として批判するだろう。だが、ほんの一握りの人には、その〈声〉が届く。政治的な「異議申し立て」の行為だとわかる。伝わる。そして、控え目ながらにそのことを書く。詩にし、歌にし、小説にして……。

石川啄木は、「ココアのひと匙《さじ》」でテロリストの悲しい心情を詠っている。死を賭して訴えた人の気持ちを詠っている。たとえ漠然としたものであっても、それは今も多くの人々に伝わり、心を打つ。血なまぐさいテロが文学になり、その文学が人々の心を打つ。当時の人々だけでなく、それから何十年、何百年たった後の人々の心も打つのだ。個々の政治的事件のことは知らなくても、石川の「ココアのひと匙《さじ》」は、今を生きる我々の心に直に飛び込んできて、心の中で爆発する。

このアンソロジーに収められた多くの人々の「手記」もそうだ。個々の事件は忘れられても、これらの手記は「歴史」として「文学」として残る。いわば「時代小説」か映画の「時代劇」のように。ただ、いったん「文学」としてだけ残っていても、いつか急に目覚め、牙をむくかもしれない。そこが「時代小説」や「時代劇」などの「歴史もの」とは違う点だ。

だから、今回のアンソロジーは危険だ。もちろん、もう同じようなことが起きては困る。どうしたらテロをなくせるか。それを考えるために、改めて過去の「テロ」を真正面から見つめ直そうと思った。冷静に、落ち着いて読んでもらいたい。短い文章だけにとらわれず、全体を知ってほしい。その過程も結果も知ってほしい。

テロは絶望の果ての決起だ。それを企て、実行して、世の中がよく変わったということはない。悲劇である。手記や調書を読むと、彼ら彼女らが心より日本を愛し、それゆえに自分が犠牲になろうと思いつめる様子が伝わってくる。そして、その悲愴美には心を打たれる。しかし、その悲愴美をいくら積み重ねても、革命は起こらないし、戦争に勝つこともない。

繰り返すが、冷静で落ち着いた眼をもって、テロリストの手記を読んでほしい。熱い心をもって読むのは危ない。その熱で厚い氷が溶けだし、冷凍保存されていたテロリストの叫びが甦る。読む人の胸に飛び込んでくる。さらに、その肉体を借りて、動き出す。「俺の後に続け！」と絶叫する。あるいは、果たせなかったテロを「やってくれ！」と叫ぶ。

朝日平吾の明瞭でリズミカルな文章

それだけ、テロリストたちの言葉は強い。今だって生きている。僕もその体験がある。朝日平吾の「死の叫び声」だ。朝日は、安田財閥の祖・安田善次郎を殺し、その場で自分も死んでいる。「死の叫び声」には、なぜ安田を殺るのか、その理由が書かれている。これは名文だ。特にラストの部分。同志や後に続く人間たちにあてた言葉だ。実にリズミカルで、いい文章だ。

〈最後に予の盟友に遺す、卿《けい》ら予が平素の主義を体し語らず騒がず表わさず、黙々の裡にただ刺せ、ただ衝け、ただ切れ、ただ放て、しかして同志の間往来の要なく結束の要なし、ただ一名を葬れ、これすなわち自己一名の手段と方法とを尽くせよ、しからばすなわち革命の機運は熟し随所に烽火《のろし》揚《あが》り同志はたちどころに雲集せん。夢々利を取るな、名を好むな、ただ死ね、ただ眠れ、必ず賢を取るな、大愚を採り大痴を習え。われ卿《けい》らの信頼すべきを知るが故に檄を飛ばさず、予の死別を告げず、黙々として予の天分に往くのみ。ああそれ何らの光栄ぞや、何らの喜悦ぞや。〉

つい、声に出して読んでしまう。名文だ。そして、これほどズバリとものを言い、決起を呼びかける文は、他にない。血盟団、五・一五事件、二・二六事件……と決起の檄文は多い。三島由紀夫も檄文を書いている。だが、それらよりも、この朝日の檄文の方が、はるかにすぐれている。「ただ刺せ、ただ衝け、ただ切れ、ただ放て」。まるで音楽のように響く。

巨悪を倒そうとしたら、理屈を言うな。ただ追い詰め、ぶつかり、殺るだけだ。そんな気持ちが「ただ刺せ、ただ衝け、ただ切れ、ただ放て」という部分に表れている。この文章には、僕は完全に魅了された。そして、暗記した。今でもこの部分だけは、すぐ口をついて出る。リズムがあり、美しく、力強い。「よし、俺もやろう！」。そう思わせる力がある。

僕は、かつて激しい運動をやっていた。その頃、この「死の叫び声」がずっと頭の中にあった。振り返れば、よく大きな事件を起こさなかったものだと思う。それほど、この文章は人を魅了し、突き動かす。左右の檄文を並べてみても、これはトップになるだろう。

右翼の仲間でも、この文に魅了され、暗記している人間が少なからずいた。彼らとは、「この文章はいいよね」「しびれるんだ」と言い合った。そのうち、こんなことを言う人がいた。「これは文章がうますぎる。朝日には書けないだろう。本当は北一輝が書いてやったらしいよ」と。

実際、そう書いている本もあった。僕もこの説を信じた。北の本は全て読んでいたし、好きだった。「そうだろうな、北でなければ書けないよ」と思っていた。今もそう思っている人は多い。朝日は、粗暴な運動家だと思ってる人が多かった。朝日は北を尊敬していたし、北は運動家以前に理論家であり、思想家だ。右翼だけでなく左翼のファンも多い。文章もうまい。だから、朝日に頼まれて、北が書いてやったんだろう、と思っていた。

だが、「北一輝代筆論」は間違っていた。それを中島岳志（北海道大学准教授）の本で知った。中島は、血盟団を研究し、詳細に書いている（『血盟団事件』文藝春秋）。真相に迫る迫真のノンフィクションだ。さらに、『朝日平吾の鬱屈』（筑摩書房）も書いている。同書の中で、「北一輝代筆論」をはっきりと否定している。朝日の日記や書いたものを、中島は丹念に調べた。そして、一般に言われているような「粗暴なイメージ」はない、という結論に達した。それどころか、書いたものは実にしっかりしているし、レベルが高い。また、日記などの文章と「死の叫び声」は、文章のリズムや漢字の使い方も似ている。いや、全く同じだ。こうして「北一輝代筆論」は消えた。中島さんによって、テロリスト・朝日平吾の名誉、というかプライドは回復されたのだろう。

また、あまり口には出さないが、このように右翼の人々は朝日の影響を受けている。「ただ刺せ。ただ衝け……」という明瞭でリズムカルな言葉は、皆の頭の中に入っている。そして、彼の言葉は、何かある時、その人間を決起させる。そして、爆弾闘争を激しくやっていた当時の新左翼の中に、朝日の「死の叫び声」から影響を受け、励まされたと言っていた人がいた。

僕が生まれて初めて本を出したのは、一九七五年だ。『腹々時計と〈狼〉』（三一書房）だった。戦前や戦中の日本は、アジアを侵略した。ところが、戦後もアジアの国々を侵略している。今度は経済侵略だ。それに反省を求めるべく、アジアに進出していた日本企業がデモをかけられ、あるいは襲われた。その闘いを日本でやったのが「東アジア反日武装戦線」の〈狼〉であり、〈大地の牙〉や〈蠍《さそり》〉

だった。そのことを書いた本が、僕のデビュー作だ。右翼のことを書いたのではない。〈敵〉である新左翼のことを書いた。

彼らは、都市にとけこみ、全く目立たない。爆弾を作り、それを企業に仕掛けた。都市ゲリラであり、テロリストだ。だから、世間の目につかないようにする。左翼と付き合いはしない。デモに参加したりもしない。会社では労働組合にも入らない。彼らと付き合っていたら、目立って仕方がない。警察に目をつけられる。まさに「同士の間に往来の用はない」だ。「死の叫び声」だ。

彼らは、確かに「死の叫び声」を読み、影響を受けているのだ。

「愛国心」でテロを実行した一七歳

朝日平吾が誤解されていたように、一九六〇年のテロリスト・山口二矢も誤解されていた。山口が社会党委員長の浅沼稲次郎を刺殺した事件は、連日のように報じられていた。刺殺現場を撮影した映像が、毎日毎日、放映された。愛国党に属していた一七歳の少年が犯人だった。山口二矢だ。

当時、僕は仙台に住み、ミッションスクールに通っていた。事件のころ、僕は高校二年で、山口と同じ一七歳だった。「右翼」や「愛国心」について何も知らないし、「テロ」という言葉も知らなかった。この事件に衝撃を受けて、僕は右翼になったのではない。そうだったら話は簡単だが、そんなことはない。もちろん、殺人がいいとは思ってない。でも、その殺人を「悪」と断定し、否定するだけの思想はなかった。逆に、支持するだけの思想もない。ただただ、驚いていた。

浅沼委員長を刺し殺し、逮捕された山口は、その三週間後に自殺している。ますます、わからなくなった。同じ一七歳の少年に、なぜそんなことができるのか。人を殺し、そして自分も死ぬ。それも二四時間、監視されている中で、山口は自殺した。

また、山口は「この国を守るため」の「愛国心」で殺ったのだと言う。愛国心は、究極のところ、人を殺すところまでゆくのか？　そこまで徹底して考え、その考えのために自分の命を捨てる。そんな人がいるなんて、信じられなかった。僕のまわりの高校生たちも、自分も、ただただ「自分のこと」しか考えていない。校則が厳しくて、うるさい学校だったので、一日も早く卒業して、大学に入りたいと思っていた。国のことなんて、考えたこともない。「共産党や社会党は悪い」と言われても、よくわからない。皆、自分のことだけを考える利己的な高校生だった。自分の成績や受験のことを考える高校生。高校生なら当たり前だ。でも、山口の行動を知って、「それでいいのか」とか「国のことを考えろ」と言われているような気がしたし、叱られているようにも思った。

日比谷公会堂でテロは行われた。短刀を持った山口は、短刀を自分の体にくっつけ、体ごと当たって、浅沼の腹を突いている。誰にも止められない。アッという間だった。「完璧なテロ」だった。自分で練習したというが、自分で考えてできることなのか……。漠然とそう思った。マスコミも同じだった。一七歳の少年が、自分の考えでやったのか。誰かに教えられたのではないか。新聞は、「殺人教唆した人間をさがせ」と書き出した。

もっとも疑われたのは、大日本愛国党代表の赤尾敏だった。赤尾は、かなり激しい口調で、共産党や社会党を批判していた。赤尾の教唆があって、山口は殺人を決行したのではないか、と思われた。愛国党に近い団体の責任者たちも調べられた。しかし、殺人教唆は証明されなかった。山口は、誰かに教唆されてやったのか、自分の意志でやったのか？

その議論に決着がついたのは、「山口二矢供述調書」が世に出てきたからだ。事件のかなり後になって出てきた。それを読んで驚いた。僕だけではない。読んだ人は皆、驚いたはずだ。山口は事件の後、警察に捕まり、取り調べを受けているが、供述する態度は実に堂々としているし、はっきりとしている。一七歳がこんなにも明瞭に、やったことや自分の考えを言えるものなのか。本当に驚いた。何より、山口を直接調べた警察や検察の人間が、まず驚いたはずだ。こんなにしっかりした一七歳がいる。彼らは山口に直接会っているから、「これは他人の教唆で動いたのではない。山口二矢の単独犯だ」と思ったのだ。

事件の少し前に、山口は愛国党を辞めている。これを愛国党に迷惑をかけないための偽装脱会だ、と言う人がいた。実際、事件などを起こす直前に、迷惑をかけないよう、自分のいた団体を辞めることはよくある。だが、供述調書を読めばわかるが、山口と赤尾敏とは、考え方も運動論もかなり違っていた。

赤尾は、かなり過激なことを言いながらも、テロは称賛しない。認めない。しかし、山口は、赤尾が若い人を煽って、党の拡大を考えているのではないかと考えた。赤尾の言葉を聞いた山口の心は、テロに傾斜している。だが、赤尾は若い命を助けたい。だから、テロを許さないのだ。そういったことも供述調書が出たことでわかったことだ。

さらに驚くのは、山口のテロがいろんな偶然や幸運（?）に助けられて成功したことだ。山口は、日本を悪くしているのは、共産党や社会党、そして日教組だと思い、誰でもいいからそれらの組織のトップを殺ろうとした。初め、共産党を狙ったが、なかなかそばに近寄れない。そんな時、偶然に、社会党の立会演説会の案内を見つけ、そこに行く。

入場券がないと入れないと言われたが、親切な人がいて「学生だから」と入れてくれた。なぜ、壇上に駆け上れたのか。それも偶然の産物だ。右翼が頻繁に壇上に駆け上り、ビラを撒く。だから、「ああ、またビラだろう」と警察は思った。ところが山口だった。浅沼委員長の演説が終わりかけた時、彼は腰だめに短刀を持ち、体ごとぶつかっていった。

本当に、偶然が積み重なって、あのテロは行われた。どれか一つでも外れていたら、できなかった。本人にとっては、「幸運」だったのだろう。「まるで神に祝福されたかのようにうまくいった」と表現した人もいた。だが、「神に祝福」と、僕は思いたくない。たとえ、どんな崇高な動機でも、殺人に対して神が祝福するはずがないと思うからだ。

それと、供述調書の存在だ。どんな方法からわからないが、山口の供述調書が外に出た。今は単行本にもなっている。これが世に出たことで、山口の存在は輝いた。出なかったら「大人に使嗾《いそう》され、使われただけだ」と今も言われていただろう。

これ以降の右翼の運動は、皆、山口の影響を受けている。その後、別の道を歩んだ仲間たちの生き方にも、色濃く影響を及ぼしている。

山口二矢と三島由紀夫

繰り返すが、今も多くの人たちが、山口二矢を評価している。「あの時代」だったから、ああいうことをやる。今だったら、違う方法をとる。そうは言うが、あそこまで思いつめた山口の心は高く評価している。

ただ、僕は、それにもろ手をあげて賛成することはできない。それは「テロ」だからだ。右翼の人たちは、山口を追悼し、顕彰する集まりを開いている。もちろん、三島由紀夫の事件と比べれば、やはり小さい。ただ、前述したように、山口を評価し、心の中で強く意識している人は、少なからずいる。三島由紀夫、野村秋介、映画監督の若松孝二などだ。

三島は、『奔馬』『憂国』『文化防衛論』など、テロやクーデターについて書いた本をたくさん出している。二・二六事件をモデルにした小説も多い。『奔馬』『憂国』『英霊の声』などでは、クーデターから外れた人間も書いている。テロリストから離れた人間も描いている。

三島は、本当は山口のことに強い関心を持ち、意識していた。書いてみたいと思った。しかし、書けなかった。自分たちの決起が近づいたからだ。

山口をモデルにした小説を書きたいと思っていたことは、楯の会の人をはじめ、何人かから聞いた。しかし、それまで三島が書いたモデル小説はどれも、評判が悪い。『青の時代』『宴のあと』などなど。時間が経ち、じっくりと取材をし、突き放して、客観的に見られるようになって、それでこそ「小説」は書けるという。歴史的な事柄を早く書き過ぎると、小説として熟成がないからダメになると言っていた。

でも、山口については、そろそろ書き出そうと思っていた。ただし、楯の会のことを考えた時、書くのはマズイと思ったのだろう。三島は、楯の会の皆で立ち上がることを考えていた。できたら自衛隊を巻き込んで、クーデターをやる。そうした計画だ。初めは自衛隊も乗り気だった。「いいですね」とか「やりましょう」と相槌を打った。

でも、これは自衛隊の社交辞令だ。自衛隊としては、三島が体験入隊してくれ、それが週刊誌に出る。自衛隊を大々的に宣伝してくれる。三島が「きちんと自衛隊を認めさせましょう」と言うと、自衛隊も「そうだ、そうだ」と言う。「クーデターくらいやらなくては」と言うと、「そうですね」とうなずく。どうせ相手は世界の大作家だ。小説の世界として言っているだけだ。そう思い、自衛隊は相槌を打ったのだ。

しかし、三島はそんな駆け引きを知らない。「運動」の世界も知らない。本当に自衛隊は自分に賛成してくれたと思った。一緒に立ち上がってくれると思った。そんなことがあるはずはないのに。さあ、クーデターを「やろう」と三島が言うと、ギリギリになって、自衛隊は断った。三島は、裏切られたと思った。自衛隊だって、本当にやるとは思っていないのだから、驚いた。お互いに別の夢を見ながら話してきたから、そうなってしまったのだ。

そんな時、三島の胸には「クーデターがダメだったら、テロを」という考えも、瞬間的には浮んだかもしれない。ただ、自衛隊との共闘はできないにしろ、「楯の会」一〇〇人で決起するという当初の案には、こだわり続けていた。なので、山口のことを書くと、「楯の会」の人間の中から、そちらにひきずられる人間が出るかもしれない。これはマズイと思ったのだろう。「楯の会」一〇〇人の決起は、自衛隊との共闘が前提だ。共闘できなければ、問題が前に進まない。個人でやったらいいじゃないか。そう思って実行する人間が出るかもしれない。それを恐れたのだ。

結局、三島は、山口を書くことはなかった。

映画「一一・二五自決の日」で描かれたもの

そんな三島の苦しい気持ちを知っていたのが、若松孝二監督だ。若松は映画「山口二矢」を撮ろうとした。本当にそう思い、企画を立てた。若松にとっての一七歳は、自分自身が宮城から飛び出し、上京した年だ。また、母を殺して、自転車に乗って北に行く一七歳のことを、すでに「一七歳の風景」という映画にしていた。さらに、「実録・連合赤軍　あさま山荘への道程」では、加藤三兄弟の一番下の弟が一七歳で、その弟に「僕たちは勇気がなかったんだ」と叫ばせている。

そして、一七歳の山口二矢だ。若松は、「一七歳シリーズ」三部作を撮り、それで完成だと言っていた。山口の資料を集め、脚本も書いていた。山口が主人公で、その後、山口の影響を受けた三島由紀夫が現れる。そんな映画を構想していた。「三島由紀夫より山口二矢のほうが偉いよ」とも言っていた。三島は世界的な大作家だ、何をやっても、何を言っても、世界の人は聞く。ところが、山口は一七歳だ。まだこれからの人間だ。世の中の楽しいことも、味わってない。それなのに、命を投げ出した。そんなことは俺にはできない。信じられない。そう若松は言っていた。

しかし、この映画は頓挫した。山口は世界的に知られていないし、映画を作る金が集まらない。それで順番を変えた。まず三島を撮って、それから山口を撮る。

三島については、僕も資料集めを頼まれた。それで楯の会の人間を何人か紹介した。だから、「一一・二五自決の日　三島由紀夫と若者たち」という映画には、今まで出てこなかったエピソードや事件も描かれた。しかも、映画を見ていると「次は山口二矢を描くに違いない」と思わせるシーンがいくつかある。本編の中に、次回作の予告編を入れたのだ。たとえばオープニング。山口が出てくる。浅沼委員長を刺殺し、そして三週間後に自殺する。ちょうどその暖間に、三島の『憂国』は書き上がる。

また映画の後半、決起への最後の決断が迫られる時、見知らぬ青年が訪ねてきて、三島に言う。「先生はいつ死ぬんですか?」と。三島の決意を固めさせる言葉だ。三島は、この青年のことを何かの媒体に書いている。しかし、家の人は誰もこの青年を見ていない。もしかしたら三島の創作かもしれない。

何のために?

迷っている自分を叱りつけ、後戻りできないようにするためだ。

それにこの映画には、もう一つ、仕掛けがあった。この時、訪ねてきた青年は、映画の冒頭で山口二矢を演じた役者だった。山口が現れて、三島を叱ったともとれる。これは若松監督の解釈だ。三島だって、ニヤリと笑って見ているだろう。

しかし、三島は笑っているだけではすまされない。ある意味で三島は、今の日本を動かしているからだ。いや、今の日本の「右傾化」に、三島が担ぎ上げられているからだ。「それは三島の本意ではない」と言う人も多い。三島信者同士の内ゲバかもしれない。安倍首相や、それを支持している人には、三島信者が多い。かつて右派の学生運動をした人もいる。その人たちが「今度こそは」と思って、勢いづいている。四六年前、三島は自衛隊市谷駐屯地において檄を発した。だが、誰も聞かない。誰も立ち上がらない。「憲法改正せよ!」「自衛隊を国軍に!」という叫びも、全く聞かれなかった。首相や防衛庁長官も「三島は気が狂った」と言った。

　そして、あの時から四六年。今度こそ、三島の声が届いたのだ。なにせ安倍首相自ら、憲法改正を言い出している。二〇一六年夏の参院選でも、論点になるという。参院選で圧勝したら、次は憲法改正だ。三島が叫んだことが、やっと実現するのだ。

　でも、市ヶ谷で自衛隊に対して、「このままでは、魂のない巨大な武器庫になる！」「アメリカの傭兵になってしまう」と三島は言っている。アメリカに言われるままに、世界中に出かけて、アメリカの戦争で死に、人を殺す。

　そんな憲法改正を三島は望んではいないと、僕は思う。

冤罪としての大逆事件

　次に、大逆事件について触れる。明治天皇の暗殺を企てたとされる幸徳秋水たちの大逆事件。それに難波大助の虎の門事件。また、戦後になれば、東アジア反日武装戦線が企てたとされる、昭和天皇のお召列車爆破未遂事件。どれも天皇や皇太子を狙っているという意味では究極のテロであり、「大逆」だ。難波は実際に銃を発射しているが、後の二つは「計画」だけだ。

　いや、その計画が本当にあったかどうかも、あやしい。たとえば、幸徳たちの「大逆事件」は、たかだか数人が立てた計画だ。いや、計画をたてようとする「話」をしただけで捕まり、どんどん「共犯」ということで逮捕が広がった。僕は長い間、右翼運動をやっていたので、こうした事件は信じられなかった。また、天皇に銃を向ける人間がいるなんてことも信じられなかった。また、万が一、そう思った人間がいたとしても、徹底的に隠すのではないか。そう思っていた。

天皇は日本の権力のトップにいて、人民を弾圧する存在ではない。権力機構を超越したところに存在する。だから、怨みの銃が天皇に向けられることは、ずっとなかった。たとえ思い違いをして、狙った人がいたとしても、「これは何かの間違いだ」「変な連中にそそのかされたのだ」と言うだろう。その証拠に、天皇を暗殺するような計画に呼応して、反乱を起こす人間はいない。いても、政府は必死になって「反抗」を否定し、その火を鎮火するはずだ。そう思っていた。

ところが政府や役人も、どんどん事件を大きくした。単なる「噂話」だったのが、「はっきりした謀議」になり、武器を集めて「天皇を殺そうとした」となり、その詳細な計画までも「こうだろう」「こうに違いない」と調書を書いていく。取り調べる側がかえって「不敬」ではないのか。大逆事件とお召列車《めしれっしゃ》爆破未遂事件については、全く物証もなく、自白もない。今なら完全に「冤罪」だ。しかし「こんな不敬な人間たちがいるぞ」と事件を大きくすることによって、権力の側は自分たちが人々を統治しやすくするような仕組みを作った。そのために、「天皇への憎しみを持つ人がこんなにいるぞ」と喧伝し、騒ぎを拡大させたのだ。

これは冤罪であり、むしろ人々の「反天皇」的気持ちを大きくするだけではないか。そう考える人もいた。だが、「大逆事件」という大げさな事件を前にしては何も言えない。ただ、明治天皇はこういう歌を詠んで、権力の側をいさめた。

〈罪あらばわれを咎めよ天つ神　民はあが身の 生みし子なれば〉

国民は自分の子供であり、だから、何らかの罪を犯したのであれば、私を咎めなさい、というのだ。僕は、この歌を学生時代に教えてもらった。「生長の家」をはじめ、右派の先生たちはよく言っていた。「自分を殺そうとした大逆の罪人たちをかばって、自分を罰してくれと天皇様はおっしゃったのだ。何と心の広い、やさしい天皇様だろう。こうした天皇様のおられる国土に生まれて、私たちは幸せだ」と。僕も、それを完全に信じていた。まるで神様のような方だと思っていた。明治天皇だけでなく、昭和天皇もそうだ。日本が戦争に敗けた時、マッカーサーに会いに行き、「自分の身はどうなってもいいから、国民を助けてくれ」と言われた。危機的状況の時代に、自分の身を投げ出し、国民を救い、自分が犠牲になろうとする。それが天皇だ。そう教えられた。

しかし、それから四〇年が経ち、そうした天皇の評価に対して「そんなことはない」「それはウソだ」と言う人がいることを知った。左翼の人だけでなく、歴史学者の本を読んでも、否定的な人が多い。でもマッカーサーは、天皇を肯定している。天皇の立派さを証明し、あわせて自分の存在を強く印象付けようとしているのかもしれない。

先ほど紹介した短歌は、大逆事件の時期に明治天皇が詠まれたものだと言われている。だが、本当にその歌が存在するのかどうか、調べているがわからない。「確かにある」という人もいるが、どこに書いてあるかわからない。生涯に一〇万首も詠まれたというし、なかなか探せない。また、本当に大逆事件の捏造に反対ならば、直接、問い質し、確かめるはずだという人もいる。

しかし、それはない。「これは冤罪だ。死刑にはするな」と直接言ったわけではない。あるいは後になって、この事件に関して、詠まれた歌かもしれない。僕は、歌はあったと思うし、「大逆事件」に対する司法のやり方にも、天皇は苦々しいものを感じていたと思う。その真偽は、今後の歴史家らによる検証によって明らかになることであろう。

血塗られた刃で天皇は護れない

僕は、こんなことを考える。歴史の中で、政治的不満があったとしても、「天皇のせいだ」という発想はほとんどなかった。天皇が直接権力を握って、国民を弾圧することなどなかったからだ。たとえば、徳川幕府のように天皇の前に幕府があって、それが政治のすべてを代行する。そういう形態になっていた。政治に不満があれば、批判の声は幕府に集中した。

昭和維新運動と呼ばれた、右翼からのテロやクーデターにしても、「君側《くんそく》の奸《かん》」を除くことが目的になっていた。彼らは天皇の側にいる。幕府的なものが悪い政治をやるから、国民は苦しんでいるのだ。それを倒せばよくなる。そういう理屈だ。

天皇を倒して、革命をやる、という考えもなかった。フランスやロシアでは、王を殺して、根こそぎ革命をやっている。日本でそういうことはなかった。だが、外国の影響なのか、「天皇を倒す」ということを口走る人間も出てきた。また、警察が組織的に左翼を弾圧したので、警察への憎しみが、警察を通り越して「彼らのトップは天皇だ」と考える人間もいた。天皇こそが「敵の大将」だ。そう誤解した。さらに、政府や警察が「我々は天皇を守るために、こいつらを取り締まるのだ」と言っていたため、弾圧される側とすれば「トップを狙わなくては」と追い詰められたのだろう。

二極対立構造にして、天皇という「トップを狙う」かたちに持って行ったのは、政府や警察なのだ。反政府・反体制、そしてあらゆる政治批判・政府批判を弾圧し、すべての行動や言論を弾圧して追い詰めていった権力側の者たち。それに反抗するには、自分の身体を武器として、ぶつけていくしかなかった者たち。勘違いもあっただろう。やらなくてもいい殺人もあっただろう。しかし、そこまで思い詰め、身体をぶつけた人々の「声」が、このアンソロジーにはある。

死を前にして書かれたものだから、遺書だろう。しかし、遺書にとどまらず、それが大きな爆弾になっている。左右を問わない。皆、はっきりと自分の信念と政治的信条を述べ、従容《しょうよう》として死へとおもむいた。死を前にして、その言葉に嘘はない。我々は、ただ静かに頭《こうべ》をたれるのみだ。

そして、思う。この悲しい歴史はこれを最後にしてほしいと。日本にもう民主主義はない。言論では何も変わらないという人が増えている。だからといって、「テロしかない！」と言ってほしくない。性急にそう結論づけてしまっては、これまでテロに走り、亡くなっていった多くの尊い犠牲を無駄にすることになる。このアンソロジーに収められた人々は皆、凛々しく、立派で、美しい。しかし、その美学を徒《いたずら》に増やしてはならないし、繰り返してはならない。

かつて過激な運動をやっていた頃の僕は、「いつかは俺も……」と考えているような、テロリスト志願の若者だった。言論でダメならば、また他に手段がないならば、自分の身体を武器として、敵にぶつけていくしかない。そう思っていた。

しかし、ある時、政治学者・藤田省三の本を読んでいたら、こんな一編に出会った。テロによって天皇を護ろうという人がいる。しかし、血塗られた刃でしか護れないとしたら、そんな天皇制とは何の価値があるのだろう。そんな言葉だった。これには驚いた。「命をかけてこの日本を守る」「天皇を護る」という。だが、ここで立ち止まってほしい。繰り返すが、人を殺し、血塗られた刃で護るようなものに、どれだけ価値があるのか。天皇自身だって、そう思われているだろう。

今、安倍政権は改憲に向かい、どんどん血なまぐさい方向に進んでいる。天皇は政治的発言ができないので、はっきりとは言わない。しかし、心配されているだろう。そして、サイパンやフィリピンへの慰霊の旅に行かれ、そのことを通じて、「二度と戦争をしてはならない」と話しているのだろう。

九・一一以降の「テロ」とは

かつては、国家そのものが「テロリスト」であった。国家が、体制に反抗する者を捕まえ、処刑し、見せしめにするようなことを堂々とやっていた。そんな国家というテロリストに対して、右翼や左翼の人々が小さな反乱をしたり、小さな決起をした。

今のままの国家ではいけない。どうにかしなければ日本が危ない。よし、立ち上がろう。そう考えた個人や小規模な集団が、国家というテロリストに立ち向かう。とはいえ、そのような彼らの行為もまた、テロなのではあるが……。

僕は、けっしてテロを肯定しているわけではない。その前提であえて言えば、戦前と戦中、そしてある時期までの戦後に日本で起きたテロなど、それらの時期の国家によるテロに比べたら、かわいいものだと思う。

このアンソロジーに登場する人々が関わるテロには、涙がある。志がある。しかし、現在、テロと呼ばれているものに、涙や志があるのだろうか。とりわけ、アメリカで同時多発テロが起きた二〇〇一年九月一一日以降、涙や志などなく、無味乾燥なただの殺人行為が、世界規模でテロと呼ばれるようになった。

さらに、前述のとおり、法案に反対する人々のデモを、テロだと決めつけるような国会議員がいる。まるで「世間がテロよばわりするから、体制に反対するのはやめておけ」と言わんばかりに。テロが何なのか理解していないからこそ、そんなことが言えるのであろう。

ある国家に抗う者。ある体制に抗う者。ある主義主張に抗う者。それらが一緒くたにされた上で、テロリストという烙印を押される。繰り返すが、最近の日本では、与党・自民党の政策に抗う者がアクションを起こすと、自民党の議員にテロだと決めつけられたりする。国家の敵であるかのような印象を社会に与えるツールとして、「テロ」という言葉が安易に使われている。その使われ方は、ご都合主義であり、軽い。

このように九・一一を境にして、「テロ」という言葉や行為の意味は、すっかり変わってしまった。そして、最後に「自爆テロ」と呼ばれているものについて言及しておきたい。中東では、もはや日常的に自爆テロが発生している。じつは、日本人も太平洋戦争の時期に、「特攻」という名の自爆テロを実践した。この「特攻」の思想は、確実に、現在行われている自爆テロに影響を与えていると僕は考えている。

心の底から「国を守るために」と思って特攻した兵士もいたことであろう。だが、本当は特攻などしたくない兵士を強制的に特攻させるような事例もあった。特攻で命を散らした兵士がいるから、今の僕らが存在していると思う一方で、特攻を強制されて死んでいった兵士の無念さを想像する必要もある。特攻しろと強制する軍部や上官は、死にたくない兵士にしてみれば、「悪魔」以外の何物でもなかろう。

昨今の自爆テロは、僕が考える本来のテロ、すなわち涙と志のあるテロではない。女性や子供を平気で巻きこみ、自らの活動を「広報」で使うようなテロは、テロと呼ぶのに値しない単なる人殺しなのではないか。

そんな状況だからこそ、特攻という自爆テロで多くの若い命を失った日本は、それが間違った行為であるという反省を元に、いま自爆テロを行っている組織などに対して、その無意味さと浅ましさを訴え、説得する責任があるのではないか。

テロについては、まだまだ書きたいことがあるが、紙幅が尽きた。この本と同じ出版社が出している『BEKIRAの淵から　証言・昭和維新運動』では、血盟団事件や五・一五事件、そして二・二六事件に参加した人々から直接話を聞いて、それをまとめている。テロを正当化し、「やるべきだ！」「テロをやったら変わる！」と言う人もいた。だが、それは、過ぎ去った時代の「歴史」であり、「文学」として読んでいきたい。

三島由紀夫や右翼の先輩・野村秋介さんは、「テロは必要だ」と言っていた。「テロがあるため、為政者は政治に真剣になる」と。でも、二人とも自決した。テロをやればできたのに「敵」を殺さず、自分だけが死んだ。今の時代、いくら自決しても、人を殺せば「殺人者」「殺人事件」として報じられるだけだ。テロを起こし、刃は自らを刺した。

テロは、そしてテロリストは、遠い昔の「悲しくも美しい物語」として、「文学」として、このアンソロジーの中に収めておくものだと思う。

その意味でも、本書はきわめて貴重なアンソロジーになったと思う。

著者紹介

石川啄木（いしかわ・たくぼく）　一八八六年、岩手生まれ。詩人。小学校代用教員を経て、新聞記者をしながら詩作を続けた。一九一二年、肺結核で死亡。代表作に『一握の砂』、『悲しき玩具』、『呼び子と口笛』など。

内山愚童（うちやま・ぐどう）　一八七四年、新潟生まれ。僧侶。二四歳のときに出家し、その後は箱根・林泉寺の住職に。秘密出版した「無政府共産」により大逆事件に連座。一九一一年に死刑。

安重根（あん・じゅう・こん）　一八七九年、朝鮮生まれ。民族主義者。義兵運動に参加したが失敗し、一九〇九年、潜伏先の満州で前韓国統監の伊藤博文を暗殺。その場で逮捕され、翌年に死刑。獄中で『自叙伝』を執筆した。

菅野すが子（かんの・すがこ）　一八八一年、大阪生まれ。社会主義者。新聞記者をする中で社会主義思想に接近した。社会運動家の荒畑寒村と結婚するも、後に幸徳秋水と同棲。幸徳らと大逆事件に連座し、一九一一年に死刑。獄中で手記「死出の道艸」を執筆した。

朝日平吾（あさひ・へいご）　一八九〇年、佐賀生まれ。国家主義者。一九一六年から満州を放浪した後、三年後に帰国。平民青年党を組織したが、資金不足で事業は頓挫する。二一年、安田財閥の安田善次郎を大磯の別宅で刺殺し、その現場で自殺した。

和田久太郎（わだ・きゅうたろう）　一八九三年、兵庫生まれ。アナーキスト。俳人。様々な職を経た後、一九一八年に大杉栄らと「労働運動」を発刊。甘粕事件の報復として戒厳司令官の狙撃を試みるも失敗。逮捕され、無期懲役に。二八年、獄房で縊死。

難波大助（なんば・だいすけ）　一八九九年、山口生まれ。アナーキスト。父は、衆議院議員の難波作之進。一九二三年、関東大震災時の社会主義者虐殺に怒り、摂政宮裕仁の狙撃を試みるも失敗。翌年に大逆罪で死刑。

中浜哲（なかはま・てつ）　一八九七年、福岡生まれ。本名は富岡誓（とみおか・ちかい）。アナーキスト。一九二三年に古田大次郎らと反逆者クラブ（後のギロチン社）を結成したが、銀行襲撃など活動により逮捕される。二六年、死刑。

古田大次郎（ふるた・だいじろう）　一九〇〇年、東京生まれ。アナーキスト。中浜哲らと反逆者クラブ（後のギロチン社）を結成。銀行襲撃や福田雅太郎大将狙撃事件に関与したとして、二五年に死刑。

金子ふみ子（かねこ・ふみこ）　一九〇三年、横浜生まれ。アナーキスト。おでん屋で女給をしているときに朝鮮人の朴烈に出会い、同棲。その後、金子と朴は大逆罪で死刑判決となったが、無期懲役に減刑。しかし、金子は、一九二六年に獄中で縊死。

山口二矢（やまぐち・おとや）　一九四三年、東京生まれ。右翼活動家。五九年に赤尾敏が率いる大日本愛国党に入る。六〇年には脱党し、一〇月二〇日に演説中の浅沼稲次郎社会党委員長を刺殺。翌月、鑑別所の壁に「七生報国　天皇陛下万才」と記し、自殺。

三島由紀夫（みしま・ゆきお）　一九二五年、東京生まれ。作家。東大法学部を卒業し、大蔵省に勤務。九ヶ月で退職し、執筆活動に。主な著書に『潮騒』、『金閣寺』、『サド侯爵夫人』など多数。一九七〇年、自衛隊市ヶ谷駐屯地で割腹自殺。

見沢知廉（みさわ・ちれん）　一九五九年、東京生まれ。中学時代から右翼や左翼のさまざまな党派に属し、一九八二年にスパイ粛清事件で逮捕される。獄中で『天皇ごっこ』と『囚人狂時代』を執筆し、刊行。二〇〇五年、自宅マンションから飛び降りて自殺。

野村秋介（のむら・しゅうすけ）　一九三五年、東京生まれ。右翼活動家。河野一郎邸を焼き討ちし、一二年を獄中で過ごす。その後、ヤルタ・ポツダム体制の打倒をテーマに新右翼の理論家として活躍するも、一九九三年に朝日新聞東京本社で拳銃自殺。

初出一覧

石川啄木「ココアのひと匙」　初　出「啄木遺稿」一九一三年
内山愚童「入獄紀念・無政府共産・革命」　初　出　内山愚童が自費で作った小冊子、一九〇八年
安重根「自叙伝」　初　出　安重根『安重根自叙伝』一九一〇年
菅野須賀子「死出の道艸」　初　出　神崎清編『獄中手記』実業之日本社、一九五〇年
朝日平吾「死の叫び声」　初　出　朝日自身による斬奸状、一九二一年
和田久太郎「後事頼み置く事ども」　初　出　和田久太郎『獄窓から』労働運動社、一九二七年
難波大助「訊問調書」　初　出　訊問調書、一九二三年
中浜哲「杉よ！　眼の男よ！」　初　出「労働運動　大杉栄・伊藤野枝 追悼号」一九二四年
古田大次郎「死の懺悔」　初　出　古田大次郎『死の懺悔』春秋社、一九二六年
金子ふみ子「何が私をこうさせたか」　初　出　金子ふみ子『何が私をかうさせたか』春秋社、一九三一年
山口二矢「供述調書」　初　出　供述調書、一九六〇年
三島由紀夫「国家革新の原理——学生とのティーチ・イン」　初　出「中央公論」七月号、一九六八年
三島由紀夫「檄」　初　出　楯の会ちらし、一九七〇年
見沢知廉「民族派暴力革命論」　初　出　一九八六年に知人が出版
野村秋介「『十六の墓標』は誰がために」　初　出「月刊宝石」四月号、一九九五年

・旧字旧仮名は、新字新仮名表記に改めました。
・難読と思われる語にふりがなを加えました。

鈴木邦男（すずき・くにお）

1943年、福島県郡山市生まれ。早稲田大学政治経済学部卒。在学中から右翼・民族派運動に関わる。70〜74年、産経新聞社勤務。72年、新右翼団体「一水会」を結成。99年まで代表を務め、現在は顧問。作家として、また、塾講師、トークイベントの講演者・パネリストとしても活躍中。テロリズムを否定し、言論での戦いを主張。読書は、年間400冊を超える。
主著に『愛国者は信用できるか』（講談社現代新書）、『新・言論の覚悟』（創出版）、『〈増補〉失敗の愛国心』（イーストプレス）、『愛国と憂国と売国』（集英社新書）、『「連合赤軍は新選組だ！」その〈歴史〉の謎を解く』（彩流社）などがある。

シリーズ 紙礫 4　**テロル**　Terror

2016年5月1日　初版発行
定価　1800円＋税

編　者　鈴木邦男
発行所　株式会社 **皓星社**
発行者　藤巻修一
編　集　谷川 茂
〒101-0051　千代田区神田神保町 3-10
電話：03-6272-9330　FAX：03-6272-9921
URL http://www.libro-koseisha.co.jp/
E-mail：info@libro-koseisha.co.jp
郵便振替　00130-6-24639

装幀　藤巻 亮一
印刷・製本　精文堂印刷株式会社

ISBN978-4-7744-0611-4